OTTMAR MILES-PAUL
KATRIN GRUND

ZÜNDELN AN DEN STRUKTUREN

Ein Reportage-Roman

Zu den Autor*innen

Ottmar Miles-Paul engagiert sich seit über vierzig Jahren für die Rechte behinderter Menschen. Als Redakteur des Online-Nachrichtendienstes zu Behindertenfragen, den kobinet-nachrichten, berichtet der selbst Seh- und Hörbehinderte fast täglich über Aktivitäten der Behindertenpolitik und Behindertenarbeit.

Bisher hat er hauptsächlich Fachbücher und Fachartikel veröffentlicht. Im Hinblick auf die aktuelle Diskussion über die Beschäftigung in Werkstätten für behinderte Menschen weit unter dem Mindestlohn hat er diesen Roman verfasst.

In seinem Nachwort ordnet der langjährig aktive Streiter für die Menschenrechte behinderter Menschen die Entstehung des Buches und die aktuellen Entwicklungen für menschenrechtsorientierte Arbeitsmöglichkeiten für behinderte Menschen ein.

Katrin Grund ist als Romanfigur in diese Geschichte hineingeraten. Im Laufe der Zeit hat sie die Weiterentwicklung dieses Buches vom Autor Ottmar Miles-Paul übernommen.

In ihrem Erstlingswerk packt die frisch gebackene Schriftstellerin das Thema der Aussonderung und Benachteiligung behinderter Menschen zusammen mit den Betroffenen engagiert an. Katrin Grund steht dabei fiktiv für eine Reihe von Menschen, die Missstände sehen, denen sie aber oft vermeintlich machtlos gegenüberstehen.

„Von einem solchen Kriminalroman aus dem Herzen der Behindertenbewegung habe ich seit Jahren geträumt! Spannend, lustig, informativ! Wie Werkstätten wirtschaftlich und ökonomisch funktionieren, wie die sozialen Bewegungen ‚Selbstbestimmt Leben' und ‚Mensch Zuerst' ticken, wird hier auf geniale Weise vermittelt. Behinderte Protagonist*innen sind wie ihre nichtbehinderten Roman-Peers facettenreiche Identifikationsfiguren! Endlich ein erfolgversprechender Roman der deutschsprachigen Disability Studies! Man kann ihn nicht aus dem Fuß legen!"

Theresia Degener, Professorin für Recht und Disability Studies, ehemalige Vorsitzende des Fachausschusses der Vereinten Nationen für die Rechte behinderter Menschen

Widmung

Für Sieglinde Schatz,
die für so viele ein echter Schatz war
und für die dieses Buch
leider zu spät kommt.

„Niemand kann dich
ohne deine Einwilligung
dazu bringen,
dich minderwertig zu fühlen."

„No one can make you feel inferior
without your consent."

Dieses Zitat wird Eleanor Roosevelt zugeschrieben.

1 Flammen in der Nacht

Helen Weber

Helen Weber war völlig ruhig. Sie saß in ihrer kleinen Wohnung am Esstisch und trank ein Glas Wasser. So entspannt hatte sie sich schon lange nicht mehr gefühlt, wenn sie überhaupt jemals ein solches Gefühl verspürt hatte. Dabei hätte sie eigentlich allen Grund, nervös zu sein, nach dem, was sie in den letzten zwei Stunden erlebt und vor allem was sie getan hatte.

Normalerweise müsste sie zu solch später oder besser gesagt früher Stunde hundemüde sein. Morgens um kurz nach 3 Uhr war sie zurückgekommen. Zurückgekommen von der Aktion, die sie so lange geplant und in ihrem Kopf immer wieder vor und zurück bewegt hatte. Wollte man zählen, wie oft sie, zuerst selbst und dann zusammen mit ihren Freunden, durchgespielt hatte, was getan werden müsste und wie die Aktion ablaufen könnte, dann ging das in die Hunderte, wenn nicht sogar in die Tausende.

Die vielen Demütigungen und Diskriminierungen, die sie und ihre Kolleginnen und Kollegen erleben mussten, hatten ihre Pläne für eine solche Aktion immer wieder aufs Neue geschürt. Ihre Überlegungen waren Stück für Stück gereift und letztendlich für Helen Weber immer unvermeidbarer geworden.

Nun war es also geschafft. Vor ihren Augen leuchteten immer noch die Flammen hell und lodernd. Zerstörerische Flammen, die sie zusammen mit ihren zwei Freunden aus der Werkstatt für behinderte Menschen vor gut einer halben Stunde entfacht hatte. Sie hatten es tatsächlich getan! Unglaublich!

Helen Weber hatte die Idee für die Brandstiftung mit Klaus Kriske und Bernd Friedrich immer wieder durchgespielt. Aber sie hätte nie gedacht, dass sie danach ein solch tiefes Gefühl verspüren würde, wie sie es nun wahrnahm. So fühlte es sich vielleicht nach richtig gutem Sex an, wenn sich eine tiefe Befriedigung und ein unglaublicher innerlicher Frieden einstellt. Wenn das Adrenalin den Körper in all seinen Poren erfasst und ihn nun langsam wieder loslässt. Und dieses Gefühl konnte und wollte Helen Weber nun so richtig auskosten. Nicht zuletzt, weil sie nicht viele Erfahrungen mit solchem annähernd gutem Sex hatte. Offen gesprochen hatte sie nur ganz wenige solcher Erfahrungen. Aber das war ein anderes Thema.

Vor allem wollte die frisch gebackene Brandstifterin diesen Moment jetzt auskosten, weil sie genau wusste, dass diese Tat einiges nach sich ziehen würde. In den nächsten Tagen dürfte sich zeigen, ob sie vorsichtig genug gewesen waren und niemand Fehler gemacht hatte. Und würden sie auch zukünftig keine Fehler machen, die sie verraten könnten? Der erste Schritt des lang entwickelten Plans war nun geschafft.

Helen Weber war gut und schnell nach Hause gekommen, ohne jemandem zu begegnen. Trotzdem war noch lange nicht klar, ob sie und ihre beiden Freunde ungeschoren davonkommen würden. Nun musste sich zeigen, ob die Aktion wirklich etwas für diejenigen, die in der Werkstatt für behinderte Menschen arbeiten, verändern würde.

Helen Weber verspürte in diesem Moment ein richtig gutes Gefühl, endlich einmal echten Widerstand gegen die ausgrenzenden und diskriminierenden Strukturen von Werkstätten und Heimen für behinderte Menschen geleistet zu haben. Schließlich ging es ihr darum, konkrete Verbesserungen zu erreichen. Sie wusste mittlerweile nur zu gut, wie schwer es war,

Veränderungen in solchen Einrichtungen zu bewirken. Die bestehenden Strukturen der sogenannten Behindertenhilfe legten ein solch starkes Beharrungsvermögen an den Tag, dass für sie oft nur die blanke Ohnmacht blieb.

Die junge Frau hatte schon viele ermüdende und immer wieder demütigende Diskussionen miterlebt. Ihre gescheiterten Versuche, konkret etwas zu verändern, konnte sie kaum mehr zählen. Für Helen Weber war die eben durchgeführte Brandstiftung ein Akt der Notwehr. Man könnte auch sagen, ein Akt der Befreiung. Sie musste sich selbst eingestehen, dass dies ein gewagter und gewissermaßen verzweifelter Akt gewesen war. Sie konnte die herabwürdigenden Blicke auf sie als sogenannte Beschäftigte der Werkstatt für behinderte Menschen schlichtweg nicht mehr ertragen. Als Rollstuhlnutzerin, die nur einen Förderschulabschluss hatte, hatte sie oft das Gefühl, von den vermeintlichen Wohltätern nicht ernst genommen zu werden. Da konnte sie sich noch so viel Bildung aneignen, sie konnte noch so viele Bücher lesen – was sie mittlerweile sogar liebte. Sie blieb die Betreute, der die Tür aus der Sonderwelt Werkstatt auf den allgemeinen Arbeitsmarkt verschlossen blieb.

Auch hatte es Helen Weber nicht mehr ausgehalten mit anzusehen, wie mit ihren Kolleginnen und Kollegen oft von oben herab umgegangen wurde. Ja, es gab auch nette Betreuerinnen und Betreuer in der Werkstatt, das musste sie zugeben. Aber das änderte nichts daran, den Launen derjenigen, die nicht nett waren, ausgeliefert zu sein. Vor allem, wenn diese einen schlechten Tag hatten. Nach außen hin wurde von den Verantwortlichen stets so getan, als ob die Werkstatt das Beste sei, was den Behinderten auf dieser Welt geboten wird. Was da nicht alles angepriesen wurde, was für behinderte Menschen getan wird. Und dann das Gerede, wie solidarisch das Prinzip der Werkstatt vermeintlich sei. Bei solchen Reden hätte man fast glauben können, man sei im Himmel auf Erden gelandet. Waren die Türen nach den Besuchen von Politikerinnen und Politikern in der Werkstatt wieder geschlossen, sah die Welt für die drinnen Gebliebenen wieder ganz anders aus.

Doch diese Gedanken versuchte Helen Weber nun auszublenden. Sie wollte das gute Gefühl, endlich etwas gegen die vielen Demütigungen getan zu haben, noch voll auskosten. Dabei half ihr, bisher nichts von ihren beiden Freunden gehört zu haben, seit sie sich getrennt hatten. Das war ein gutes Zeichen. Also war auch bei ihnen hoffentlich der Weg nach Hause ohne Zwischenfälle verlaufen.

Sie hatten sich hektisch getrennt, nachdem sie an verschiedenen Stellen des Gebäudes der Lindentalwerkstatt am Rande des Industriegebiets Feuer gelegt hatten. Davor hatten sie vereinbart, für mindestens fünf Tage keinerlei Kontakt zueinander aufzunehmen. Falls doch einer von ihnen gesehen oder entlarvt würde, sollte es möglichst keine nachvollziehbaren Querverbindungen zu den anderen geben. So könnte es im Falle des Falles hoffentlich gelingen, dass die Brandstiftung als Tat eines Einzelnen behandelt wurde.

Helen Weber war bereit, die Konsequenzen für ihre Tat zu tragen, sollte sie erwischt werden. Sie hoffte trotzdem, ungeschoren davonzukommen. Sie wollte nach dem Brand die weitere Entwicklung mitgestalten. Behinderte Menschen sollten statt in der Werkstatt in normalen Betrieben arbeiten können: dort, wo andere auch tätig waren. Sie sollten die Unterstützung erhalten, die sie dafür brauchten. Darum ging es Klaus Kriske, Bernd Friedrich und ihr schließlich. In ihren vielen Diskussionen waren die drei zu dem Schluss gekommen, dass sie Schaden anrichten mussten, um Veränderungen der festgefahrenen Strukturen zu erreichen.

Sie hofften, dass auf diese Weise neue Türen geöffnet werden könnten. Türen, die so vielen behinderten Menschen bisher verschlossen blieben. In der Werkstatt hatten sie zu Genüge erlebt, wie sie selbst mit den kleinsten Anliegen an der Übermacht der Betreuer*innen und der Leitung gescheitert waren. Ungerechtigkeiten blieben so bestehen, ohne eine echte Chance, diese jemals zu überwinden.

Helen Weber zog sich aus, steckte ihre Kleider, die stark nach Rauch und Benzin rochen, in die Waschmaschine, und lüftete die Wohnung gut durch. Bevor sie zu schlafen versuchte, genoss sie noch ein paar Minuten das nun langsam abklingende und äußerst befriedigende Gefühl der erfolgreichen Aktion. In der Enthinderungsgruppe, in der sie sich für die Rechte behinderter Menschen stark machten, war öfter die Rede davon, dass man Erfolge feiern und genießen sollte, denn so könnte man neue Energie für weitere Aktionen schöpfen. Endlich wusste Helen Weber, wie sich das anfühlte, einen Erfolg so richtig zu genießen. Trotzdem würde sie dieses Gefühl mit den anderen Mitgliedern der Gruppe nicht teilen können. Diese durften auf keinen Fall in diese Geschichte hineingezogen werden. Sie sollten daher nie erfahren, was Bernd Friedrich, Klaus Kriske und sie heute Nacht getan hatten. Das war oberstes Gebot, darin waren sich die drei einig.

„Morgen muss ich meinen Rollstuhl unbedingt genauer begutachten, falls es Spuren der Brandstiftung gibt", fiel Helen Weber noch ein. Und sie war jetzt schon gespannt darauf, ob und was in den Nachrichten über den Brand am Morgen berichtet werden würde. Die Aktion hatten sie extra für Freitagnacht geplant, damit sie am Wochenende niemanden treffen mussten. Ihre Assistentin, die ihr im Haushalt half, hatte sie dieses Mal schon für Donnerstag bestellt. Sie kam nicht wie sonst am morgigen Samstag zu ihr.

Bernd Friedrich

Bernd Friedrich hatte einen kurzen Sprint hingelegt. Er wollte möglichst schnell aus der Sichtweite, der an verschiedenen Stellen brennenden Werkstatt kommen. Danach bemühte er sich, trotz seines enormen Fluchtinstinktes, in ein normales Schritttempo überzugehen. Er ging über einen kleinen Umweg zurück in seine nahegelegene Wohnung. Das hatten sie so vereinbart, und Bernd Friedrich hatte sich das immer wieder in Erinnerung gerufen. Er wollte es in der Hektik auf keinen Fall vergessen. Aber er hatte noch einmal einen Blick zurückgeworfen. Dabei sah er Helen Weber und Klaus Kriske in andere Richtungen von der mittlerweile in Flammen stehenden Lindentalwerkstatt weggehen beziehungsweise wegrollen.

Das Gebäude der Werkstatt für behinderte Menschen lag am Rande des Industriegebiets. So konnten sie vermeiden, an anderen Betrieben, die eventuell Überwachungskameras installiert hatten, vorbeizumüssen. Ihre Hoffnung war, dass niemand von ihnen entdeckt würde. Zu Hilfe kam ihnen, dass nachts in dieser Gegend kaum jemand unterwegs war. Umso wichtiger war es nun, dass die drei nicht doch noch von irgendjemandem gesehen wurden und auffällig wirkten. Deshalb ihre Vereinbarung, auf getrennten Wegen mit kleinen Umwegen und möglichst unauffällig in ihr jeweiliges Zuhause zu gehen. Zusammen wären sie garantiert sofort aufgefallen: Helen Weber mit ihrem Rollstuhl, Klaus Kriske hinkend und er frühmorgens weit nach zwei Uhr gemeinsam unterwegs. An eine solche Gruppe hätte sich bestimmt jeder erinnert.

Bisher verlief alles nach Plan. Bernd Friedrich erreichte nach ungefähr 20 Minuten seine kleine Wohnung. In diesem Moment war er besonders froh, dass er es vor gut einem Jahr geschafft hatte, aus dem Wohnheim für behinderte Menschen auszuziehen. Dort hatte er so viele Jahre gewohnt. Und dort wäre ein solcher nächtlicher Ausflug ganz sicher aufgefallen.

Lange hatte er damals gezögert, den Auszug zu wagen. Er hatte sich sogar oft aufgeregt, wenn sein Wohnheim von anderen kritisiert wurde. Zum Beispiel von Helen Weber. Er hatte das Wohnheim und die dortigen Strukturen sogar oft vehement verteidigt. Schließlich war es sein Zuhause – und dies seit vielen Jahren. Natürlich musste er sich dort arrangieren, um einigermaßen klarzukommen. Jetzt, gut ein Jahr nach dem geschafften Auszug in eine kleine Einzimmerwohnung, fragte er sich schon, warum er so lange im Wohnheim gelebt hatte. Aber er hatte es von Jung an eben nicht anders gekannt.

Aus seiner heutigen Sicht waren es viele verlorene Jahre. Wie oft hatte sich Bernd Friedrich Ungerechtigkeiten und irgendwelchen Regeln im Wohnheim untergeordnet, die für ihn keinen Sinn machten. Sie hatten ihn massiv im Alltag eingeschränkt. Allein wenn er an die starren Essenszeiten dachte. Oder daran, dass es meist schwierig war, Unterstützung zu bekommen, wenn man etwas außerhalb des Wohnheims unternehmen wollte. Seine eigenen Wünsche musste er in vielerlei Hinsicht an der Wohnheimtür abgeben. Bernd Friedrich wollte und musste schließlich mit den Betreuerinnen und Betreuern gut auskommen. Dabei hatte er so vieles heruntergeschluckt. Mit manchen kam er gut aus, andere gingen ihm gehörig auf den Geist. Sie hatten aber die Macht – und das hatte er trotz seiner Gutmütigkeit hin und wieder zu spüren bekommen.

Streit zu haben, das konnte Bernd Friedrich lange überhaupt nicht aushalten. War man auf Hilfe angewiesen, war es schlecht, im Streit mit denen zu liegen, auf deren Unterstützung man tagtäglich angewiesen war. Das hatte er im Wohnheim schnell gelernt. Er wollte von den Betreuerinnen und Betreuern vor allem gemocht werden, so wie fast alle anderen im Wohnheim auch, denn er hatte keine richtigen Freunde.

Der Auszug aus dem Wohnheim für behinderte Menschen war schon eine ganze Weile her. Aber Streit mochte Bernd Friedrich noch immer nicht. Deshalb war es selbst für ihn unfassbar, dass er bei einer solchen Zündel-Aktion, wie er es ausdrückte, mitgemacht hatte. Auf dem Weg zu seiner Wohnung wurde ihm klar, dass sich sein Leben in der kurzen Zeit seines Alleinlebens in der eigenen Wohnung ganz schön verändert hatte.

Ein selbstbestimmteres Leben zu haben, war für Bernd Friedrich alles andere als selbstverständlich. Er hätte sich das selbst zu seinen besten Zeiten nie träumen lassen. Angefangen hatte es, jetzt, da er darüber nachdachte, in den Gesprächen mit Helen Weber. Sie hatte ihn immer wieder gefragt, wie es ihm ginge. Er bemerkte schnell, dass dies keine oberflächlichen Fragen von ihr waren. Oberflächlichkeit hatte er an anderer Stelle schon so oft erlebt. Da kannte er sich gut aus. Normalerweise hatte er solche Fragen immer mit „gut" beantwortet, vor allem, wenn Betreuerinnen oder Betreuer des Wohnheims oder aus der Werkstatt ihn gefragt hatten. Sie wollten am liebsten genau das hören, dass es ihm gut ging. Vor allem wollten sie auch hören, dass es ihm im Wohnheim oder in der Werkstatt gefiel. Also hatte er schon früh gelernt, dass solche „Wie geht es dir?"-Fragen meist nicht ernst gemeint waren. Niemand wollte wissen, wie es ihm wirklich ging, geschweige denn mit ihm ernsthaft darüber reden.

Bernd Friedrich musste auch erleben, dass kaum jemand der fragenden Betreuer*innen ernsthaft darum bemüht war, für ihn wirklich etwas zum Besseren zu verändern. Wenn es doch einmal so schien, dann blieb es meist bei irgendwelchen Ratschlägen. Ratschläge, mit denen er in der Regel nicht viel anfangen konnte. Und doch, ab und an gab es Praktikant*innen oder einzelne Mitarbeitende, die es gut mit ihm meinten. Leider waren diese oft schneller wieder weg, als sie gekommen waren. Damit waren sie aus Bernd Friedrichs Leben unerreichbar verschwunden. So viel zur familiären Atmosphäre im Wohnheim. Als solche wurde sie nach außen hin gerne von der Leitung des Wohnheims verkauft.

In seinem ehemaligen Wohnheim gab es in Wirklichkeit ständig Personalwechsel. Bernd Friedrich hatte bestimmt schon über 30 verschiedene Betreuerinnen und Betreuer gehabt. Sie kamen und gingen. Geändert hatte sich über die Jahre hinweg aber kaum etwas. Anfangs hatte er noch versucht, Probleme anzusprechen. Nach geraumer Zeit schwieg er, wenn er sich über die Mitarbeiter*innen seines Wohnheims oder über Mitbewohner*innen ärgerte. Es waren nämlich nicht nur die Betreuer*innen, sondern oft auch seine Mitbewohner*innen, die ihn ärgerten und nervten. Vieles hatte er einfach runtergeschluckt und sich in seiner ihn enorm einschränkenden Welt eingeigelt.

In den Gesprächen mit Helen Weber war das für Bernd Friedrich anders. Sie war eine der ganz wenigen Menschen, die richtig zuhören konnten. Zudem spürte er schnell, dass sie selbst ähnliches erlebt haben musste – und davon erzählte sie ihm auch nach und nach. Seine anfängliche Schüchternheit und Zurückhaltung gerade gegenüber Frauen wichen langsam. Zwischen ihnen entwickelten sich mit der Zeit tiefere Gespräche: Gespräche vor Beginn der Arbeit, wenn sie früher da waren und darauf warteten, in die Werkstatt reingelassen zu werden. Kurze Möglichkeiten des Austauschs in ihren Arbeitspausen, wenn sie sich begegneten und ungestört reden konnten. Ungestört zu sein, das war bei dem Trubel und der Neugier so mancher Mitarbeitenden in der Lindentalwerkstatt gar nicht so einfach. Aber auch die Gesprächsfetzen, wenn sie zusammen nach der Arbeit auf den Bus warteten, schufen zunehmend Vertrauen zwischen beiden. Mit der Zeit wich bei Bernd Friedrich die Skepsis und schwand der Schutzschirm, den er um sich aufgebaut hatte. Ihre Gespräche wurden intensiver und brachten ihn häufig zum Nachdenken. Sie machten ihn vor allem für manche Fragen und Themen offener.

Auch Helen Weber war aus dem Wohnheim für behinderte Menschen, in dem sie lange gewohnt hatte, in eine eigene Wohnung gezogen. „Das war schwer für mich, diesen Schritt zu wagen", hatte sie Bernd Friedrich erzählt, der ihr bei diesem Thema besonders interessiert zugehört hatte. Und so fragte er verstärkt nach. Helen Weber berichtete ihm, was sie damals alles organisieren musste, um ihren Umzug zu schaffen. Sie erzählte, wie es sich angefühlt hatte, endlich in den eigenen vier Wänden tun und lassen zu können, was sie wollte. Es gab niemanden mehr, der ständig dazwischenfunkte, etwas zu meckern hatte oder gar plötzlich, ohne anzuklopfen, in ihr Zimmer stürmte. Jetzt hatte sie einen eigenen Briefkasten, eine eigene Klingel und einen Schlüssel zu ihrer eigenen Wohnung. Sie konnte Freunde einladen, wann und wen sie wollte, auch wenn dies in der Praxis nur selten vorkam. Selbst wählen zu können, was sie zu welcher Zeit und mit wem aß, von dieser neuen Freiheit schwärmte sie ebenfalls.

All das, wovon Helen Weber berichtete, klang mit der Zeit gut in Bernd Friedrichs Ohren und sickerte zunehmend in sein Unterbewusstsein ein. Obwohl er sich anfangs innerlich noch sehr über die zum Teil verallgemeinernde Kritik Helen Webers an Behinderteneinrichtungen und vor allem an seinem Wohnheim ärgerte, gingen ihre Gespräche nicht spurlos an ihm vorbei. Bernd Friedrich begann sich nach und nach nicht nur für Helen Weber, sondern auch für ihre Themen zu interessieren. Vor allem dachte er verstärkt über seine eigene Situation nach. Und er erzählte Helen Weber wie es ihm wirklich ging und was ihn nervte. Er sprach sogar davon, wovon er träumte, was er sich insgeheim wünschte.

Es hatte einige Zeit gedauert, bis er wieder Vertrauen zu jemandem entwickeln konnte. Es war ein neues, schönes Gefühl für ihn. Dabei verspürte er, wie eigentlich zu allen Frauen, keine sexuelle Anziehung durch die energetische Frau. Helen Weber wurde einfach eine richtig gute Freundin für ihn. Ihre Gespräche und die späteren Aktionen mit ihr und den anderen der Enthinderungsgruppe öffneten ihm viele neue Türen. Durch Helen Weber hatte er die Gruppe bei deren wöchentlichen Treffen und Aktionen kennengelernt. Sie hatten das Leben von Bernd Friedrich gehörig verändert.

An all das musste Bernd Friedrich auf dem Weg nach Hause denken. Er schloss die Tür seines Apartments auf. Dort konnte er sich nach der für ihn sehr gewagten und lange unvorstellbaren Aktion von heute Nacht zurückziehen und ausruhen. Für die kommende Woche hatte er sich Urlaub in der Werkstatt genommen. Und er würde erst am Dienstag wieder Besuch von seiner Wohnunterstützerin bekommen. Diese half ihm bei Alltagsdingen, wie bei Geldgeschäften und der Einkaufsplanung. So konnte er nun hoffentlich in Ruhe abwarten, wie sich der Brand in der Lindentalwerkstatt auswirken würde. Wie würde damit umgegangen werden? Ihm war klar, dass es ihm schwerfallen würde, diese Ruhe zu bewahren. So, wie sie es immer wieder in der Planung der Aktion besprochen hatten.

„Bernd, du darfst nach der Brandstiftung keine Panik haben, es wird alles gut." Das hatte Helen Weber ihm immer wieder eingebläut. Klaus Kriske hatte dazu heftig genickt.

Klaus Kriske

Klaus Kriske war immer noch selbst davon überrascht, dass er bei dieser Brand-Aktion mitgemacht hatte. Er setzte sich hektisch auf sein dreirädriges Fahrrad, um zügig nach Hause zu fahren.

Das Rad hatte er in der Nähe der Lindentalwerkstatt im Dunkeln abgestellt. Helen Weber, Bernd Friedrich und er hatten sich darauf verständigt, dass er das Rad trotz seiner Auffälligkeit mitbringen sollte. So konnte er die Benzinkanister und das nötige Zubehör für die Brandstiftung transportieren. Und er selbst konnte mit dem Rad zügig wieder nach Hause kommen.

Die Aktion war tatsächlich nach Plan abgelaufen, wie er sich vergegenwärtigte. Erst hatte Klaus Kriske alles an der Rückseite der Werkstatt abgeladen. Anschließend hatte er sein Spezialrad an der vereinbarten, etwas abgelegenen Stelle abgestellt. Das kurze Stück zur Werkstatt war er zu Fuß gelaufen, oder besser gesagt gehumpelt. Dort hatten die anderen bereits äußerst nervös auf ihn gewartet.

Warum Klaus Kriske noch immer so überrascht war, bei dieser Aktion mitgemacht zu haben, hatte viel mit seiner Geschichte zu tun. Bereits in seiner Kindheit und Jugend hatte er ein ausgeprägtes Unrechtsbewusstsein entwickelt. Aber auch er war, ähnlich wie Bernd Friedrich, darauf getrimmt worden, sich anzupassen und bloß nicht zusätzlich aufzufallen. Denn aufgefallen war er ohnehin schon ständig. Dafür sorgten seine Sprachbehinderung und vor allem sein humpelnder und damit auch wackliger Gang.

Klaus Kriske nutzte keinen Rollator oder Rollstuhl, auch wenn das manchmal für ihn einfacher und sicherer gewesen wäre. Wenigstens versuchten ihm andere das ständig einzureden. Sie meinten, ihn vor Stürzen schützen zu müssen. Klaus Kriskes Gehbehinderung und sein damit verbundener gekrümmter Gang waren von früh an und immer wieder ein beliebtes Ziel für Spott und Abwertungen gewesen. Schon deshalb hatte er die sicherlich praktischere Nutzung eines Rollstuhls oder Rollators abgelehnt. Er befürchtete, damit als noch behinderter als jetzt schon betrachtet zu werden. Später hatte er sich für die Anschaffung eines Fahrrads mit drei Rädern entschieden. Das hatte für ihn weniger den Anschein eines Hilfsmittels. Im Gegenteil, es löste sogar positive Reaktionen aus: „Das ist ja ein cooles Rad?", „Wo hast du das her?" So kam er mit Leuten zuweilen über sein Dreirad ins Gespräch, so gut dies mit seiner Sprachbehinderung eben ging. Das Rad war für ihn fast wie ein Hund, es bot unverbindlichen Gesprächsstoff. Zudem hatte sich in den letzten Jahren die Vielfalt unterschiedlicher Fahrräder weiterentwickelt, sodass Klaus Kriske mit seinem Gefährt nicht mehr allein ‚der bunte Hund' auf der Straße war, als den er sich oft selbst sah.

Zu seiner Gehbehinderung kam noch eine Sprachbehinderung hinzu. Meistens konnte er nicht schnell und für alle verständlich antworten. Gleichberechtigt an Gesprächen teilzunehmen, wie er dies gerne getan hätte, war noch seltener möglich. Und so war Klaus Kriske so manchen Situationen ausgeliefert, in denen sich andere wesentlich leichter hätten wehren können.

„Das ist ungefähr so, wie wenn der Zahnarzt dir etwas erzählt oder dich etwas fragt, du aber wegen der Behandlung nicht antworten kannst", beschrieb er es Helen Weber einmal.

Klaus Kriske ging vielen Gesprächen mit Menschen, die ihn nicht gut kannten, aus dem Weg. Ernsthafte oder vertiefende Diskussionen zu führen, war ihm fast unmöglich. Seine Antworten blieben meist knapp bemessen. Er hatte es selbst schon so tief verinnerlicht, dass andere ohnehin keine Zeit hatten, ihm richtig zuzuhören. Und manchmal verstanden sie ihn schlichtweg nicht. Also musste er immer wieder Sätze und Wörter wiederholen. Das wollte er anderen und letztendlich auch sich oft ersparen.

Klaus Kriske hatte erst im Alter von zehn Jahren sprechen gelernt. Von Kind an musste er ständig erleben, dass andere über ihn statt mit ihm redeten – eine äußerst bittere Erfahrung. Dabei hatte er schon recht früh alles verstanden, was gesagt wurde. Das Wissen um die Sprache und deren Bedeutung hatte er intus. Die Wörter wollten nur nicht raus. Für viele Außenstehende reichte das aus, um ihn als dumm, als geistig behindert abzustempeln. Und genauso behandelten sie ihn auch. Deshalb hasste Klaus Kriske es, wenn Menschen als geistig behindert bezeichnet wurden. Nicht nur er, sondern auch viele andere Betroffene, mochten diesen Begriff gar nicht leiden. Persönlich bevorzugte er die Bezeichnungen Menschen mit Lernschwierigkeiten oder Menschen mit einer Lernbeeinträchtigung. In seinem Fall war es jedoch hauptsächlich eine Kommunikationsbehinderung, die ihm im Zusammentreffen mit anderen das Leben schwerer machte.

Auch sonst hatte Klaus Kriske schon viele Demütigungen herunterschlucken müssen. Er konnte nicht schnell genug und gut auf direkte oder indirekte Beleidigungen oder Abwertungen reagieren. Wenn er wieder und wieder als ‚Spasti' bezeichnet wurde, dann schmerzte ihn das. Besonders weh tat es ihm, wenn er im Bus saß und Jugendliche sich gegenseitig Wörter wie ‚Spasti' oder sich Sätze wie „Hey, bist du behindert, oder was!?" an den Kopf warfen. Meist geschah das auch – oder gerade? – dann, wenn er ganz in ihrer Nähe saß.

Klaus Kriske versuchte immer wieder, den Schmerz wegzudrücken. Er wollte Verständnis für die Jugendlichen haben. Sie kannten es ja nicht anders. Er bemühte sich, ihre Sprüche nicht auf sich zu beziehen. Aber das gelang ihm nur an guten Tagen. Besonders beschämend fand er, dass so gut wie nie jemand anderes einschritt, wenn solche Sprüche kamen. Er fühlte sich in solchen Situationen völlig alleingelassen. Auch er hatte immer mal wieder versucht, etwas zu sagen, aber war aufgrund seiner Sprache und Langsamkeit jedes Mal kläglich gescheitert. Manchmal löste er mit seinen Bemerkungen ein bedrückendes Schweigen aus. Das machte die Situation für ihn noch unerträglicher. Und so blieb es meist beim Pochen in seinem Kopf und beim quälenden Nachdenken darüber, was oder wie er hätte antworten können.

Dabei ging es nicht nur ihm so. Immer wieder hatte er erlebt, dass Angehörige anderer benachteiligter Gruppen auch gegen verletzende Sprüche ankämpfen mussten. Er war diesbezüglich, wie bei Sprache allgemein, mittlerweile sehr sensibel geworden. Wurde jemand in seiner Nähe als ‚schwule Sau' betitelt, konnte er wegen seiner Sprachbehinderung weder gut und in der Regel sogar gar nicht reagieren. So schluckte er derartige Demütigungen anderer diskriminierter Gruppen gleich mit herunter – und ärgerte sich darüber noch mehr.

Selbst in seiner Familie wurde abwertend über Behinderung gesprochen. Das nervte ihn, denn selbst da konnte er nicht einmal schnell klarstellen, dass Behindert-Sein nicht so furchtbar war, wie sie es darstellten. Und dann taten sie manchmal wieder so, als wäre er Superman, nur weil er mit einer Behinderung lebte und dabei noch lachen konnte. Je nachdem, welche (Vor)Urteile gerade bedient wurden, bewegten sich die familiären Diskussionen über behinderte Menschen meist zwischen diesen zwei Polen: „Ich würde mir die Kugel geben, wenn ich behindert wäre.", und „Großartig, wie die ihr Leben meistern."

Es war oft sehr ernüchternd und deprimierend, was Klaus Kriske so alles zu hören bekam. Und dies, ohne entsprechend reagieren zu können oder mit seinen Erfahrungen ernst genommen zu werden. Auch wenn er mittlerweile wusste, dass dies vielen anderen, die nicht sprachbehindert waren, ähnlich erging, nervte ihn das immer noch unheimlich. Vor allem, dass seine eigene Familie, die ihn schon so lange kannte, anscheinend kaum etwas kapiert hatte. Abgewertet fühlte er sich dadurch, und das von den Menschen, die ihm am nächsten waren. Viel später sollte er lernen, dass diese Verhaltens- und Sichtweisen mit dem Begriff ‚Ableismus' gut umschrieben werden konnten – ähnlich wie dies beim Rassismus der Fall ist.

Jetzt war Klaus Kriske aber auf dem Heimweg von der Brandstiftung an der Lindentalwerkstatt. Er, der so viel runtergeschluckt und erst in den letzten zwei Jahren begonnen hatte, sich kritisch mit den Strukturen der Ausgrenzung behinderter Menschen zu beschäftigen. Dabei war der Sprung von der eigenen Scham und zeitweisen Depression über die Situation hin zur Einordnung der Demütigungen als Teil der gesellschaftlichen Diskriminierungen für ihn nicht leicht gewesen.

Selbst er hatte es lange normal gefunden, dass er aus der Werkstatt für behinderte Menschen für seine 35 Stunden wöchentliche Arbeitszeit mit einem sogenannten Werkstattentgelt von lediglich 193 Euro im Monat nach Hause ging. Denn wer wollte schon ‚einen wie ihn' einstellen, der zu allem viel länger braucht? Klaus Kriske war lange froh gewesen, überhaupt in die Werkstatt gehen zu dürfen, auch wenn ihm dort vieles nicht gepasst hatte, vor allem, wie er und andere zuweilen behandelt wurden und wie wenig Lohn sie bekamen.

Aber irgendwie passte die eben ausgeführte Tat zu seiner neueren Entwicklung. Wie ein Schwamm hatte er in den letzten beiden Jahren die kritischen Diskussionen über die ausgrenzende sogenannte Behindertenhilfe aufgesogen. Die Kritik an den Werkstätten und den sogenannten Heimen beschäftigte ihn besonders, nachdem er die Leute der Enthinderungsgruppe kennengelernt hatte. Helen Weber hatte ihm hierfür die Tür und die Augen geöffnet. Sie hatte ihm irgendwann vorgeschlagen, zu einem der Gruppentreffen mitzukommen. Anfangs fühlte er sich in der Enthinderungsgruppe sehr unwohl. Er setzte sich selbst unter Druck, etwas Kluges sagen zu müssen. Außerdem kannte er außer Helen Weber niemand. Bald hatte er jedoch bemerkt, dass dort Menschen mit ganz unterschiedlichen Behinderungen offen über ihre Diskriminierungserfahrungen redeten. Trotz ihrer vielen Unterschiede hatten sie ähnliche Erfahrungen gemacht und ein verbindendes Verständnis füreinander. Alle Mitglieder wollten gemeinsam etwas erreichen und traten nicht miteinander in Konkurrenz, wer was besser konnte.

Die Atmosphäre in der Enthinderungsgruppe war ganz anders als die in der Lindentalwerkstatt. Genau diese Atmosphäre sorgte dafür, dass er sich in der Gruppe zunehmend wohlfühlte, auch wenn es für ihn schwer war, seine Gedanken zu äußern. Klaus Kriske begann viel zum Thema Behinderung und vor allem von behinderten Menschen selbst zu lesen. Er eignete sich viel neues Wissen an und entwickelte mehr Bewusstsein im Umgang mit seiner eigenen Behinderung. Dabei beschäftigte ihn das Zusammenwirken der diskriminierenden gesellschaftlichen Bedingungen mit seinen Einschränkungen besonders. „Wir sind nicht behindert, wir werden behindert", dieser Satz traf für ihn den Nagel auf den Kopf.

Früher hatte er wie in einer geschlossenen Blase gelebt, in der solche Gedanken und Reden unausgesprochen blieben und tabu waren. Er hatte so gut wie nichts gelesen und war dazu auch nicht ermuntert worden. Das Lesen von Büchern und Artikeln eröffnete Klaus Kriske in Verbindung mit den engagierten Diskussionen in der Gruppe nun eine völlig neue Welt. Zuvor war niemand wirklich interessiert gewesen an seiner Meinung. Jetzt begannen die Mitglieder der Enthinderungsgruppe ihm zuzuhören. Manchmal schrieb er seine Gedanken vor den Treffen auf, so dass sie jemand für ihn vorlesen konnte. Eine Idee, auf die ihn eine Frau aus der Enthinderungsgruppe gebracht hatte. Sie konnte ihn aufgrund ihrer Hörbehinderung akustisch noch schlechter verstehen als die anderen. Dass er vorher nie selbst darauf gekommen war, seine Gedanken aufzuschreiben und diese vorlesen zu lassen, ärgerte ihn am meisten.

Klaus Kriske hatte schon viel erleben müssen. Vieles davon erklärte sich ihm Stück für Stück durch die Diskussionen in der Enthinderungsgruppe und das Lesen. Ihm wurde zunehmend das Dilemma deutlich, in dem er und so viele andere behinderte Menschen steckten, die in Werkstätten arbeiteten: Arbeitgeber stellten Leute wie ihn oft nicht ein, weshalb immer mehr behinderte Menschen in abgesonderten Werkstätten arbeiteten. Durch diese Sonderwelten lernten Arbeitgeber sie dann erst gar nicht kennen. Warum also sollten sie behinderte Menschen einstellen? „Für die gibt es doch die Werkstätten für behinderte Menschen", bekam man daher oft zu hören.

Er erinnerte sich noch gut an die langen Ausführungen von Claudia Liese, der ehrenamtlichen Juristin der Enthinderungsgruppe, in einer ihrer langen Diskussionen: „Über 44.000 Unternehmen, die zur Einstellung behinderter Menschen verpflichtet sind, beschäftigen keinen einzigen behinderten Menschen. Und dann können die Unternehmen noch ihre Aufträge an Werkstätten, die von diesen zum Teil viel zu billig vergeben werden, von den Zahlungen der Ausgleichsabgabe abziehen. Von der Ausgleichsabgabe, die die Unternehmen zahlen müssen, weil sie zu wenig behinderte Menschen beschäftigen. Selbst wenn Unternehmen behinderte Menschen auf sogenannten ausgelagerten Arbeitsplätzen der Werkstätten bei sich beschäftigen, brauchen sie diesen keinen Mindestlohn zu bezahlen. Sie zahlen lediglich ein billiges Entgelt an die Werkstatt für behinderte Menschen und haben so gut wie keine Verpflichtungen. Die Werkstätten bekommen weiterhin Geld von den Kostenträgern der sogenannten

Eingliederungshilfe, während die behinderten Menschen mit 150 bis circa 400 Euro pro Monat weit unter Mindestlohn nach Hause gehen. Ein Teufelskreis, durch den sich ein ausgeklügeltes System mit all seinen Eigeninteressen, wie zum Beispiel der Betreiber der Werkstätten, über die letzten 50 Jahre entwickeln konnte. Und die verschiedenen Regierungskonstellationen haben dagegen bisher so gut wie nichts getan. An diesem System, das viel Geld kostet und mit dem sich anscheinend alle arrangieren können. Bei dem allerdings die Interessen behinderter Menschen selbst meist auf der Strecke bleiben."

„Wenn das so bleibt, ändert sich nie was", war Klaus Kriske inzwischen überzeugt. Selbst seine Zeit als Mitglied des Werkstattrates hatte ihm gezeigt, wie sie an der Nase herumgeführt wurden. Bei den Besuchen von Politiker*innen in der Lindentalwerkstatt hatten sie als Interessenvertretung der behinderten Werkstattbeschäftigten oft gute Miene zum bösen Spiel gemacht. Immer wieder hatten sie die Werkstätten sogar verteidigt. Doch nun hat er mit Helen Weber und Bernd Friedrich die Bude in Brand gesteckt, in der er schon seit über zehn Jahren arbeitete.

Beim Gedanken daran, wie sich die Flammen am Werkstattgebäude an verschiedenen Stellen hinaufzüngelten und letztendlich einen zünftigen Brand ausgelöst hatten, zitterte er immer noch. Das und sein Spasmus erleichterte ihm nicht gerade das Nach-Hause-Radeln. Zum Glück schaffte er es ohne Zwischenfälle. Auch die Tür zu seiner kleinen Wohnung bekam er trotz seines Zitterns nach mehrmaligen Versuchen aufgeschlossen. Obwohl es mittlerweile kurz nach drei Uhr war, war Klaus Kriske klar, dass er so schnell nicht einschlafen konnte. Er war froh, endlich etwas Entscheidendes getan zu haben. Etwas, wodurch zum Glück niemand verletzt wurde. Aber den Verantwortlichen hatten sie damit, im wahrsten Sinne des Wortes, kräftig eingeheizt.

Trotzdem war Klaus Kriske besorgt. Was würde das alles nach sich ziehen? Was würde alles passieren, wenn rauskam, wer die Brandstifter waren? Was, wenn sie ihn in die Mangel nehmen würden? Davor hatte er gehörigen Schiss, denn er war kein Held. Das wusste er selbst zu gut. Seine Sprachbehinderung und die Cerebralparese könnten ihm vielleicht helfen, bei eventuellen Verhören leichter durchzukommen, ohne sich und die anderen zu verraten. Aber das würde sehr viel Kraft kosten. Trotzdem: Er war durchaus bereit, eine entsprechende Strafe für die Tat auf sich zu nehmen. Sonst hätte er nicht mitgemacht. Das alles war es ihm mittlerweile auch wert.

Klar war für Klaus Kriske, dass er seine Freunde niemals verraten würde. Wie gut, dass sie ab einem gewissen Zeitpunkt einige Vorkehrungen getroffen hatten. Man sollte sie mit der Tat nicht gemeinsam in Verbindung bringen können. Hierfür hatte er sogar angefangen, Kriminalromane zu lesen, um daraus zu lernen. Und so war die seit längerem in der Werkstatt planmäßig zur Schau gestellte gegenseitige Abneigung von Bernd Friedrich, Helen Weber und ihm der Lektüre dieser Kriminalromane und der langfristigen Planung der Aktion geschuldet. Während der letzten Wochen hatten sie immer wieder Streitigkeiten vom Zaun gebrochen, bei denen sie sich angegiftet hatten. Dieses Theater hatte mit der Zeit sogar richtig Spaß gemacht.

Der Umstand, dass sie die Brandstiftung langfristig geplant und sich schon vor über einem halben Jahr geschworen hatten, die Lindentalwerkstatt in Brand zu stecken, zahlte sich hoffentlich aus. Damals hatte es den dreien so richtig gereicht, als eine Mitarbeiterin der Werkstatt das Fass für sie zum Überlaufen gebracht hatte: Helen Weber musste ein Plakat mit der Forderung nach einem Mindestlohn in Werkstätten für behinderte Menschen nach einem Streit mit ihr wieder abhängen.

Daran wollte Klaus Kriske jetzt aber nicht denken. Er war gespannt, wie es nach dem Werkstattbrand weitergehen würde und freute sich sogar auf die zu erwartenden Entwicklungen. Das Gebäude dürfte inzwischen hoffentlich bis auf die Grundmauern abgebrannt sein, so dass es ernst werden konnte mit der Frage, was möglich wäre, wenn es keine Werkstatt gäbe. Würde die Brandstiftung eine Veränderung für die Werkstattbeschäftigten hin zu einer Beschäftigung auf dem allgemeinen Arbeitsmarkt bringen?

Heinrich Stindel

Heinrich Stindel war in dieser Freitagnacht spät ins Bett gegangen. Er wollte unbedingt noch seine längst überfällige und von ihm verhasste Steuererklärung fertig machen. Der Formalkram, der unter anderem auch durch seine Arbeit bei der Feuerwehr immer aufwändiger wurde, nervte ihn mittlerweile unendlich. Er war ein Mann der Tat und eben kein ‚Schreibtisch-Kramer'. Heinrich Stindel hatte noch nicht lange geschlafen, als ihn der Alarm weckte. Auch wenn solche Situationen für seine Frau und ihn mittlerweile Routine waren, kam er dieses Mal etwas langsamer in die Gänge. Wie immer half ihm seine Frau, die bei jedem Alarm förmlich im Bett stand, seine bereitgelegten sieben Sachen zu finden. So konnte er meist schnell in voller Montur zur Feuerwache rauschen.

Richtig motiviert war Heinrich Stindel wegen des kurzen Schlafes in dieser Nacht nicht. Die Einsätze waren in letzter Zeit zwar wegen der etwas geringeren Zahl an Verkehrsunfällen, zu denen die Feuerwehr anrücken musste, weniger geworden. Dafür hatte es in den vergangenen Wochen aber immer wieder nächtliche Einsätze wegen kleinerer Brandstiftungen gegeben. Einmal brannten Mülltonnen, dann gab es kleine Kellerbrände, und in einem Lager hatte es vor kurzem auch gebrannt. Alles Brände, die zum Glück leicht unter Kontrolle gebracht werden konnten und keinen größeren Schaden angerichtet hatten. Solche Einsätze waren für Heinrich Stindel besonders ärgerlich, da sie ihm und seinen Kollegen den Schlaf und zuweilen auch die Nerven raubten. Wegen dieser Heinis, die rumzündelten und sich wahrscheinlich noch an den Zeitungsberichten darüber aufgeilten, musste er sich manche Nächte um die Ohren schlagen.

Trotz des unmotivierten Starts von Heinrich Stindel erreichten er und seine Kollegen mit drei Löschfahrzeugen den Brandherd recht schnell. Schnell auch deshalb, da die Feuerwache nur knapp vier Kilometer von der brennenden Lindentalwerkstatt, zu der sie gerufen wurden, entfernt liegt. Ihre Schnelligkeit half aber nicht wirklich. Ihm war sofort klar, dass hier nicht viel zu retten sein dürfte. Das Gebäude brannte lichterloh, weshalb sie sich als erstes darauf konzentrierten, das Übergreifen der Flammen auf andere nahegelegene Industriegebäude zu verhindern. Der Wind, der das Feuer zusätzlich anfachte, und die extreme Trockenheit, die in diesem Sommer herrschte, erforderten entsprechende Maßnahmen.

Schnell hatte das geschulte Auge von Heinrich Stindel erkannt, dass es sich bei diesem Feuer wieder um eine Brandstiftung handeln musste. Allerdings hatte diese im Vergleich zu den Brandstiftungen der letzten Wochen eine andere Dimension. Der Bereich, in dem sich die Druckerei mit dem Papierlager befinden musste, war am stärksten betroffen, kombinierte er. Er war schon einmal in der Behindertenwerkstatt gewesen, als sie mit einigen Behinderten eine Brandübung durchgeführt hatten. Er erinnerte sich gut deshalb daran; damals waren richtige Feuerwehrfans dabei gewesen. Heinrich Stindel machte weitere Brandherde an der Werkstatt aus. Auch dort war wahrscheinlich Feuer gelegt worden. „Wer macht denn sowas – eine Behindertenwerkstatt in Brand stecken?" Diese Frage ging ihm durch den Kopf. Und so ärgerte er sich in dieser Nacht noch mehr als bei den letzten Brandstiftungen.

Während seiner Jugendzeit bei der Feuerwehr reizte den heutigen Brandmeister vor allem die Herausforderung, bei Einsätzen das Schlimmste zu verhindern und Brände möglichst effektiv zu bekämpfen. Damals hatte er einen unglaublichen Ehrgeiz entwickelt. Die Feuerwehr war viele Jahre lang sein Ein und Alles. Seine Familie musste aushalten, dass er dafür ständig unterwegs war. Auch seine anderweitigen beruflichen Ambitionen hatte er dafür hintenangestellt. Mit zunehmendem Alter dominierte bei Heinrich Stindel jedoch immer mehr der Ärger über jene Spinner, die Brände legten und damit anderen schadeten – und ihm seinen Schlaf raubten.

Bei der Feuerwehr glänzte längst nicht mehr alles, was früher für ihn Gold war. Die Kameradschaft hatte unter einigen, seiner Meinung nach völlig unnötigen, Streitereien kräftig gelitten. Seine Kollegen und die wenigen Kolleginnen sowie sein Freundeskreis hatten sich mittlerweile an Heinrich Stindels Schimpfkanonaden gewöhnt. Diese gab er regelmäßig zum Besten, wenn es mal wieder Streit bei der Feuerwehr gegeben hatte oder er bei Brandstiftungen ausrücken musste. Doch dieser Fall brachte ihn besonders in Wallung. Schließlich hatte er in seiner Verwandtschaft auch ein Kind, das in eine Förderschule ging und später wahrscheinlich in einer solchen Werkstatt arbeiten würde. Insofern war Heinrich Stindel froh, dass es solche Einrichtungen gab.

Gut drei Stunden war die Feuerwehr im Einsatz und konnte wenigstens einen kleinen Teil der Werkstatt vor einem vollständigen Abbrennen retten. Aber selbst dieser Teil war so zerstört, dass es sehr aufwändig sein dürfte, ihn wieder nutzbar zu machen.

„Wahrscheinlich ist es besser, alles abzureißen und völlig neu aufzubauen", so die oberflächliche Einschätzung von Heinrich Stindel, bevor er am frühen Morgen wieder nach Hause fuhr. Dass die Lindentalwerkstatt neu aufgebaut werden würde, darauf hoffte er im Sinne der behinderten Menschen, die dort so gut unterstützt wurden, inbrünstig.

Der Polizei, die kurz nach ihnen eingetroffen war, und einer jungen Journalistin hatte er bereits seine Einschätzung in Sachen Brandstiftung und damit auch seinen Ärger darüber kundgetan. Ob sich diese Tat in die Reihe der Brandstiftungen der letzten Wochen einordnen ließ, das konnte Heinrich Stindel nicht beurteilen. Er war fürs Löschen der Brände zuständig. Detaillierte Spekulationen, wer die Feuer gelegt haben könnte, die überließ er der Polizei und Brandsachverständigen. Dieser Fall hatte auf jeden Fall eine andere Dimension, da der Sachschaden in die Millionen gehen dürfte. Die anderen Brände der letzten Zeit hatten nicht zuletzt wegen ihres schnellen Handelns nur kleinere Schäden verursacht.

„Gut, dass ich heute ausschlafen kann und mich erst am Nachmittag mit Freunden treffe", sagte sich Heinrich Stindel.

Florian Kerner

Florian Kerner hatte in den letzten Wochen zweimal das Pech, mitten in der Nacht zu Brandherden gerufen zu werden. Der Polizeikommissar hatte sich daher schon in die wiederkehrenden und noch nicht aufgeklärten Brandstiftungen eingearbeitet. Als er vor Ort ankam, war ihm recht schnell klar, dass sich dieser Brand von dem Keller- und dem Lagerbrand, die er gerade bearbeitete, unterschied. Die Auswirkungen, aber auch der vermeintliche Brandhergang waren hier anders. Er vermutete, dass an mindestens zwei bis drei Stellen zielgerichtet Feuer gelegt worden war. So hatte sich das Feuer schnell ausgebreitet. Dies unterschied diesen Brand erheblich von den bisherigen. So hatte man bei dem schnell gelöschten Lagerbrand bei der anschließenden Untersuchung nur eine Stelle gefunden, an der Feuer gelegt worden war.

Auch wenn nicht auszuschließen war, dass den Brandstifter vielleicht ein gewisser Kick zu immer größeren Bränden antrieb, passte dieser Fall nicht ins Schema der bisherigen Fälle. Aber ohne die endgültigen Ergebnisse der kriminaltechnischen Untersuchung der Brandursache konnte sich Florian Kerner ohnehin kein abschließendes Urteil erlauben. Die Vermutung, dass hier im Gegensatz zu den anderen Bränden wahrscheinlich mehrere Täter am Werk gewesen waren, hatte sich bei ihm jedoch bereits verfestigt. Brandmeister Heinrich Stindel, den er von anderen Einsätzen kannte, sah dies ähnlich.

Schnell wurde Florian Kerner klar, dass zu diesem Zeitpunkt hier nicht mehr viel zu retten und zu ermitteln war. Nach einem kurzen Gespräch mit der Journalistin der Lokalzeitung verließ Florian Kerner die Brandstelle wieder. Er wollte in seiner Nachtschicht noch einigen Formalkram erledigen, der in den letzten Wochen liegengeblieben war. Die krankheitsbedingten Ausfälle zweier Kollegen hatte ihn schwer ins Hintertreffen seines sonst so gut organisierten Arbeitsalltags gebracht. Während die beiden kleineren Brandstiftungen bisher wenig Raum in seinen Ermittlungen eingenommen hatten, wusste er sofort: dieser Fall würde in den nächsten Tagen und wahrscheinlich Wochen seine volle Aufmerksamkeit fordern.

Ein Brand in einer Behindertenwerkstatt war alles andere als alltäglich. Und falls hier tatsächlich Brandstiftung dahintersteckte, erregte dies sicher großes Interesse in der Öffentlichkeit. Die Fragen der Journalistin und dass diese so schnell am Tatort gewesen war, bekräftigten seine Befürchtung. Brandstiftungen gehörten zu den Verbrechen, die besondere Verunsicherung in der Bevölkerung auslösten. Schließlich könnte es dabei jeden und vor allem auch das eigene Haus ganz unverhofft treffen.

Sollte es sich hier um einen oder mehrere Serientäter handeln, die nicht einmal davor zurückschrecken, eine Behindertenwerkstatt in Brand zu setzen? Das wäre besonders brisant, erhöhte den Druck auf die ermittelnden Behörden und würde auch ihn verstärkt fordern. Und das, da er derzeit genug mit seinem etwas aus der Bahn geratenen Privatleben zu tun hatte, lag Florian Kerner schon jetzt im Magen, als er in die Polizeiwache zurückfuhr.

Katrin Grund

Es war wieder eine dieser schlaflosen Nächte, die ich seit Beginn meines Volontariats bei der Lokalzeitung durchmachen musste. Aber diese Nacht bildete für mich nicht nur den Einstieg in diese Geschichte. Sie war der Anfang für viel Neues und Aufregendes in meinem Leben.

Ich war extra früher, gegen zehn Uhr, ins Bett gegangen. Ich hoffte, etwas Schlaf nachholen zu können, um den ich mich in den letzten Nächten gebracht hatte. Gut, es war in diesem Sommer ungewöhnlich heiß. Und besonders in meiner kleinen Dachwohnung war es bei der Hitze nicht einfach, Schlaf zu finden. Selbst mitten in der Nacht waren es trotz geöffneter Fenster immer noch 27 Grad, wie mein Thermometer anzeigte.

Mein langes Wachliegen allein auf das Wetter zu schieben, wäre aber zu einfach. Das musste ich mir eingestehen. Früher konnte ich meist sehr gut und oft auch sehr lang schlafen. Begonnen hatte meine Schlaflosigkeit ungefähr eine Woche nach Antritt der Tätigkeit bei der Zeitung, meinem ersten richtigen Job. Während der Studienzeit hatte ich zwar hin und wieder mal in einer Kneipe gekellnert. Das war aber nicht mit den Herausforderungen zu vergleichen, denen ich mich nun stellen musste.

Dass ich beim Journalismus gelandet war, war reiner Zufall. Ob dies das Richtige für mich war, musste sich erst noch zeigen. Von Kind an hatte ich sehr viel und sehr gern gelesen. Aber das allein machte noch keine gute Journalistin; diese ernüchternde Erkenntnis ereilte mich in den ersten Wochen meines Volontariats bei der Lokalzeitung mit voller Wucht. Letztendlich war es mein Vater, der mich nach dem Abbruch meines Germanistikstudiums in diese Richtung gedrängt hatte. „Nun ist Schluss mit dem Wälzen all der Bücher, du musst jetzt was Handfestes tun, damit du endlich mal Geld verdienst", hatte er gewettert. Im Nachsatz hatte er dann noch die für mich entscheidenden Worte vor sich hingemurmelt: „Und wenn du selbst schreibst. Das ist mir egal. Hauptsache du kannst davon leben und auf deinen eigenen Beinen stehen." Das war eine eindeutige Drohung, dass er mir nun bald endgültig den Geldhahn zudrehen würde. Nicht, dass diese Drohung neu war, aber irgendwie brachten mich seine Worte dieses Mal zum Nachdenken.

Vielleicht lag mir das Schreiben eigener Texte besser als das ehrfürchtige Analysieren bereits geschriebener Bücher? Die ermüdenden Interpretationen war ich leid, warum einzelne Schriftstellerinnen oder Schriftsteller etwas genau so und nicht anders geschrieben haben, wie sie es nun mal geschrieben hatten. Diese mühseligen, oftmals den Geist der Bücher abtötenden Diskussionen hatten mich zum Abbruch meines Germanistikstudiums getrieben. Dabei war ich wahrscheinlich sogar eine recht gute Studentin. Es ödete mich aber an, einzelne Bücher, die ich gerne gelesen hatte, in ihre Details zu zerrupfen. Ich konnte die zum Teil sehr abgehobenen Auslassungen so mancher

Studienkolleg*innen und einiger Dozent*innen schlichtweg nicht mehr aushalten. Ich hatte völlig andere Vorstellungen, als ich dieses Studium begonnen hatte. Das war sicherlich mein Fehler gewesen. Der Spaß am Lesen wurde mir so aber Stück für Stück vermiest. Am Ende hatte ich keine Lust mehr, ein Buch in die Hand zu nehmen.

„Gut, dann werde ich eben Journalistin", hatte ich meinem Vater am Tag nach seiner Androhung im Brustton der Überzeugung verkündet. Ich selbst glaubte da noch nicht richtig an den Erfolg dieses Vorhabens. Ich hatte zu dem Zeitpunkt ehrlich gesagt keinen blassen Schimmer, wie der Alltag und die Aufgaben einer Journalistin genau aussehen.

Heute, in dieser heißen, schlaflosen Nacht, lief in meinem Kopf wieder einmal der Film ab, als die Zusage der Journalistenschule ins Haus geflattert kam: Damit konnte ich einen neuen Pfad in meinem Leben einschlagen. Plötzlich fühlte ich mich wie aufgeladen. Ich bekam zusehends wieder Spaß am Lesen und vor allem am Recherchieren. Hinter die Kulissen zu schauen, herauszufinden, was Menschen bewegt und mehr über ihre Geschichten zu erfahren, das hatte mir schon immer gelegen. Während andere die zum Teil langwierigen Erzählungen unserer älteren Verwandten nicht mehr hören konnten, war ich hellwach, wenn diese von früher redeten. Ich fragte nach. Ich ermunterte sie, mehr und detaillierter zu erzählen. Leider hatte ich ihre Geschichten vom Krieg, vom Leben in Armut oder von der Flucht bisher nie aufgeschrieben. Aber was noch nicht war, konnte ja noch werden! All das beschäftigte mich in dieser schlaflosen Nacht.

Und schon drehte sich mein Gedankenkarussell weiter: Es gab einen eindeutigen Grund, warum ich derzeit so schlecht schlafen konnte. Das Volontariat bei der Zeitung lief bisher nicht gut – oder besser gesagt miserabel. Oft hatte ich den Eindruck, von meinen Kolleginnen und Kollegen nicht ernst genommen zu werden. Vielleicht lag das zum Teil in der Natur der Sache? Wir Lernenden mussten erst einmal die unattraktiven Tätigkeiten erledigen und die Knochenarbeit machen. Aber da war noch mehr.

Die Art und Weise, wie der Chefredakteur mich behandelte, wie er auf meine Vorschläge für Artikel reagierte, traf mich immer wieder und machte mich zunehmend kleiner. Für mich waren bisher lediglich Berichte rausgesprungen, die mir schon während meiner Ausbildung für den Anfang prophezeit worden waren. In der Realität waren diese Aufträge noch unbefriedigender: das 80. Jubiläum des Kaninchenzüchtervereins, das Sommerfest des Kleingartenvereins. Mal ein belangloser Unfall oder ein runder Geburtstag älterer Bürgerinnen und Bürger. Das war der Stoff, der für mich übrigblieb. Wahrscheinlich hätte ich daraus etwas machen können, aber für solche Berichte gab es kaum Platz in der Zeitung.

Selten ging das, über das ich bisher schreiben durfte, tiefer und über die üblichen Kurzmeldungen hinaus. Eigentlich ging es nur um ein schönes Bild, damit sich die Leute, ihre Angehörigen und Freunde in der Zeitung sahen. Schließlich waren sie potenzielle Anzeigenkund*innen und Abonnent*innen. Und so war für mich noch kein spannender Hintergrundbericht herausgesprungen. Bisher gab es auch keinen Hauch von investigativem Journalismus, wovon ich und wahrscheinlich viele Kolleg*innen träumten. Keine Story, mit der ich mich profilieren und in der Redaktion hätte besser positionieren können, keine Berichte über die Höhen und Tiefen der Kommunalpolitik, für die ich mich interessierte, waren in Sicht. Dabei wäre genau das für mich so wichtig. Schließlich musste ich nach meinem Volontariat einen Job finden und dafür etwas Interessantes vorzeigen können.

Ich lag wach im Bett und überlegte wieder einmal krampfhaft, wie ich einen Dreh für spannende Berichte und Nachrichten bekommen könnte, um mir einen festen Platz in der Redaktion zu erobern. Mein Selbstbewusstsein tendierte mittlerweile gen Null. Ich kannte dieses Muster bereits aus meinen depressiven Phasen während des Germanistikstudiums. Mir machte dieser heraufziehende Teufelskreis mittlerweile richtig Angst. Ich grübelte vor mich hin, während ich mir mit einem Fächer frische Luft vom offenen Fenster zu wedelte. Ein eigenartiger Geruch lag in der Luft. Der an lauen Sommerabenden in meiner Nachbarschaft übliche Duft von leckerem Grillgut war kurz vor drei Uhr schon längst verflogen. Trotzdem kroch mir ein intensiver werdender Rauchgeruch zusehends in die Nase und in mein Zimmer. Ich stand auf, um der Ursache dafür ‚auf den Grund' zu gehen.

Wie sie mich mit diesem Spruch meines Namens wegen in der Redaktion immer hänselten. „Dann gehen Sie der Sache mal auf den Grund, Frau Grund, hahaha." Nicht lustig, wenn man das dauernd hören musste.

In der Ferne sah ich einen Feuerschein am Himmel und eine sich abzeichnende Rauchwolke. Erst war der Feuerschein noch recht klein. Aber ich erkannte, wie der Brand zusehends größer wurde. Vor allem die zunehmende Rauchentwicklung deutete auf ein größeres Feuer hin. Noch waren keine Feuerwehrsirenen zu hören, also griff ich schnell zu meinem Handy und rief die 112 an. „Der Brand ist eben schon von jemand anderem gemeldet worden. Danke." Meine Pflicht war also getan. Nachdem ich das Fenster geschlossen hatte, wollte ich mich gerade wieder hinlegen; ich wollte es nochmals mit dem Einschlafen versuchen. Da kam mir die Idee, die journalistische Gelegenheit beim Schopfe zu packen und der Sache selbst nachzugehen. Bisher hatte ich noch nie Berichte über Brände verfasst. Ich wusste aber von einem Kollegen, dass es in letzter Zeit einige kleinere Brandstiftungen in der Stadt gegeben hatte. Schnell zog ich mich an. Sicherheitshalber hinterließ ich in der Redaktion eine Nachricht auf dem Band, dass ich auf dem Weg zu einer Brandstelle war. Hellwach und beschwingt schnappte ich mir mein Fahrrad und schon war ich unterwegs.

Der vielbeschworene journalistische Ehrgeiz war in mir erwacht und gab mir kräftig Rückenwind. Dieser Antrieb und die leeren Straßen machten es möglich, dass ich im wahrsten Sinne des Wortes als rasende Reporterin mit meinem Rad durch die Stadt jagte. Gut zwanzig Minuten später hatte ich die Brandstelle erreicht. Zwischenzeitlich hatte ich die Feuerwehrsirenen gehört und traf die Feuerwehr bereits beim Löschen des Brandes an. Aber dies schien nicht mehr viel Zweck zu haben. Das Industriegebäude brannte bereits lichterloh und die Rauchentwicklung war heftig. Ich war froh, dass ich aus westlicher Richtung gekommen war und nicht gegen den Wind und damit gegen den Rauch radeln musste. Schnell schoss ich mit gebührendem Abstand ein paar Bilder mit meiner Kamera. Inzwischen war es üblich, dass wir von der schreibenden Zunft meist auch selbst die Fotos machen mussten.

Nachdem einige Fotos im Kasten waren, atmete ich tief durch und begann mit meinen Recherchen. Von Brandmeister Heinrich Stindel erfuhr ich, dass es sich bei dem Gebäude um die Behindertenwerkstatt handelte und dass wohl nicht mehr viel zu retten sei. Die Feuerwehr konzentriere sich vorrangig darauf, ein Übergreifen des Brandes auf angrenzende Betriebe zu verhindern. Ich konnte dem Brandmeister noch entlocken, dass es wohl mehrere Brandherde am Gebäude gäbe. „Die Vermutung liegt daher nahe, dass es sich um Brandstiftung handeln dürfte“, führte er aus. Sofort stieg Heinrich Stindel in eine größere Tirade gegen Brandstifter ein.

Schnell wurde mir klar, dass sich aus dieser Geschichte vielleicht etwas Größeres machen ließe. Es war nicht alltäglich, dass es in einer Werkstatt für behinderte Menschen – wie es auf dem Schild an der Zufahrt zum Gebäude stand – brannte. Vor allem fragte ich mich: „Wer legt in einer solchen Werkstatt einen Brand?"

In meinem kurzen Gespräch mit Florian Kerner von der Polizei wurde von diesem die Vermutung von Heinrich Stindel untermauert, dass es sich um Brandstiftung handeln dürfte. Wie schon der Brandmeister wollte er sich zum jetzigen Zeitpunkt aber auf nichts festlegen lassen, was später vielleicht in der Zeitung zu lesen wäre. In einem Telefonat mit der Nachtschicht der Redaktion, die ich inzwischen erreicht hatte, bekam ich das OK, wenigstens einen Bericht für die Online-Ausgabe beisteuern zu können. Die Druckversion unserer Samstagsausgabe war leider schon durch.

Ich vergewisserte mich noch, dass an der Brandstelle wirklich nicht mehr viel gerettet werden konnte und es keinen Übergriff des Brandes auf andere Gebäude gab. Schnell schwang ich mich auf mein Fahrrad und trat kräftig in die Pedale. Ich wollte den Bericht für die Online-Ausgabe möglichst schnell schreiben und rausschicken. Die Radiosender würden früh morgens wahrscheinlich ebenfalls über den Brand berichten. Da wollte ich schneller sein, wenn ich mir die Nacht schon so um die Ohren geschlagen hatte. Das weitverbreitete Rennen um die Erstmeldung, von dem ich mich von meinen Redaktions-Kolleg*innen bisher nicht anstecken hatte lassen, war nun also auch für mich eröffnet. Und ehrlich gesagt, es machte mir richtig Spaß.

2 Am Morgen danach

Allgemeine Nachrichten Online

Brand in Behindertenwerkstatt – Brandstiftung wahrscheinlich

von Katrin Grund – 20. August 2022

Am frühen Morgen des 20. August ist in der Behindertenwerkstatt im Industriegebiet ein Brand ausgebrochen, der voraussichtlich auf Brandstiftung zurückzuführen ist.

Gegen 2:50 Uhr gingen mehrere Notrufe mit dem Hinweis auf einen Brand mit starker Rauchentwicklung im Industriegebiet ein. Obwohl die Feuerwehr nach Informationen von Brandmeister Heinrich Stindel schnell vor Ort war, war nicht mehr viel des Gebäudes zu retten. Immerhin sei es gelungen, das Übergreifen des Brandes auf andere Betriebe zu verhindern.

Einer ersten Einschätzung des Brandmeisters Heinrich Stindel und des Polizeikommissars Florian Kerner zufolge deutet vieles auf Brandstiftung hin. Es gab mehrere Brandherde. Eventuell stehe die Tat im Zusammenhang mit einer Reihe von Brandstiftungen, die sich während der letzten Wochen in der Region ereignet haben. Doch das sei bisher reine Spekulation. Ratlos zeigten sich beide angesichts eines möglichen Motivs für eine Brandstiftung an der Lindentalwerkstatt. „Wer macht denn so etwas – eine Behindertenwerkstatt anzuzünden?“, so Brandmeister Stindel.

Nicht zuletzt aufgrund der Brandstiftungen der letzten Wochen werde der Fall umfassend kriminaltechnisch untersucht, hieß es vonseiten der Polizei.

Christa Ehmke

Christa Ehmke, die Geschäftsführerin der Lindentalwerkstatt, war am späten Freitagnachmittag mit ihrem Mann übers Wochenende zu ihrer Familie nach Bayern gefahren. Die frühmorgendlichen Anrufversuche auf ihrem Handy hatte sie nicht mitbekommen. Abends – und vor allem nachts – schaltete sie ihr Handy mittlerweile grundsätzlich aus. Dies war ein Ergebnis einer Achtsamkeitsfortbildung, bei der sie sich intensiv mit dem Thema Abgrenzung von der Arbeit beschäftigt hatte. Gegen halb acht Uhr wachte sie bei strahlendem Sonnenschein in ihrem Elternhaus auf. Wie morgens üblich, aktivierte sie noch im Bett ihr Handy, um sich einen schnellen Überblick über die neuesten Nachrichten zu verschaffen. Dabei sah sie sofort, dass etwas los sein musste. Ihr Handy zeigte vier Anrufversuche des Vorsitzenden des Trägervereins der Lindentalwerkstatt an: 5:21 Uhr, 5:47 Uhr, 6:43 Uhr und zuletzt um 7:15 Uhr. Das konnte nichts Gutes bedeuten.

Plötzlich war sie hellwach. Leise stahl sie sich mit ihrem Handy aus dem Zimmer, um ihren Mann nicht zu wecken. Sie rief die angezeigte Nummer zurück. Ein aufgeregter Clemens Zeil hob das Telefon sofort ab. Von ihm erfuhr sie, was in der Nacht geschehen war: die Werkstatt war größtenteils abgebrannt. Clemens Zeil war den Tränen nahe. „Was soll denn jetzt aus meiner Tochter werden, die in der Werkstatt arbeitet? Und was soll aus den anderen Behinderten werden, die doch unsere Hilfe brauchen?" Es war zu spüren, für den mittlerweile über 75jährigen war ein Lebenswerk zusammengebrochen, das er über viele Jahrzehnte hinweg engagiert vorangetrieben hatte.

Christa Ehmke bekam einen gehörigen Schreck als sie vom Brand hörte. Sofort ratterte es in ihrem Kopf, ob sie oder ihre Mitarbeitenden irgendeine Schuld am ausgebrochenen Brand haben könnten. Hatten irgendwelche von ihr zu verantwortenden Mängel zum Brand geführt? Das Thema Brandschutz war ihr bisher äußerst lästig gewesen, da die Anforderungen hierfür zum Teil immens waren und nie ein Ende zu nehmen schienen. Ging es um den Brandschutz, hing sofort die Drohung im Raum, dass man als Geschäftsführung die Schuld trug, falls nicht alle Auflagen erfüllt waren. Gut, dass sie vor einiger Zeit eine Übung mit der Feuerwehr in der Werkstatt durchgeführt hatten. Diese hatte vor allem den behinderten Beschäftigten viel Spaß bereitet, und sie als Werkstattleitung hatten gezeigt, dass ihnen das Thema wichtig war.

Christa Ehmke hatte Verständnis für die Not und das Elend Clemens Zeils und teilte vieles davon als Geschäftsführerin. Aber der über die Jahre etwas kauzig gewordene Vereinsvorsitzende war ihr in letzter Zeit auch immer öfter und gehörig auf die Nerven gegangen. Seine schwer umzusetzenden Forderungen, vor allem seine Blockadehaltung bei Vorhaben, die sie für wichtig hielt, ärgerten sie zusehends. Das durfte jetzt aber keine Rolle spielen.

„Die Polizei geht wohl von Brandstiftung aus." Als diese Worte von Clemens Zeil an ihr Ohr drangen, stellte sich schnell wieder ihr klares und analytisches Denken ein. Das Bewahren eines kühlen Kopfes, wie sie es nannte, hatte ihr bereits in vielen Situationen bei der Bewältigung von Problemen geholfen. Sie atmete tief durch und schaltete trotz der noch verhältnismäßig frühen Stunde in den ihr vertrauten Handlungsmodus um. Zielgerichtet lenkte Christa Ehmke das Gespräch darauf, was jetzt getan werden musste. Ihr war klar, dass dieser Wochenendausflug zu ihren Eltern mit dieser Nachricht ein jähes Ende gefunden hatte. Dabei hatte sie sich so darauf gefreut; bei den Besuchen ihrer Eltern traf sie oft viele alte Freunde und Bekannte.

Christa Ehmke versicherte dem Vorsitzenden, dass sie sich gleich auf den Weg machen und wohl gegen Mittag am Ort des

Geschehens sein würde. Dort könnten sie dann alles weitere besprechen. Sie versprach zudem, ihren Stellvertreter zu benachrichtigen: „Er soll sich schon einmal vor Ort ein Bild machen und erste Maßnahmen vorbereiten." Wichtig war unter anderem, dass die Mitarbeiterinnen und Mitarbeiter verständigt wurden, die als Betreuungspersonen in der Werkstatt arbeiteten. Zudem musste ein Plan entwickelt werden, wie die behinderten Beschäftigten in der nächsten Woche unterstützt werden konnten. Die Lindentalwerkstatt in ihrer bisherigen Form mit dem Gebäude und den Maschinen war jetzt ja anscheinend Geschichte. Mit ihren praktischen Fragen konnte Christa Ehmke den Vorsitzenden des Trägervereins etwas ablenken und auch ein wenig beruhigen. „Versuchen Sie nach der Aufregung noch etwas zu schlafen. Wir brauchen jetzt alle einen klaren Kopf", beendete sie nach 20 Minuten das Gespräch.

Sofort anschließend rief sie ihren Stellvertreter an, der zum Glück nach dem vierten Klingeln das Telefon abnahm. Noch verschlafen fragte er, was passiert sei. Um bei ihm nicht den gleichen Schreck auszulösen, sagte sie gleich zu Anfang, dass es vermutlich eine Brandstiftung an der Werkstatt gegeben habe. Das Gebäude sei fast vollständig abgebrannt. Nach diesen Informationen konnten sie schnell zu den wichtigsten Fragen kommen, die geklärt werden mussten. Sie kündigte an, telefonisch Bescheid zu geben, sobald sie in der Nähe der abgebrannten Werkstatt sei. Zusammen mit dem Vorsitzenden könnten sie dann gegen Mittag den Schlamassel anschauen und gemeinsam überlegen, wie es weitergehen könne.

Zwischenzeitlich war ihr Mann aufgewacht. Als sie wieder ins Zimmer kam, war ihm beim Gesichtsausdruck seiner Frau sofort klar, dass irgendetwas passiert sein musste. Nach einer kurzen Beschreibung dessen, was sie wusste, war er zur sofortigen

Abreise bereit. Ein Frühstück mit ihren schon wachen Eltern musste aber noch drin sein. Diese waren Frühaufsteher, und da die Küche schon nach Kaffee duftete, schafften sie die Abfahrt kurz vor neun. Begleitet von all den Achs und Ohs, besonders die ihrer Mutter, verabschiedeten sie sich. Ihre Mutter hatte sich für das Wochenende so viel mit ihnen vorgenommen und entsprechend eingekauft. Ihr Vater war eher der Pragmatische. Er hatte vor allem jede Menge Tipps parat, was bei einem solchen Brand nun alles erledigt werden müsse.

Auf der Fahrt ging Christa Ehmke einiges durch den Kopf. Wer und mit welchen Motiven könnte den Brand um Himmels Willen gelegt haben? Ihr fiel beim besten Willen niemand ein, der einen Grund dafür haben könnte. Die Werkstatt kooperierte mit einigen Unternehmen in der Region. Für diese führten sie meist einfachere Tätigkeiten, in der Regel zu günstigen Preisen, durch. Klar, sie hatte manche Aufträge viel zu günstig angenommen. Aber so konnte die Werkstatt auf eine gute Auftragslage verweisen. Das war ihr persönlich, auch für das Bild nach außen, wichtiger als die Entlohnung der behinderten Beschäftigten, die von den Einnahmen aus den Aufträgen weitgehend abhing. Die Lindentalwerkstatt hatte einen guten Ruf zu verteidigen.

Ob die behinderten Beschäftigten nun 160, 245 oder 300 Euro im Monat verdienten, machte ihrer Meinung nach für diese keinen großen Unterschied. Sie waren ohnehin fast alle auf ergänzende Grundsicherungsleistungen angewiesen. Und eine Reihe von ihnen waren bereits seit über 20 Jahren in der Werkstatt; sie bekamen eine Erwerbsminderungsrente, so um die 800 Euro pro Monat. Für das Betreuungspersonal machte es auch keinen großen Unterschied, ob mehr oder weniger für einen Auftrag gezahlt wurde. Ihre Gehälter waren über die Kostensätze der Eingliederungshilfe, also aus dem Sozialetat, abgedeckt.

Vonseiten der Auftraggeber dürfte es also keinen nennenswerten Groll gegen die Lindentalwerkstatt geben, der Anlass für eine Brandstiftung bot. Und die Mitarbeitenden sowie die behinderten Beschäftigten hatte sie gut im Griff. Von ihnen dürfte auch niemand hinter einer solchen Tat stecken.

Christa Ehmke schrubbte Kilometer um Kilometer auf der Fahrt zurück, ohne auch nur einen Schimmer einer Idee zu haben, wer so etwas machen würde. „Lass mich fahren, dann bin ich beschäftigt", hatte sie ihrem Mann gesagt und sich ans Steuer ihres schnittigen Audis gesetzt. Die Aufmerksamkeit, die die Fahrt von ihr forderte, tat ihr jetzt tatsächlich gut.

Helen Weber

Helen Weber war es gelungen, kurz nach vier Uhr einzuschlafen und sich nicht mehr zu viele Gedanken darüber zu machen, was jetzt alles kommen könnte. Sie hatte sich den Wecker auf neun Uhr gestellt. Beim Aufwachen stellte sie gleich einen leichten Brandgeruch in ihrer Wohnung fest. Trotz der Müdigkeit, die zu den sonstigen Mühen ihrer Körperbehinderung verstärkt in ihren Knochen steckte, wuchtete sie sich mühsam aus ihrem Bett. Sie setzte sich in den Rollstuhl und sorgte erst einmal für kräftigen Durchzug. Zur Sicherheit stellte sie die Waschmaschine für einen zweiten Waschgang ihrer Kleidung von gestern Nacht ein. Zusätzlich zündete sie eine Duftlampe an. Der Brandgeruch musste endgültig aus ihrer Wohnung vertrieben werden. Ihren Rollstuhl rieb sie mit einem Desinfektionsmittel ab. Sie wollte auf keinen Fall riskieren, dass jemand aus der Nachbarschaft oder aus ihrem Freundeskreis Rauch bei ihr roch.

Getrieben von Neugier schaltete sie das Radio ein. Bald würden die halbstündlichen Nachrichten gesendet. Zudem startete sie ihren Computer. Sie musste unbedingt nachschauen, ob es schon irgendwelche Nachrichten zum Werkstattbrand in der Online-Ausgabe der Lokalzeitung oder in anderen Medien gab. Während der Kaffee in der Maschine zu duften begann, öffnete sie die Online-Ausgabe der Allgemeinen Nachrichten. Käseblättchen nannten sie und andere die Zeitung, die aber trotzdem von vielen gelesen wurde, denn was vor Ort vor sich ging, darüber gab es in den anderen Medien kaum nennenswerte Informationen. Sie brauchte nicht lange zu suchen: die Meldung über den Brand der Werkstatt war eine der Topmeldungen auf der Internetseite der Zeitung.

Beim Lesen spürte Helen Weber einerseits Befriedigung, dass ihre Tat nun solche Wellen schlug. Anderseits machte sich bei ihr aber auch Besorgnis breit, dass schon so früh von Brandstiftung gesprochen wurde. Auch in der Kurzmeldung in den Nachrichten um halb zehn im Radio wurde auf eine wahrscheinliche Brandstiftung verwiesen. Obwohl, das war doch eigentlich nicht anders zu erwarten gewesen. Bewusst hatten sie sich entschieden, Feuer an verschiedenen Stellen zu legen. Die Werkstatt sollte so brennen, dass sie nicht mehr genutzt werden konnte. In den kurzen Medienberichten gab es noch keine Hinweise darauf, was weiter passieren sollte. Bislang gab es wohl auch noch keine Reaktionen vonseiten der Lindentalwerkstatt. Helen Weber wusste: Bald würden die Werkstattbetreiber entscheiden müssen, wie es für die Mitarbeiter*innen und behinderten Beschäftigten nächste Woche weitergehen sollte. Genau darauf war sie unheimlich gespannt.

„Was wäre, wenn es die Werkstätten für behinderte Menschen nicht mehr gibt?“ Diese Frage berührte sie und war der entscheidende Punkt ihres Plans. Diese Frage hatten sie auch in der Aktionsgruppe zur Überwindung von Barrieren und Behinderungen – der Enthinderungsgruppe, wie sie sich nannten – lang und breit diskutiert. Alle möglichen Theorien wurden entwickelt. Sie hatten sich dabei genauer darüber informiert, welche anderen Modelle und Alternativen es zur Werkstatt für behinderte Menschen gab. Sie waren bei ihrer Suche leicht fündig geworden und stellten überrascht fest: die Ideen für solche Alternativen waren schon seit vielen Jahren vorhanden und wurden zum Teil schon erfolgreich praktiziert.

Claudia Liese, die Juristin der Enthinderungsgruppe, hatte sich ausführlich über verschiedene Alternativen zur unterbezahlten und aussondernden Arbeit in Werkstätten für behinderte Menschen beschäftigt. Sie referierte gerne – und leider oft lange – darüber. Von ihren Ausführungen und den Diskussionen mit Claudia Liese waren bei Helen Weber besonders diese Ansätze hängengeblieben: „Zum einen gibt es die Idee für sogenannte virtuelle Werkstätten für behinderte Menschen. Was erst einmal kompliziert klingt, ist eine Werkstatt ohne eigenes Werkstattgebäude und eigene Maschinen. Behinderte Menschen arbeiten in verschiedenen, ganz normalen, Betrieben in der Region. Sie werden von Fachkräften am Arbeitsplatz angeleitet und unterstützt, wenn dafür Bedarf besteht. Dafür benötigt man keine große Werkstatt, sondern nur einige Büroräume. Die Unterstützungskräfte sind hauptsächlich im Außeneinsatz in den Betrieben. So arbeiten behinderte Menschen nicht in der Sonderwelt Werkstatt, sondern in ganz normalen Betrieben, zusammen mit nichtbehinderten Kolleginnen und Kollegen."

Claudia Liese hatte allerdings auch auf den Pferdefuß dieser auf den ersten Blick charmant klingenden Idee hingewiesen: „Trotz dieses inklusiven Ansatzes gibt es in den virtuellen Werkstätten in der Regel keine faire Entlohnung. Es handelt sich nämlich nur um eine arbeitnehmerähnliche Beschäftigung mit Werkstattstatus. Die behinderten Beschäftigten erhalten deshalb meist nicht viel mehr Geld als in einer Werkstatt. Sie sind billige Leiharbeiter*innen. Und sie haben auch keine vollen Arbeitnehmerrechte, wie ihre Kolleginnen und Kollegen in den Betrieben. Sie sind ‚nur' Beschäftigte der virtuellen Werkstatt. Deshalb haben sie keine richtigen Arbeitsverträge und auch keine reguläre sozialversicherungspflichtige Beschäftigung."

Helen Weber fand das Modell der virtuellen Werkstatt trotz der Einschränkungen spannend. Immerhin wurde hier ein Stück mehr Inklusion gelebt als in der aussondernden Lindentalwerkstatt, in der behinderte Menschen weitgehend unter sich waren und oft von Nichtbehinderten von oben herunter betreut wurden. Aber „Hätte, hätte, wäre, wäre!", in ihrer Werkstatt gab es in diese Richtung keinerlei Bewegung. Ja, einzelne behinderte Menschen arbeiteten auf sogenannten ausgelagerten Arbeitsplätzen, ohne jedoch viel mehr zu verdienen. Aber nur Wenigen wurde in den letzten Jahren der vollständige Weg auf den allgemeinen Arbeitsmarkt geebnet. Sie waren absolute Ausnahmen. Die meisten Betreuungskräfte wurden nicht müde zu betonen, wie gut behinderte Menschen es in der Werkstatt hätten. Draußen würden sie bei ihren Fähigkeiten und dem ‚normalen' Arbeitspensum niemals bestehen können. Sie sollten nicht auf die Flöhe hören, die ihnen ins Ohr gesetzt würden. Diejenigen, welche die Werkstätten ständig kritisierten, hätten doch keine Ahnung. Sie hätten keine Vorstellung davon, wie schwierig die Beschäftigung behinderter Menschen in der Praxis sei. Zudem gäbe es so gut wie keine Arbeitgeber, die behinderte Menschen aus den Werkstätten beschäftigen wollten.

„Das sind alles Träumereien. Die Welt da draußen ist knallhart. Bleibt lieber hier, da habt ihr es doch gut", damit endeten die immer seltener gewordenen Diskussionen zu diesem Thema mit einzelnen Betreuungskräften in der Regel. Auch Helen Weber hatte eine Zeit lang mit vielen Emotionen und großem Elan solche Diskussionen in der Lindentalwerkstatt geführt. Doch diese Versuche waren äußerst mühsam. Immer hilfloser und kleiner wurde sie dabei. Sie konnte auch keine Arbeitsplätze auf dem allgemeinen Arbeitsmarkt herbeizaubern, so gerne sie das getan hätte. Aber tief in ihrem Herzen war sie davon überzeugt, dass es anders gehen müsste, wenn es gewollt und die hierfür nötige Unterstützung bereitgestellt würde.

Dass vieles möglich sei, hierfür gab es nach Informationen von Claudia Liese eine ganze Reihe guter Beispiele von Menschen mit ganz unterschiedlichen Behinderungen. Mit der richtigen Unterstützung wurde diesen in anderen Städten der Weg in den allgemeinen Arbeitsmarkt eröffnet.

„Überall habe ich gelesen, dass sehr viele von denen, die heute in ganz normalen Betrieben arbeiten, in der Regel zufriedener sind als während ihrer Zeit in der Werkstatt."

Das seien ja ‚nur' die besonders Leistungsfähigen, hieß es, sobald solche Beispiele in der Werkstatt angeführt wurden. Und schon war die Diskussion wieder beendet, ohne dass sich irgendjemand weitere Gedanken machte. Helen Weber hatte sich ab einem gewissen Zeitpunkt nicht mehr die Mühe gemacht, anhand konkreter Geschichten realer Menschen aufzuzeigen, dass dies nicht stimmte. Niemand wollte ihr Argument hören, dass es auf die richtige Unterstützung ankäme, die Menschen mit ganz unterschiedlichen Behinderungen nun einmal bräuchten. Spätestens dann folgte der Satz „Es wird immer Werkstätten für behinderte Menschen geben müssen." Damit war die Zementierung des bestehenden Systems endgültig besiegelt. So wie früher, wenn man in vielen Bereichen behauptete „Frauen können das nicht!".

An all diese mühsamen und frustrierenden Diskussion musste Helen Weber denken, als sie nun las, dass die Lindentalwerkstatt fast vollständig abgebrannt war. „Hätte, hätte, wäre, wäre!" war nun also plötzlich Realität. Zumindest für einen gewissen Zeitraum, in dem es in ihrer Stadt nun kein Werkstattgebäude mehr gab. Genau an diesem Punkt galt es nun einzuhaken, um Alternativen aufzuzeigen und diese an den Start zu bringen. Daher war sie auf die Reaktionen auf den Brand gespannt, „wie ein Flitzebogen", wie sie in ihrer Jugend immer gesagt hatten. Ob sich nun Verbündete für neue Ideen finden würden? Wenn sie bislang mit anderen außerhalb der Lindentalwerkstatt über ihre Situation in dieser unterbezahlten Sonderwelt gesprochen hatte, hatten diese oft Verständnis gezeigt. Aber ob wirklich etwas dahintersteckte und zu konkreten Taten für Jobs auf dem allgemeinen Arbeitsmarkt führen würde? Da war Helen Weber selbst skeptisch.

Katja Franke

Einen ersten Hoffnungsschimmer in diese Richtung gab es für Helen Weber, als gegen elf Uhr Katja Franke von der Enthinderungsgruppe bei ihr anrief. Der Anruf war zugleich eine erste Nagelprobe für sie, sich und die anderen nicht zu verraten.

„Hallo Helen, hast du schon gehört, dass es in der Werkstatt gebrannt hat?", so schallte es aufgeregt aus dem laut gestellten Handy von Helen Weber.

„Ja, kurz nachdem ich aufgewacht bin. Hab's in den Nachrichten gehört", antwortete Helen Weber nüchtern.

„Ist ein Hammer", meinte Katja Franke und fiel gleich mit der Tür ins Haus. „Vielleicht gibt es jetzt endlich eine Chance, dass sich da was ändert. Wir sollten unbedingt schnell aktiv werden."

Wenn Katja Franke von „aktiv werden" sprach, dann konnte man gewiss sein, dass irgendetwas in Gang gebracht wurde. So war das beim Kampf gegen Barrieren gewesen. Einige Mitglieder der Enthinderungsgruppe hatten nicht zuletzt auf Initiative von Katja Franke vor einer Weile den Zugang zum Rathaus blockiert. Dieser war für Rollstuhlnutzer*innen nicht barrierefrei zugänglich. Genauso war es gewesen, als sie die sehr wirkungsvolle und lustige Aktion vor nicht barrierefreien Gaststätten durchgeführt hatten. Kaum eine Gaststätte in der Stadt verfügte über eine barrierefrei nutzbare Toilette. Und so hatten sie vor einigen dieser Gaststätten ein öffentliches Piss-In veranstaltet. Das hatte für enormes Aufsehen gesorgt und spannende Diskussionen ausgelöst. Sie hatten zwar nie alles erreicht, was sie gefordert und erhofft hatten, aber mittlerweile waren immerhin das Rathaus und ein Restaurant barrierefrei zugänglich gemacht worden.

„Was stellst du dir unter ‚aktiv werden' genau vor?", fragte Helen Weber so unbefangen wie möglich. Mit dieser Frage setzte sie etwas in Gang, das sie und einige andere zukünftig kräftig beschäftigen sollte.

To-Do-Liste von Katrin Grund

Um halb neun kam ich mit dem Klingeln des Weckers langsam und mit leichten Kopfschmerzen zu mir. Ich musste mich erst einmal orientieren, wo ich war und was letzte Nacht los gewesen war. Die Sonne heizte bereits wieder kräftig ein. Die kleine nächtliche Abkühlung in meiner kleinen Dachgeschosswohnung war Geschichte. Ich räkelte mich vor dem offenen Fenster und atmete mehrfach tief ein und aus.

Nachdem ich meinen Online-Beitrag um kurz vor fünf Uhr eingestellt hatte, war ich gegen halb sechs endlich eingeschlafen. Drei Stunden Schlaf waren gerade mit Blick auf die vorigen

Nächte, in denen ich auch kaum Ruhe gefunden hatte, viel zu wenig. Trotzdem begann es in meinem Kopf bereits wieder zu rattern. Mein Gedankenkarussell, das mich vor dem Einschlafen noch eine Weile wachgehalten hatte, nahm bereits wieder volle Fahrt auf. Ich musste mir unbedingt eine To-Do-Liste machen, was jetzt alles zu tun war. Ich wollte an der Geschichte dranbleiben – das war klar. Da durften die Ideen, die ich letzte Nacht entwickelt hatte, nicht verloren gehen.

Die Erstmeldung des Brandes und von der wahrscheinlichen Brandstiftung konnte ich schon mal auf meinem Konto verbuchen. Die Radionachrichten hatten sich meiner Meldung weitgehend angeschlossen, wie ich mit Freude feststellte. Dieses Rennen hatte ich also gewonnen. Hurra! Viel spannender war für mich aber nach wie vor die Frage, wer hinter einer solchen Brandstiftung stecken könnte. Dass die Lindentalwerkstatt zufällig ausgewählt worden war, konnte ich mir nicht vorstellen. Auch dass das Gebäude am Rande des Industriegebiets lag, dürfte für die Auswahl des Gebäudes wohl kaum als Motiv ausreichen.

„Vielleicht steckt dahinter eine spannende Geschichte?“, philosophierte ich vor mich hin, bis ich meinen Notizblock endlich gefunden hatte.

To-Do-Liste zum Werkstattbrand

✓ bei der Polizei nachhaken, ob es zwischenzeitlich genauere Infos zur Brandursache und erste Verdächtige gibt

✓ noch einmal mit dem Brandmeister der Feuerwehr über seine Eindrücke sprechen; er war vor der Polizei am Tatort

✓ die Leitung der Lindentalwerkstatt ausfindig machen und einen Gesprächstermin vereinbaren

✓ eventuell mit einem Vertreter des Trägers der Werkstatt sprechen, weil meist ein Verein hinter solchen sozialen Einrichtungen steckt. Vielleicht hat es da geknirscht? Vereinsstreitereien sind zuweilen nicht ohne!

- ✓ mit einem Freund reden, der bei der Feuerwehr aktiv ist und viel über Brandbekämpfung und Brandursachen weiß
- ✓ im Internet über Behindertenwerkstätten recherchieren
- ✓ **vor allem** mit der Redaktion vereinbaren, dass **ich** die Geschichte weiterbearbeiten kann und entsprechenden Raum in der Print- und Onlineausgabe dafür bekomme!!!!!

Das waren die ersten Punkte, die ich auf meine To-Do-Liste schrieb. Es sollten in den nächsten Wochen noch viele dazu kommen. Ich liebte solche Listen, obwohl ich sie lange abgelehnt hatte. Listen konnte man abhaken und sich daran festhalten. Ich las mir die bisherigen Punkte durch und bekam das Gefühl, dass etwas ganz Wichtiges fehlt.

„Der personal touch natürlich", schoss es mir durch den Kopf. An der Journalist*innen-Schule war uns der personal touch immer wieder eingebläut worden. Eine gute Reportage durfte nicht zu abgehoben sein. Sie brauchte Menschen, die von etwas ganz konkret betroffen waren. So konnte man die Leser*innen einbinden und eine persönliche Beziehung herstellen. Daraus entstand dann Lust auf das Weiterlesen von Berichten über Themen, mit denen man sich sonst vielleicht gar nicht befassen würde.

Was bei meiner schnell verfassten Erstmeldung über den Brand so nicht machbar gewesen war, musste ich nun in der weiteren Berichterstattung unbedingt berücksichtigen. Ich ergänzte meine Liste um folgende Punkte:

- ✓ mit den Betreuern der Werkstatt reden
- ✓ Eltern von Behinderten kontaktieren, um herauszufinden, wie diese mit der Situation umgehen, dass ihre Kinder nun nicht mehr in die Werkstatt können

Es gab für mich genug zu tun. Das Erstaunliche daran: Diese Sache begann mir richtig Spaß zu machen. Ich lebte förmlich auf, nach den Wochen des Darbens und des Immer-Kleiner-Werdens.

Auch deshalb hoffte ich inbrünstig, dass der Chefredakteur oder jemand anderes aus der Redaktion mir diese Story nicht aus der Hand nehmen würde. Sie durften mir dieses Mal auf keinen Fall einen Strich durch die Rechnung machen. Derzeit standen die Chancen sehr gut für mich: Meine Duftmarke hatte ich mit dem Erstbericht gesetzt. Außerdem riss sich am Wochenende und gerade in der Urlaubszeit normalerweise niemand um Mehrarbeit.

Schnell kochte ich mir einen kräftigen Kaffee. Viel agiler als sonst machte ich mich auf den Weg, um im Laden an der Ecke ein paar Lebensmittel fürs Wochenende einzukaufen. Kurz nach zehn, bewaffnet mit meiner To-Do-Liste, war ich bereit, ans Werk zu gehen.

Bernd Friedrich

Für Bernd Friedrich war es in dieser Nach nicht so einfach gewesen, in den Schlaf zu finden. Als er im Bett lag, war er ganz schön aufgewühlt und konnte erst gegen sieben Uhr morgens einschlafen. Da stand die Sonne bereits leuchtend am Himmel. Nach der ersten Euphorie, endlich etwas für ihn ganz Wichtiges getan zu haben, kroch die Angst mehr und mehr in ihm hoch. Er fragte sich, was auf ihn und die anderen nun zukommen würde. Bernd Friedrich war kein Held, das hatte er den anderen immer wieder gesagt. Trotzdem hatte er auch deutlich gemacht, dass es für ihn sehr wichtig war, bei dieser Aktion dabei zu sein. Jetzt hatte er aber schlichtweg gehörig Schiss davor, dass alles rauskommt.

Aus Erfahrung wusste Bernd Friedrich, dass er länger brauchte, um Dinge zu lernen und sich auf neue Situationen richtig einstellen zu können. Seiner Lernschwierigkeit und auch seiner Unsicherheiten war er sich bewusst. Aber das gab niemandem, wirklich niemandem, das Recht, ihn als geistig behindert zu bezeichnen. Trotzdem geschah genau das immer wieder und darüber ärgerte er sich.

Es war vor allem Klaus Kriske gewesen, der ihn von Anfang an in seinen Ängsten sehr ernst genommen hatte. Er hatte ihn darin bestärkt, dass er es schaffen würde, bei der Aktion mitzumachen. Und Klaus Kriske glaubte auch fest daran, dass er bei dieser Sache dichthalten könne. Ausgerechnet Klaus Kriske, dem viele nicht viel zutrauten, hatte durch seine Verbundenheit mit ihm und den positiven Zuspruch den Ausschlag gegeben. Durch ihn bestärkt, hatte sich Bernd Friedrich endgültig entschieden, bei der Aktion mitzumachen. Und genau deshalb war es für ihn nun oberstes Gebot, die anderen und letztendlich sich selbst nicht zu enttäuschen.

„Alles wird gut“, redete er sich in den Momenten des Zweifelns – und auch jetzt – immer wieder ein. Meist half ihm diese Ansprache an sich selbst nach dem zehnten, zwölften Mal, ruhiger und wieder selbstsicherer zu werden.

Gegen halb zwölf schreckte Bernd Friedrich aus dem Tiefschlaf auf, als das Telefon läutete. Er hatte den Klingelton extra laut gestellt, da er mit zunehmendem Alter auch schlechter hörte. Heinrich Klenke, sein Freund und Kollege aus der Werkstatt, fragte sofort, ob er DAS schon gehört habe.

„Was soll ich gehört haben?“, fragte Bernd Friedrich zwar müde, aber äußerst geistesgegenwärtig.

„Na das mit dem Brand in der Werkstatt“, tönte es zurück. „Die Schweine haben unseren Arbeitsplatz abgefackelt.“

Wie er jetzt auf solche Äußerungen reagieren könnte, das hatte Bernd Friedrich zusammen mit Helen Weber in einem Rollenspiel eingeübt. Daher fiel es ihm trotz klopfendem Herz gar nicht so schwer, den Nichtwissenden zu mimen. „Nee, was? Bin grade erst durch deinen Anruf aufgewacht. Am Samstag schlaf' ich immer lange aus. Und was heißt ‚Brand in der Werkstatt'? Was ist los? Woher weißt du das?"

„Letzte Nacht ist die Werkstatt abgebrannt. Frieda hat vorhin bei mir angerufen. Wir können nächste Woche nicht zur Arbeit. Ihr Vater hat so etwas gesagt."

„Der muss es als Vorsitzender des Vereins ja wissen", antwortete Bernd Friedrich so neutral wie möglich. Er hatte Frieda Zeils Vater schon öfter in der Werkstatt getroffen und ihn gegrüßt. Bernd Friedrich hatte Clemens Zeil dabei stets mit Sie angesprochen, während er von ihm immer geduzt wurde. Das konnte Bernd Friedrich nicht leiden. Er war mit ihm weder verwandt noch befreundet. Deshalb blieb er trotz dessen, aus seiner Sicht von oben herabkommendem, freundschaftlichem Getue konsequent beim Sie. Schließlich war Clemens Zeil der Vereinsvorsitzende der Lindentalwerkstatt.

„Was soll denn nun aus uns werden, wenn die Werkstatt abgebrannt ist?", unterbrach Heinrich Klenke Bernd Friedrichs Gedankenkarussell über Clemens Zeil.

Das passierte Bernd Friedrich öfter: Seine Gedanken gingen spazieren, während andere ihm etwas erzählten. „Es gibt einfach zu viele Wörter und Dinge, über die man nachdenken muss", redete er sich in solchen Situationen selbst ein.

„Weiß ich auch nicht. Vielleicht fällt denen was anderes ein, als dass wir in der Werkstatt sitzen und zu viel oder zu wenig zu tun haben", klinkte sich Bernd Friedrich wieder in ihr Gespräch ein.

„Was soll das denn sein?", wollte Heinrich Klenke wissen. Seine Frage gab Bernd Friedrich die Chance, erste Ideen zu pflanzen.

„Wir können doch in ganz normalen Betrieben arbeiten, wie alle anderen auch. Wenn das stimmt, dass die Werkstatt tatsächlich abgebrannt ist. In anderen Städten gibt es das schon länger." Sein Gedanke sorgte auf der anderen Seite für längeres Schweigen in der Leitung.

„Bist du noch da?", hakte Bernd Friedrich nach einer Weile nach, wissend, dass solche Diskussionen mit dem Freund in der Vergangenheit meist nach einem ähnlichen Muster abliefen.

Heinrich Klenkes Antwort blieb wie gewohnt flach: „Da sollen sich mal die anderen einen Kopf drum machen. Warten wir erstmal ab."

Es folgten einige äußerst unkonkrete Spekulationen Heinrich Klenkes, wer den Brand gelegt haben könnte. Bernd Friedrich ließ dies unbeantwortet und war stolz, als ihm das so gut gelang. Anschließend verabschiedeten sich die beiden Freunde. Man wollte wieder miteinander telefonieren, sobald man Näheres wusste, wie es mit der Werkstatt weitergeht.

„Wollen wir uns Montag treffen, wenn keine Maloche ist?", verabschiedete sich Heinrich Klenke.

„Das ist schon mal gut gegangen. War echt ein wichtiger Test", stellte Bernd Friedrich nach der Beendigung des Telefonats sehr zufrieden mit sich fest. Natürlich hatte es ihn gejuckt, dem Freund davon zu erzählen, dass er mit dabei gewesen war, als das Feuer an der Werkstatt gelegt wurde. Er war schließlich stolz auf diese Tat, zu der sie sich so mühsam durchgerungen hatten. Aber genau vor solchen Prahlereien musste er sich hüten. Sie wollten schließlich nicht auffliegen. Bei einer solchen Sache war absolutes Dichthalten angesagt und man konnte niemandem vertrauen. Schon gar nicht in der Werkstatt, wo unendlich viel getratscht wurde, vor allem, wenn es wenig zu tun gab. Darin waren sich die drei Aktivist*innen einig. Das hatten sie lange genug eingeübt. Und das musste er sich nur immer wieder in Erinnerung rufen. Am liebsten hätte er gleich Helen Weber angerufen und erzählt, dass er das gerade so gut geschafft hatte. Aber auch das war erst einmal tabu. Sie wollten schließlich Funkstille bewahren und eine Weile lang nicht miteinander in Kontakt treten.

Recht zufrieden mit sich selbst, begann Bernd Friedrich seine samstägliche Putzaktion in der Wohnung. Sie hielt ihn meistens zwei Stunden lang in Atem, da er es besonders gut machen wollte. Immer wieder hatten ihm einige seiner früheren Betreuer*innen im Wohnheim eingebläut, dass er es nicht schaffen würde, allein zu wohnen. Sie betonten immer wieder, dass er erst noch viel lernen müsse, bis er so weit sei. Obwohl er nun schon eine ganze Weile in seiner eigenen Wohnung lebte, wirkten diese Worte immer noch nach. Sie sorgten dafür, dass jede normale Putzaktion für ihn eine Prüfung blieb. „Ich will es unbedingt schaffen, allein klarzukommen", redete er sich daher immer wieder ein. Um dies sich selbst und anderen zu beweisen, hatte er es abgelehnt, Hilfe von anderen im Haushalt anzunehmen. „Das kann ich selbst", war seine beharrliche Antwort, auch wenn er inzwischen erkannt hatte, dass es manchmal gut wäre, wenn er etwas Hilfe hätte.

In der Redaktion

Als ich in der Redaktion der Lokalzeitung ankam, wollte es der Zufall, dass ich auf dem Gang fast mit dem Chefredakteur zusammenstieß. Er war gekommen, um Unterlagen aus dem Büro zu holen, die er vergessen hatte und am Wochenende bearbeiten musste.

„Hallo Frau Grund. Die Jugend ist auch am Wochenende aktiv?", so tönte es mir in seiner gewohnt kräftigen Stimme fragend entgegen. „Welcher Sache wollen Sie denn an diesem schönen Tag auf den Grund gehen?" Da war es wieder, dieses immer wiederkehrende Witzchen über meinen Nachnamen. Was anfangs vielleicht mal lustig war, nervte mich mittlerweile nur noch. Meistens ließ man mich eben nicht den Sachen auf den Grund gehen, die ich interessant fand. Im Gegenteil, meist speiste man mich mit unbedeutenden Zuarbeiten ab.

„Der Brand von heute Nacht in der Behindertenwerkstatt treibt mich um. Ich konnte nicht schlafen und bin sofort hin, als ich es im Industriegebiet brennen sah. Einen kleinen Bericht in der Online-Ausgabe habe ich schon geschafft“, kam ich gleich zur Sache.

„Gut, sehr gut. Schlaflosigkeit hat anscheinend auch seine Vorteile.“ Der Chefredakteur wollte in sein Büro abtauchen.

„Ich würde gerne an der Sache dranbleiben, da steckt sicher mehr als eine normale Brandstiftung dahinter“, legte ich, ohne echte Anhaltspunkte dafür in der Hand zu haben, nach.

„Dann kommen Sie mal kurz rein und wir gehen der Sache mal auf den Grund“, so die knappe Antwort meines Chefredakteurs.

In den nächsten fünf Minuten gab ich ihm ein kurzes Briefing über das, was ich schon erfahren hatte. Ich skizzierte mehr oder weniger schlecht als recht meine Spekulation, dass da eventuell mehr dahinterstecken könnte. „Wer legt schon ohne Grund ein Feuer in einer Behindertenwerkstatt?“, mit dieser Frage beendete ich meine Ausführungen. Überzeugt hat ihn am Ende wahrscheinlich meine To-Do-Liste, die ich ihm präsentieren konnte.

„Sie haben dabei eins vergessen“, kommentierte er diese. „Kommen Sie selbst darauf, was das sein könnte?“, stellte er mich auf die Probe. Trotz rasender Gedanken und meinem typischen, verunsicherten Erröten fiel mir nichts ein. Zum Glück hielt er mein Schweigen nicht lange aus und dozierte: „Wollen Sie die behinderten Menschen, die in der Lindentalwerkstatt arbeiten, gar nicht befragen, wie es ihnen geht? Vielleicht kennen Sie entsprechende Leute oder jemanden, der jemanden kennt? Das dürfte für unsere Leser*innen spannend sein, was nun mit ihnen passiert, da die Werkstatt abgebrannt ist. Das ist die Sache mit dem personal touch, von dem Sie bestimmt schon gehört haben!"

Die behinderten Beschäftigten der Werkstatt hatte ich tatsächlich vergessen, was mir noch mehr Röte ins Gesicht trieb. Mich kleinlaut bei ihm bedankend, machte ich daraufhin einen Abgang. Ich hatte bisher tatsächlich keinen Gedanken darauf verwendet, was der Brand für die dort arbeitenden behinderten Menschen bedeuten könnte. Das hatte bestimmt damit zu tun, dass ich in meinem bisherigen Leben mit solchen Menschen so gut wie keinen Kontakt gehabt hatte. Wenn es kleinere Begegnungen in einem Laden oder auf der Straße mit Behinderten gegeben hatte, war ich meist äußerst verunsichert.

„Peinlich, peinlich", sagte ich zu mir selbst, reckte aber die Faust in die Höhe, als ich zu dem Büro schritt, das ich als Volontärin mitnutzen konnte. „Ich habe ihn tatsächlich bekommen, den Auftrag, mich der Geschichte intensiver zu widmen", freute ich mich. Jetzt musste ich aber auch liefern.

Beschwingt von dieser für mich fast schicksalhaften Begegnung mit dem Chefredakteur und dem OK für die Story machte ich mich beflügelt ans Werk. Schnell erfuhr ich, dass es um die Mittagszeit einen Ortstermin des Vereinsvorstands mit der Geschäftsleitung am weitgehend abgebrannten Werkstattgebäude geben sollte. Da musste ich unbedingt dabei sein. Meine Anrufe bei der Polizei und Feuerwehr bestätigten die Informationen, die ich bereits in der Nacht erhalten hatte. Ziemlich sicher handelte es sich um Brandstiftung. Hinweise aus der Bevölkerung hatte es bisher nur in Form der Notrufe, dass es brannte, gegeben. Bezüglich möglicher Täter waren bei der Polizei bisher keine Meldungen aus der Bevölkerung eingegangen.

Eine Schnellrecherche in unserem digitalen Archiv der Lokalzeitung ergab auch keine besonderen Anhaltspunkte für mögliche Motive für eine Brandstiftung. Berichte über Sommerfeste oder über einzelne Aufträge, die von der Lindentalwerkstatt für regionale Firmen ausgeführt wurden, konnte ich finden. Zudem stieß ich auf ein Porträt der damals neu eingestellten Geschäftsführerin der Werkstatt, Christa Ehmke. Auch einige kleinere Meldungen über Vereinssitzungen des Trägervereins waren im Archiv der Zeitung vorhanden. Interessant waren diese aber nicht: der bisherige und auch jetzige Vorsitzende war anscheinend immer wieder gewählt worden. Das war's dann aber auch schon.

In meinem Telefonat mit eben diesem Vereinsvorsitzenden gelang es mir, dass mich Clemens Zeil gleich zu dem anstehenden Treffen einlud. Fast schon auf dem Sprung dorthin stieß ich noch auf eine interessante Schlagzeile: „Inklusion statt Aussonderung in Werkstätten". Im Anreißer des Artikels hieß es weiter: „Behinderte Menschen fordern gerechte Löhne und Arbeitsmöglichkeiten auf dem allgemeinen Arbeitsmarkt." Der Beitrag war vor gut einem Jahr in unserer Lokalzeitung veröffentlicht worden. Eine sogenannte Enthinderungsgruppe hatte bei einer Aktion vor dem Rathaus Kritik am System der Werkstätten für behinderte Menschen geäußert. Einer unserer ehemaligen Redakteure hatte das Thema in einem Hintergrundbericht, der über den ursprünglichen Grund des Protests für mehr Barrierefreiheit hinausging, aufgegriffen. Ich hatte mir selbst bisher keine Gedanken über die Bezahlung in Behindertenwerkstätten gemacht und startete noch schnell eine Google-Suche.

Mindestlohn in Werkstätten gefordert * Gegen Hungerlöhne in Werkstätten * Inklusion statt ewiger Werkstattbeschäftigung

waren einige Schlagzeilen, die mir sofort ins Auge sprangen. Diesen wollte ich später nachgehen. Jetzt musste ich mich erst einmal auf mein Fahrrad schwingen und in der inzwischen sengenden Hitze zur abgebrannten Werkstatt radeln.

Am Tatort

Am Tatort angekommen merkte ich, dass es bereits engagiert zur Sache ging. Der Vereinsvorsitzende Clemens Zeil, den ich nach unserem vorherigen Telefonat sofort an seiner Stimme erkannte, schimpfte auf diejenigen, die so etwas taten. Verschwitzt stieg ich vom Rad ab und gesellte mich zu der Gruppe.

„Über die Hälfte meines Lebens hab' ich dem Aufbau der Werkstatt gewidmet. Und jetzt ist in einer Nacht alles kaputt", teilte Clemens Zeil den Anwesenden den Tränen nahe mit.

„Das ist furchtbar, aber lass uns jetzt erst mal schauen, was wir retten können", antwortete jemand aus der Runde, von dem ich nicht wusste, wer er war.

„Was soll denn da noch zu retten sein. Die paar stehengebliebenen, völlig verkohlten Wände werden wir abreißen müssen. Da geht nichts mehr", so Clemens Zeils Einschätzung. Sie sollte sich im weiteren Verlauf der Begutachtung als zutreffend erweisen. Eingeschüchtert von der bedrückten Stimmung versuchte ich mich kurz vorzustellen. Clemens Zeil kam mir zuvor. „Sie müssen die von der Zeitung sein, Frau Hund?" Ich konnte gerade noch nicken und „Grund" murmeln, bevor die Diskussion weiterging.

„Wichtig ist, wir müssen jetzt besonnen überlegen, was jetzt zu tun ist. Wir müssen andere Räumlichkeiten suchen, um den Werkstattbetrieb fortsetzen zu können. Echt hilfreich, dass wir gut versichert sind und die Kostenträger sicherlich Verständnis für unsere Notlage haben werden", führte eine Frau um die 50 aus, von der ich später erfuhr, dass sie Christa Ehmke, die Geschäftsführerin der Lindentalwerkstatt, war.

Nach weiteren Erörterungen, wer denn vielleicht für die Brandstiftung verantwortlich sein könnte, landete das Gespräch erneut an dem Punkt, was konkret getan werden musste.

„Wir müssen die Eltern und Mitarbeiter der Werkstatt informieren. Vor allem müssen wir dringend Räumlichkeiten suchen, in denen der Werkstattbetrieb für unsere behinderten Beschäftigten weitergehen kann. Und natürlich muss der Schaden der Versicherung gemeldet werden. Die Polizei wird auch mit uns reden wollen", fasste Christa Ehmke jene Punkte zusammen, die durch den Leitungsstab zu regeln waren. Ein eher zögerlich vorgebrachter Vorschlag des Mannes, der vorhin versucht hatte, den Vereinsvorsitzenden zu beschwichtigen, ging in der Diskussion unter. Er plädierte dafür, auch mit Unternehmen Kontakt aufzunehmen. „Vielleicht können sie einige unserer Behinderten übergangsweise in ihren Betrieben beschäftigen?"

Nach gut einer halben Stunde ebbte die Diskussion ab, wahrscheinlich auch wegen der Hitze. So kam ich endlich dazu, dem Vorsitzenden und der Geschäftsführerin ein paar Fragen zu stellen, bevor diese in ihre Autos stiegen und davonbrausten. Meine Fragerei brachte mich zwar nicht sonderlich weiter, ihre Aussagen boten mir aber die Grundlage für einen weiteren Bericht, den ich heute noch fertig schreiben wollte: In der Lindentalwerkstatt wurden 531 behinderte Menschen beschäftigt, die von insgesamt 130 Mitarbeiter*innen betreut wurden. Gegründet wurde die Werkstatt 1973.

„Die Planungen, für die im nächsten Frühjahr anstehende 50-Jahr-Feier müssen wohl erst einmal aufgeschoben werden", tat Clemens Zeil abschließend wehmütig kund. Das Thema hatte ihn während der letzten Monate schon sehr beschäftigt, wie er mir, den Tränen wieder nahe, mitteilte.

Claudia Liese

Als Claudia Liese am Samstagnachmittag einen Anruf von Katja Franke aus der Enthinderungsgruppe erhielt, freute sich diese in mehrfacher Hinsicht darüber. Sie wusste, dass sie mit ihren juristischen Ausführungen zuweilen Leute überforderte. In der Enthinderungsgruppe hatte sie sich ab und an schon darüber geärgert, dass einige ihren Worten nicht mit gebührendem Ernst folgten. Doch mit Katja Franke verstand sie sich bestens. Und wenn diese sie um Rat fragte, wie das nun der Fall war, dann war dies ein guter Tag für Claudia Liese. Sie beide wollten möglichst viel in Sachen Menschenrechte für behinderte Menschen bewegen. Aufbauend auf ihren eigenen und immer wieder auftretenden Diskriminierungserfahrungen als blinde Frau war Claudia Lieses Kämpferherz mittlerweile sehr ausgeprägt. Ungerechtigkeiten konnte sie schwer aushalten. Deshalb war sie wahrscheinlich auch Juristin geworden.

In den Nachrichten hatte die engagierte Juristin bereits vom Brand der Lindentalwerkstatt gehört. Ihre Gedanken waren sofort auf Wanderschaft gegangen: Vielleicht würde dadurch nun auch in ihrer Stadt die Diskussion über dieses unsägliche System der sogenannten Behindertenhilfe in Bewegung kommen? Wäre schade, wenn es dafür eines Brandes bedurfte. Aber in jeder Krise steckte auch eine Chance, davon war Claudia Liese überzeugt. Dass Katja Franke sich bei ihr meldete und aktiv werden wollte, fand sie super.

Katja Franke schätzte Claudia Liese wegen ihrer rechtlichen Kenntnisse und ihres anscheinend unermüdlichen Engagements sehr. Daher las sie Claudia Liese am Telefon ihren Entwurf für eine Presseerklärung vor. „Wie kann ich noch einige Zeilen über Alternativen zur Werkstatt einbauen, aus unserer Sicht?“ Katja Franke war sich schon vor ihrem Anruf darüber bewusst, dass dieses Telefonat etwas länger dauern würde. Und ihr war auch klar, dass sie die Ausführungen von Claudia Liese am Ende in eine verständliche Sprache übersetzen musste. Inhaltlich war die Juristin jedoch unschlagbar. Katja Franke hatte also ausreichend Zeit für das Gespräch eingeplant.

In der Enthinderungsgruppe hatte Claudia Liese einmal über die Möglichkeiten einer virtuellen Werkstatt berichtet. Viel entscheidender fand sie jedoch die Frage, warum die seit 1. Januar 2018 gesetzlich verankerte Möglichkeit für ein Budget für Arbeit für behinderte Werkstattbeschäftigte so wenig vorangetrieben wurde. Bereits beim Beteiligungsprozess für die Gesetzgebung des Bundesteilhabegesetzes 2016 hatte sie sich zusammen mit anderen behinderten Juristinnen und Juristen für diese gesetzliche Regelung besonders stark gemacht und war zwischenzeitlich zu einer Expertin in Sachen Budget für Arbeit geworden.

„Die Idee des mit dem Bundesteilhabegesetz eingeführten Budgets für Arbeit ist ganz simpel. Das Geld, das sonst als Eingliederungshilfe an die Werkstatt für behinderte Menschen gezahlt wird, geht mit dem Budget für Arbeit als Lohnkostenzuschuss an ganz normale Arbeitgeber. Diese können damit behinderte Menschen im Rahmen eines richtigen sozialversicherungspflichtigen Arbeitsplatzes beschäftigen. Es gibt zusätzlich zu einem recht hohen Lohnkostenzuschuss auch Geld für die Assistenz behinderter Menschen am Arbeitsplatz, wenn diese gebraucht wird. Diese Mittel können zum Beispiel für eine Anleitung oder andere Unterstützungen am Arbeitsplatz eingesetzt werden."

„Und warum wird das kaum genutzt?"

„Die Nutzung dieser Fördermöglichkeit in der Praxis auf die Schiene zu bekommen, scheint für viele wie ein Hexenwerk zu sein. Immer noch weiß kaum jemand über diese Möglichkeit der Beschäftigung und Förderung behinderter Menschen aus

Werkstätten auf dem allgemeinen Arbeitsmarkt Bescheid. Und anscheinend will darüber auch niemand richtig Bescheid wissen."

Claudia Liese machte vor allem wütend, dass niemand ein wirkliches Interesse daran zu haben schien, dass behinderte Menschen statt in einer Werkstatt bei ganz normalen Arbeitgeber*innen arbeiten konnten. Kaum jemand setzte sich ernsthaft dafür ein, dass sie, wie andere Menschen auch, sozialversichert beschäftigt wurden und einen anständigen Lohn bekamen. Dabei bot das Budget für Arbeit trotz einiger kleinerer Haken doch endlich diese Möglichkeit. Dies war aber bisher – und besonders in ihrer Stadt – viel zu wenig bekannt und wurde kaum genutzt.

„Hast du dazu Zahlen?", fragte Katja Franke.

„Zum Stichtag 31. Dezember 2020 waren bundesweit gerade einmal 1.679 Personen gemeldet, die ein Budget für Arbeit erhielten. Weitere 3.081 behinderte Menschen bekamen vergleichbare landesspezifische Leistungen für eine Beschäftigung auf dem allgemeinen Arbeitsmarkt. Dies geht aus dem Kennzahlenvergleich der Bundesarbeitsgemeinschaft der überörtlichen Sozialhilfeträger hervor", führte Claudia Liese in ihrer typisch korrekten, detailverliebten Art aus und betonte: „Das sind nicht einmal 5.000 von den circa 320.000 behinderten Menschen, die bundesweit in Werkstätten für behinderte Menschen arbeiten. Nicht einmal zwei Prozent! Niemand außer ein paar behinderten Menschen, die als ständig nörgelnd und nimmer zufrieden abgestempelt werden, scheint es also wichtig zu sein, dass zur Inklusion auch gehört, behinderten Menschen einen fairen Lohn oder wenigstens den Mindestlohn für ihre Arbeit zu bezahlen."

Das Bild des hilflosen, armen, bemitleidenswerten behinderten Menschen, der eh nie eine Familie ernähren oder ähnliche Bedürfnisse wie andere haben könnte, begegnete Claudia Liese andauernd. Auch deshalb fesselte sie das Thema so.

„Helen Weber hat in der Enthinderungsgruppe aber gesagt, dass in der Lindentalwerkstatt andere Informationen über das Budget für Arbeit verbreitet werden", warf Katja Franke ein. Das mit dem Budget sei viel zu kompliziert und niemand würde behinderte Menschen aus der Werkstatt zu solchen Bedingungen auf dem allgemeinen Arbeitsmarkt einstellen. Das ganze Budget sei viel zu bürokratisch, und wenn es draußen mit der Arbeit nicht klappe, sei es schwierig, wieder in die Werkstatt zurückzukommen – das würden sie dann schon merken und bedauern.

„Das ist völliger Quatsch", ereiferte sich Claudia Liese. „Diese Argumentation dient vor allem dazu, behinderten Menschen einzureden, wie gut und sicher sie es doch in der Werkstatt haben. Genau das ist der althergebrachte Ansatz der ‚beschützenden Werkstatt'. In den gesetzlichen Regelungen zum Budget für Arbeit gibt es ein Rückkehrrecht in die Werkstatt. Das wurde extra mit aufgenommen. Und wer erst gar keine Arbeitgeber sucht, die behinderte Menschen beschäftigen, der wird auch keine finden."

„Und wie ist das mit der Bezahlung? Wenn jemand ein Budget für Arbeit nutzt, bekommt die Person doch auch ein richtiges Gehalt – oder?" Katja Franke wollte sicher gehen, nichts Falsches zu schreiben.

„Genau. Aber auch das Argument mit dem viel besseren Verdienst auf dem allgemeinen Arbeitsmarkt wird von den Werkstattleuten häufig weggewischt. Die Rentenzahlungen wären geringer und schließlich bekämen die meisten ja sowieso ergänzende Grundsicherung. Dabei denkt keiner daran, wie entwürdigend es ist, von Ämtern abhängig zu sein und ständig seine Verhältnisse offen legen zu müssen. Vor allem wird in den Werkstätten ständig darauf hingewiesen", fuhr Claudia Liese in ihren Schilderungen fort, „dass behinderte Werkstattbeschäftigte bereits nach 20 Jahren eine Erwerbsminderungsrente bekommen. Das

Argument, dass es besser ist, im Hier und Jetzt einen anständigen Lohn zu bekommen und nicht mehr von der Grundsicherung abhängig zu sein, als später ein paar Euro mehr Rente zu haben, verhallt in den Diskussionen meistens! Ja, die Sache mit der Rente ist wirklich nicht ganz unkompliziert. Das richtig zu erklären, dafür braucht man konkrete Rentenberechnungen. Aber daran hat niemand im Umfeld der Werkstätten Interesse."

„Auch wenn wir all das nicht in dieser Presseerklärung aufnehmen können, gibt es da nicht noch das Problem, dass im Budget für Arbeit keine Beiträge für die Arbeitslosenversicherung gezahlt werden?", hakte Katja Franke noch einmal nach – und traf damit einen wunden Punkt bei Claudia Liese.

„Ja, da muss ich den Kritiker*innen am Budget für Arbeit Recht geben. Über diese gesetzliche Lücke ärgere ich mich selbst am meisten. Bei den gesetzlichen Regelungen hatte man nur die Leute im Kopf, die wieder zurück in die Werkstatt wollen, wenn es auf einem normalen Arbeitsplatz nicht funktioniert. Für die wurde das Rückkehrrecht in die Werkstatt geregelt. Diejenigen, die aber gar nicht dorthin zurückwollen, hat man in der Diskussion ganz vergessen. Die hatten keine Stimme im Gesetzgebungsprozess."

Claudia Liese holte immer weiter aus und redete sich in Rage: „Wer im Falle einer Kündigung nicht mehr zurück in die Werkstatt will, hat im Rahmen des regulären Budgets für Arbeit keinen Anspruch auf Arbeitslosengeld, wenn nicht extra in die Arbeitslosenversicherung einbezahlt wurde. Diesen behinderten Menschen bleibt dann oft nur der Weg zurück in die Werkstatt. Aber damit alles abzutun und auf den altbekannten ausgetretenen Pfaden weiterzumarschieren, das ist mir zu billig. Da sieht man wieder mal, was passiert, wenn es keine gute Beteiligung behinderter Menschen an Gesetzgebungsprozessen gibt. Hier werden immer noch hauptsächlich die Wohlfahrtsverbände angehört."

Sie musste bei ihren Ausführungen an den kleinen Vortrag von Helen Weber in der Enthinderungsgruppe denken. Diese hatte damals geschildert, dass es für sie am schlimmsten war, von ihren eigenen Leuten so wenig Unterstützung zu bekommen. Der Werkstattrat interessiere sich kaum für Alternativen ‚draußen'. Die meisten Mitglieder hätten sich mit der Werkstattbeschäftigung arrangiert und als Werkstatträte ein paar kleinere Privilegien errungen. Im Werkstattrat sprach man wohl lieber über das Mittagessen, zu dem es immer viel zu sagen gab. Man sprach über Probleme, genug Aufträge zu haben, um mehr als die ungefähr 220 Euro Durchschnittsentgelt pro Monat zu bekommen, oder man sprach über den Ärger mit einzelnen Betreuerinnen und Betreuern oder mit der Werkstattleitung.

Helen Weber hatte damals ihrem Frust Luft verschafft: „Klar, alles wichtig für uns in der Werkstatt. Ich kann's aber nicht mehr hören. Es ändert sich doch eh kaum was. Ganz im Gegenteil, das System verfestigt sich dauernd. Jetzt haben die während Corona sogar unser Werkstattentgelt wegen geringerer Aufträge um 20 Euro gekürzt. Der Aufschrei dagegen hielt sich bei uns in der Werkstatt in Grenzen. 20 Euro weniger für diejenigen, die gerade mal um die 220 Euro im Monat bekommen, tut richtig weh. Schuld war aber nicht das unwürdige Werkstattsystem, sondern die Pandemie. Die nichtbehinderten Mitarbeiterinnen und Mitarbeiter, die in der Betreuung der behinderten Beschäftigten arbeiteten, haben weiterhin ihr volles Gehalt bekommen. Darüber hat im Werkstattrat niemand geredet. Hat für sie echt keine Rolle gespielt. Dabei wird doch so gerne über die Solidarität der Beschäftigten gesprochen, immer wenn Politiker zu Besuch kommen.

Solidarität – hmm, die hört bei den nichtbehinderten Mitarbeitern und Mitarbeiterinnen wohl auf."

Claudia Liese versorgte Katja Franke, der Pressesprecherin der Enthinderungsgruppe, mit weiteren Infos aus ihren Recherchen und den intensiven Gesprächen, die sie in den letzten Monaten unter anderem mit Helen Weber geführt hatte. Nach einer knapp halben Stunde wurde sie von Katja Franke freundlich, aber bestimmt unterbrochen. „Ich versprech' dir, ich bemühe mich, aus deinen vielen Infos etwas in die Pressemeldung einzubauen."

Katja Franke nahm sich vor, aus all dem verständliche Formulierungen für die Presseerklärung zu basteln. Es durften aber nicht mehr als zwei, höchstens drei Sätze werden! Die Meldung sollte möglichst heute noch raus.

„Claudia, ich hab' mir überlegt, ob ich angesichts der neuen Situation nach dem Werkstattbrand morgen, am Sonntag, ein paar Leute zu mir in den Garten einlade".

„Da habe ich Zeit und wäre gerne dabei", betonte Claudia Liese.

Dank dieser Zusage machte Katja Franke gleich Nägel mit Köpfen: „Super. Dann treffen wir uns morgen Nachmittag bei mir. Die genaue Uhrzeit gebe ich dir noch durch." Katja Franke beendete damit das Telefonat.

3 Was nun?

Wie würde es nun weitergehen? Das war jetzt die entscheidende Frage. Bei den Planungen der drei frischgebackenen Brandstifter*innen hatte dieser Punkt zwar viel Diskussionsstoff geboten, was genau getan werden musste, blieb allerdings stets recht unkonkret. Das Feuer zu legen, dieser erste Schritt, war ihnen gelungen. Sie hatten damit den Ort, der ihnen so viel Sorge und Ärger bereitet hatte, ins Mark getroffen. Die Strukturen der Ausgrenzung waren dadurch aber nur leicht erschüttert, das war ihnen klar. „Die Sklavenarbeit", wie Helen Weber die Beschäftigung in der Lindenwerkstatt nicht zuletzt aufgrund der geringen Löhne und ständigen Gängeleien zuweilen bezeichnete, war längst noch nicht überwunden. Der Traum von Helen Weber, Bernd Friedrich und Klaus Kriske war, dass Alternativen zur Beschäftigung in der Werkstatt aufgebaut würden. Jetzt, da das Werkstattgebäude abgebrannt war, müssten dafür endlich ernstzunehmende Anstrengungen unternommen werden. Behinderte Menschen sollten bei normalen Arbeitgebern beschäftigt und auch entsprechend entlohnt werden. Dass das nicht von allein gehen würde, war ihnen klar – und sollte sich im weiteren Verlauf leider auch zeigen.

Nachdem die Pläne für die Brandstiftung immer konkreter geworden waren, hatte Helen Weber in der Enthinderungsgruppe den Vorstoß gewagt und eine Diskussion rund um die Frage „Was wäre, wenn es die Werkstatt für behinderte Menschen in unserer Stadt nicht mehr gäbe?" angeregt. Vor drei Monaten hatten sie schließlich eine Stunde in der Gruppe darüber diskutiert.

„Wenn es die Werkstatt nicht gäbe, dann müssten sich die Verantwortlichen in der Stadt ernsthaft damit auseinandersetzen, dass mehr behinderte Menschen in ganz normalen Betrieben beschäftigt werden. Das Geld, das bisher an die Werkstatt bezahlt wird, könnte dann in den Betrieben zur Unterstützung behinderter Menschen eingesetzt werden“, hatte eine Teilnehmerin der Gruppe vorgeschlagen.

In der Diskussion waren sich alle einig gewesen: es musste eine gute Beratung und Unterstützungsstruktur geben. Die Vermittlung behinderter Menschen an verschiedene Arbeitgeber*innen musste dabei eine zentrale Rolle spielen. Dazu hatte vor allem Claudia Liese einige Ideen, auch wenn diese leider etwas abhoben. Helen Weber gefiel vor allem das bereits vorhandene Budget für Arbeit als ein gutes Instrument, auf dem man aufbauen konnte.

Damals war Helen Weber die Diskussion zu abgehoben gewesen und für sie deshalb etwas unbefriedigend verlaufen. Jetzt erwies sich ihre Initiative jedoch als gute Grundlage: Nach dem Brand in der Lindentalwerkstatt war die Diskussion plötzlich bei vielen aus der Gruppe wieder präsent und hochaktuell. Gerade Katja Franke, die unaufhaltsame Pragmatikerin, war voll darauf angesprungen. Wenn etwas in Katja Franke zu arbeiten begann, dann führte dies meist zu konkreten Aktivitäten. Da spielte es auch keine Rolle, wenn zuweilen nur Teilerfolge erzielt werden konnten.

Samstagabend klingelte bei Helen Weber erneut das Telefon. Katja Franke eröffnete ihr, dass sich einige Aktive der Enthinderungsgruppe unbedingt schnell treffen müssten. Der Werkstattbrand böte eine nie dagewesene Chance, so dass es jetzt gelte, entsprechend zu handeln. Helen Weber bemühte sich, die abgesprochene Rolle der Zurückhaltung eine Weile aufrecht zu erhalten, war innerlich aber von dieser Initiativkraft begeistert: Für Sonntagnachmittag war in Katja Frankes Garten ein aktivistisches

Kaffeetrinken vereinbart worden. Einige Mitglieder der Enthinderungsgruppe waren zu diesem außerordentlichen Treffen eingeladen und hatten bereits zugesagt. Vor allem Mitglieder, die sich bei der Planung früherer Aktionen als besonders engagiert und hilfreich erwiesen hatten. „Claudia Liese hat auch zugesagt."

Katja Franke war noch anderweitig aktiv geworden. Sie war für die Pressearbeit der Gruppe verantwortlich und konnte dabei eigenständig handeln. Und so hatte sie bereits einen Vorschlag für eine erste Presseerklärung erarbeitet. Diesen las sie Helen Weber vor. Der Text war ganz im Sinne von Helen Weber. Besonders froh war sie, dass sie sich damit nicht selbst aus dem Fenster lehnen musste. So lenkte sie keinen Verdacht auf sich.

Am späten Samstagnachmittag schickte Katja Franke schließlich folgende Presseerklärung an die Allgemeine Nachrichten und an andere Medien in der Stadt:

Brand in Werkstatt für behinderte Menschen als Chance nutzen: Beschäftigung auf allgemeinem Arbeitsmarkt ermöglichen

Der Brand in der Werkstatt für behinderte Menschen hat auch bei den Mitgliedern der Enthinderungsgruppe für Betroffenheit gesorgt. „In jeder Krise liegt aber auch eine Chance und diese muss nun genutzt werden", erklärte Katja Franke, die Pressesprecherin der Enthinderungsgruppe.

Die Enthinderungsgruppe setzt sich für die gleichberechtigte Teilhabe und Selbstbestimmung behinderter Menschen ein. Den betroffenen behinderten Menschen muss nun möglichst schnell eine neue Beschäftigungsmöglichkeit geboten werden. Was liegt näher, dies inklusiv in den Unternehmen dieser Stadt zu verwirklichen?

„Dass die Beschäftigung behinderter Menschen auch außerhalb von Werkstätten für behinderte Menschen möglich ist, wurde schon oft bewiesen. Ein Anfang könnte nun sein, dass möglichst viele Unternehmen Praktikumsmöglichkeiten für behinderte

Menschen aus der Lindentalwerkstatt bieten. Darauf aufbauend kann dann nach Möglichkeiten einer längerfristigen Beschäftigung gesucht werden. Das im Sozialgesetzbuch IX verankerte Budget für Arbeit bietet beispielsweise eine gute finanzielle Unterstützung für die Beschäftigung behinderter Menschen. Diese Regelung wurde extra in das Bundesteilhabegesetz mit aufgenommen", betonte Katja Franke.

Durch die Solidarität mit behinderten Menschen könne nun aus der Not heraus ein Markenzeichen der Stadt werden. Hierfür müssten gemeinsame Anstrengungen unternommen werden, die eine gesonderte Werkstatt für behinderte Menschen zukünftig überflüssig machen, heißt es vonseiten der Enthinderungsgruppe.

„Das wäre gelebte Inklusion, wie sie auch die Behindertenrechtskonvention der Vereinten Nationen vorsieht", so das Plädoyer von Katja Franke.

Was in der Zeitung steht

Die Presseerklärung der Enthinderungsgruppe ging erst in der Redaktion der Lokalzeitung ein, als ich meinen Artikel für Montag schon längst fertig und mich endgültig ins Wochenende verabschiedet hatte.

Nach der erneut kurzen Nacht war ich hundemüde. Ich war an diesem heißen Samstag für nichts mehr zu gebrauchen. Es gab aber auch nicht viel, was an diesem Tag noch auf mich wartete. Meine Sozialkontakte waren nach dem Umzug in die mir immer noch fremde Stadt sehr dünn gesät. Und die ein, zwei Leute, mit denen ich vielleicht etwas unternommen hätte, waren im Urlaub. Also ließ ich mich auf meiner Couch nieder und las das kürzlich begonnene Buch weiter. Bevor ich wegdämmerte, klopfte ich mir noch symbolisch dafür auf die Schulter, dass ich mich gleich an den Artikel für die Online- und Montagsausgabe gemacht und ihn bereits eingereicht hatte.

Behindertenwerkstatt völlig abgebrannt

Nach dem Brand in der Behindertenwerkstatt gegen drei Uhr am Samstagmorgen, den 20. August, hat sich die Vermutung verfestigt, dass es sich hierbei um Brandstiftung handelt.
Die Tatsache, dass das Gebäude der 1973 gegründeten sozialen Einrichtung am Rande des Industriegebiets fast vollständig abgebrannt ist, hat bei den Verantwortlichen der Werkstatt tiefe Bestürzung ausgelöst. Der Werkstattbetrieb wird bis auf weiteres an diesem Standort nicht möglich sein, sodass fieberhaft nach Alternativen für die Beschäftigung behinderter Menschen gesucht wird.

Der Vereinsvorsitzende des Trägervereins der Lindentalwerkstatt, Clemens Zeil, zeigte sich fassungslos, dass sein Lebenswerk auf diese Weise dem Erdboden gleichgemacht wurde. „Was wir für unsere Behinderten über fast 50 Jahre hinweg mühsam aufgebaut haben, wurde durch diese Tat in wenigen Minuten schamlos zerstört“, sagte er bei der Besichtigung des weitgehend abgebrannten Industriegebäudes. „Meine Tochter arbeitet in der Werkstatt und muss nun zu Hause bleiben.“

„Der Werkstattbetrieb kann so erst einmal nicht fortgesetzt werden. Deshalb haben wir für die nächsten zwei Wochen Betriebsurlaub angeordnet. Wir hoffen, dass wir möglichst schnell andere Räumlichkeiten finden, die wir wenigstens für einen Notbetrieb nutzen können“, schilderte die Geschäftsführerin der Lindentalwerkstatt, Christa Ehmke, gegenüber unserer Zeitung das weitere Prozedere. Insgesamt werden in der Behindertenwerkstatt 531 behinderte Menschen von 130 Mitarbeiter*innen betreut.

Treffen der Enthinderungsgruppe

Als sich einige Akteur*innen der Enthinderungsgruppe im Herbst 2015 zum ersten Mal trafen, war schnell klar, dass es nicht bei diesem ersten Treffen bleiben würde. Da gab es etwas tief

Verbindendes zwischen vielen der Teilnehmer*innen. Das war damals förmlich mit Händen zu greifen gewesen. Schnell setzten aber auch bei ihnen die Diskussionen ein, die bei fast allen ähnlichen Initiativen zu den Anfangswehen gehörten. Engagiert wurde darüber gesprochen, mit welchen Barrieren einzelne Mitglieder der Gruppe konfrontiert waren. Man regte sich über Sonderwelten für behinderte Menschen auf und in den Gesprächen wurden inklusive Alternativen dazu gefordert. Was dagegen konkret von wem getan werden könnte, blieb jedoch erst einmal vage. Die Rufe einzelner Mitglieder, dass man für die Gruppe erst einmal einen Namen und ein Logo brauche, lenkten erfolgreich davon ab. Einen Verein zu gründen, wäre auch wichtig, argumentierten andere. Und so beherrschten solche Themen die ersten Treffen der Gruppe, ohne dass auch nur annähernd etwas bewirkt wurde.

Die Juristin Claudia Liese hatte den entscheidenden Impuls für das erste Treffen der Gruppe gegeben. Sie hatte damals einige Leute zusammengetrommelt, da die Diskussion um ein Bundesteilhabegesetz mittlerweile Wellen schlug. Leider verrannte sich Claudia Liese durch ihre komplizierten Ausführungen zu dem sehr umfassenden Gesetzgebungsverfahren in den ersten Treffen immer mehr. Als das Chaos fast perfekt war, war es Katja Franke, die mit ihrem Pragmatismus der Gruppe eine Richtung und längerfristige Perspektive gab.

„Wir wollen doch nicht so sein, wie die meisten der anderen Schlafwagenvereine?“, warf sie zum Ende des dritten Gruppentreffens ein und machte Vorschläge: „Wir treffen uns doch, um etwas anders im Sinne der Selbstvertretung behinderter Menschen zu machen? Wir wollen nicht immer nur nett sein und uns anhören, was nichtbehinderte Menschen so alles über uns und meist auch ohne uns machen und sagen? Deshalb sollten wir auch unkonventionell sein."

„Unkonventionell?", hatte ein Mitglied mit Lernschwierigkeiten daraufhin fragend in den Raum geworfen.

„Entschuldigung, das bedeutet unkompliziert oder vielleicht noch besser gesagt, möglichst einfach und anders. Ich schlage vor, dass wir uns einfach nur Enthinderungsgruppe nennen, erst mal keinen Verein gründen und auch kein Logo brauchen. Wir sollten uns darauf konzentrieren, gegen die Dinge vorzugehen, die uns diskriminieren und an den Rand drängen. Vereinsmeiern können andere viel besser."

Für ihre Rede erntete Katja Franke damals spontanen Beifall. Die Richtung der Gruppe war vorgegeben. Lediglich beim zugegeben gestelzten Begriff Enthinderungsgruppe gab es noch zweifelnde Einwände und Nachfragen.

„Von dem, was ich bisher von euch gehört habe, ist doch klar, dass wir weniger behindert sind, als wir behindert werden. Wenn wir also behindert werden, dann braucht es eine Enthinderung. Also Menschen, die diese Behinderungen enthindern. Und das sind eben wir, die Enthinderungsgruppe. Damit setzen wir uns vom ganzen Geschwafel der Wohlfahrtsmafia ab, die von unserer Aussonderung profitiert und vieles, was uns diskriminiert, über unsere Köpfe hinweg schönredet."

Mit dieser Erklärung von Katja Franke war alles gesagt. Lediglich eine Teilnehmerin, deren Mutter in einer Behinderteneinrichtung arbeitete, wollte das mit der Wohlfahrtsmafia nicht so stehen lassen. Das sei ihr zu pauschal und viel zu extrem.

„Es gibt bestimmt noch viele Gelegenheiten, darüber intensiver zu diskutieren", vertagte Katja Franke gelassen diese weitere Diskussion.

Die Enthinderungsgruppe war damit geboren – ohne Logo und ohne Verein. Und damit war die Gruppe in den letzten Jahren auch gut gefahren. Gerade bei den Aktionen zum Bundesteilhabegesetz war es für sie sehr hilfreich gewesen, unabhängig agieren zu können. So konnten sie die Anliegen der Betroffenen selbst und ohne Abstriche in den Mittelpunkt stellen. Dem oftmals unterschwelligen Vorwurf aus der Politik und Verwaltung, dass sie nur mehr Geld für ihre Dienstleistungen wollen, konnten sie sich erhobenen Hauptes entgegenstellen. Und der Vereinnahmung behinderter Menschen durch Dienstleistungserbringer konnten sie als Selbstvertretungsorganisation von Menschen mit ganz unterschiedlichen Behinderungen offen Paroli bieten.

Das Beste: Sie konnten sagen, was sie wollten, ohne auf Vereins- und Dienstleistungsinteressen Rücksicht nehmen zu müssen. Besonders bei der Diskussion um ein Teilhabegeld für behinderte Menschen zeigte sich das: Behinderte Menschen fanden diese Idee richtig gut, da sie damit das Geld in die Hände bekommen hätten. Dagegen untergruben diejenigen, die von ihren Dienstleistungen und der Abhängigkeit behinderter Menschen profitieren, diese Idee recht schnell. Und so floss in den meisten Fällen das Geld auch weiterhin an die Einrichtungsträger oder entsprechende ambulante Dienste. Nur ein paar Verwegene hatten sich auf den Weg gemacht und persönliche Budgets beantragt. Sie organisierten sich ihre Assistenz und Hilfen selbst und bestimmten, wer bei ihnen arbeitete. Leider war es für sie zuweilen sehr mühsam, die entsprechende Vergütung mit den Kostenträgern zu regeln.

Mittlerweile war das Bundesteilhabegesetz schon einige Jahre in Kraft. Im Kampf für das Gesetz war nicht annähernd das erreicht worden, was sich die Gruppenmitglieder und Aktive anderer Selbstvertretungsorganisationen erhofft hatten. Aber ein paar Verbesserungen gab es doch. Zum Beispiel das Budget für Arbeit, das behinderten Menschen dabei helfen konnte, auf dem allgemeinen Arbeitsmarkt statt in einer Werkstatt für behinderte Menschen zu arbeiten.

Helen Weber musste an genau diese Anfänge der Enthinderungsgruppe denken, als sie sich am Sonntagnachmittag auf den Weg zum Treffen einiger Aktiver im Garten von Katja Franke machte.

Sie würde auch Klaus Kriske treffen, den sie über das geplante Treffen kurzfristig informiert hatte. Eigentlich war vereinbart worden, dass sie nach der Brandstiftung erst einmal keinen direkten Kontakt zueinander aufnehmen würden. Als jedoch das Treffen bei Katja Franke so schnell angesetzt wurde, hatte sie Klaus Kriske doch eine SMS geschickt, ob er mit dazu kommen wolle. Mit seiner Sprachbehinderung war die Gefahr nicht allzu groß, dass er sich vor den anderen verplappern würde. Und falls doch, konnte Helen Weber das leicht korrigieren. Sie war eine der wenigen, die ihn mit seiner Sprachbehinderung gut verstand und öfter für ihn übersetzte. Klaus Kriske hatte sich in den letzten Monaten tief in die Materie der Werkstätten für behinderte Menschen eingelesen und könnte vielleicht wichtige Anregungen geben. Bernd Friedrich hatte Helen Weber nichts von dem Treffen erzählt. Bei ihm bestand die Gefahr, dass er sich in Wort oder Gestik leichter verraten könnte, sobald die Gruppe auf den Werkstattbrand zu sprechen kam. Das dürfte bei diesem Treffen unvermeidbar sein.

Klaus Kriske hatte seine Ankunft bei Katja Franke so geplant, dass er zehn Minuten zu spät ankam. So konnte er sich dem Smalltalk vor Gruppenbeginn entziehen. Als er ankam, saßen alle bereits am Gartentisch bei Kaffee und Kuchen beisammen und kämpften mit den zahlreichen Wespen. Bei denen hatte sich die Kunde von diesem Treffen schnell herumgesprochen.

„Ah, da bist du ja endlich“, sagte Helen Weber bewusst etwas schärfer als sonst zu Klaus Kriske.

„Dann können wir ja anfangen“, warf Katja Franke ein und zog damit das Wort an sich. „Ich gebe euch erst einmal einen kurzen Einblick in das, was passiert ist und über die aktuelle Situation“, begann sie ihre Ausführungen. Ihr sogenannter kurzer Input dauerte gut zehn Minuten, bis sie zum Kern der Sache kam. „Erinnert ihr euch noch, als wir vor einiger Zeit bei einem unserer Treffen darüber gesprochen haben, was wäre, wenn es in unserer Stadt keine Werkstatt für behinderte Menschen gäbe?“

Nicken machte sich breit und einige Blicke wurden wieder wacher. Ihre etwas zähen Ausführungen, aber auch die Hitze, bargen die Gefahr, gedanklich abzuschweifen.

„Wir haben damals durchgespielt“, fuhr Katja Franke fort, „was möglich wäre und getan werden müsste, wenn es keine Werkstatt mehr gäbe. Darüber habe ich viel nachgedacht, als ich gestern Morgen in den Nachrichten vom Brand der Lindentalwerkstatt gehört habe. In der Online-Ausgabe der Lokalzeitung steht, dass die Werkstatt fast vollständig abgebrannt ist. Jetzt haben wir also genau den Fall, den wir damals theoretisch diskutiert haben. Nur mit dem Problem, dass die wahrscheinlich sehr schnell versuchen werden, andere Räumlichkeiten zu finden und vielleicht ein noch größeres Gebäude aufbauen. Eine Werkstatt, in der behinderte Menschen dann weiter für Hungerlöhne weit unter dem Mindestlohn und ohne echte Arbeitnehmerrechte arbeiten müssen. Das traue ich den Wohlfahrtsgeiern allemal zu.“

„Ja genau“, pflichtete ihr eine Teilnehmerin bei, „da muss man doch was dagegen tun.“

„'Man' ist leicht gesagt, wahrscheinlich hängt das vor allem an uns. Wer sonst außer uns hat denn wirklich Interesse daran, dass behinderte Menschen außerhalb der Werkstatt mit angemessenen Bedingungen arbeiten", zog Katja Franke das Wort wieder an sich. „Ich habe bereits eine Presseerklärung rausgejagt, dass die Chance genutzt werden muss, um Alternativen zur Beschäftigung in der Werkstatt zu schaffen. Ich hoffe, die bringen das. Das allein versetzt aber noch keine Berge. Wir müssen jetzt schnell Beispiele schaffen, die zeigen, dass es anders geht. Mit solchen Beispielen können wir den Werkstattbetreibern hoffentlich in die Suppe spucken. Dann können sie ihren alten Mist nicht mehr so einfach weitermachen. Kennt ihr Leute, die in der jetzigen Situation bereit wären, behinderten Menschen wenigstens einen Praktikumsplatz zu geben oder sie einzustellen?" Ihre Frage löste ein längeres Nachdenken und Schweigen aus.

„Oder kennt ihr Leute aus der Lindentalwerkstatt, die bereit sind, sich mit unserer Hilfe auf Arbeits- oder Praktikumssuche zu machen?", legte Katja Franke nach. Obwohl es Klaus Kriske und Helen Weber auf den Nägeln brannte, hielten sie sich erst einmal zurück. Zum Glück meldete sich Peter Stamm zu Wort, der als sehbehinderter Mensch in einem ambulanten Dienst arbeitete.

„Bei uns, beim ambulanten Dienst, könnt' ich versuchen, die Schaffung eines Praktikumsplatzes anzuregen. Wir sind im Pfortenbereich eh immer unterbesetzt, und das ist seit Corona nicht besser geworden."

„Das wäre ein super Anfang", kommentierte Katja Franke seinen Vorschlag und dachte laut nach: „Jetzt bräuchten wir nur noch eine passende Person aus der Werkstatt für einen solchen Praktikumsplatz."

Jetzt gab es kein Halten mehr für Helen Weber: „Ich könnte mir vorstellen, es mal bei euch zu versuchen, wenn die mich wollen und ich das schaffe“, warf sie ein.

„Und ich könnte euch unterstützen, wenn ihr ein Budget für Arbeit beantragen wollt“, ergänzte Claudia Liese, aber ohne wie sonst zu längeren Ausführungen über das Budget für Arbeit anzusetzen. Dies lag vielleicht daran, dass sie gestern Katja Franke dazu schon einiges ausführlich erklärt hatte.

„Das wäre ein prima Anfang und ein gutes Beispiel, mit dem wir dann wieder an die Presse gehen könnten“, rief die in Öffentlichkeitsarbeit vernarrte Katja Franke aus.

Helen Weber verspürte ein mulmiges Gefühl in der Magengegend. Sie befürchtete, damit zu sehr ins Licht der Öffentlichkeit gerückt zu werden; immerhin war sie selbst an der Brandstiftung der Lindentalwerkstatt beteiligt gewesen. Das wusste außer Klaus Kriske bei diesem Gruppentreffen aber zum Glück niemand. „Vielleicht gibt es ja noch andere Beispiele?“, fragte sie, um von sich abzulenken.

Tatsächlich entwickelten sie in den folgenden Stunden eine ganze Reihe von Ideen: Einige Vorschläge drehten sich darum, wen man in der Stadt ansprechen könnte, behinderten Menschen durch ein Praktikum in dieser Notsituation eine Chance zu geben. Jemand kannte den Bäcker um die Ecke näher. Eine andere war mit der Betreiberin des Bekleidungsgeschäfts befreundet. Und den örtlichen Busunternehmer kannten einige, da dieser auch den Sonderfahrdienst für behinderte Menschen betrieb. Sie alle und einige weitere Unternehmer*innen wollte man in den nächsten Tagen ansprechen. Eine weitere Unbekannte dieses Szenarios war jedoch, ob überhaupt genug behinderte Menschen, die bisher in der Werkstatt gearbeitet hatten, bereit wären, neue Wege auszuprobieren.

„Ich weiß, bei uns gibt es einige, die schon öfter geschimpft haben, dass sie keine Angebote für Praktika oder eine Beschäftigung auf dem allgemeinen Arbeitsmarkt von der Werkstatt bekommen. Manche warten schon mehrere Jahre darauf. Aber die haben die Hoffnung wahrscheinlich längst aufgegeben", berichtete Klaus Kriske. Helen Weber wiederholte seine Ausführungen, damit es etwas schneller ging.

„Kannst du mal eine Liste zusammenstellen, wer das ist? Dann nehmen wir zu denen Kontakt auf." Katja Franke war mit ihrer organisatorischen Ader kaum schlagbar.

„Ich kann's mal versuchen." Klaus Kriske freute sich, endlich wieder etwas zur Gruppenarbeit beitragen zu können.

Nach knapp drei Stunden waren dann auch die letzten von der Hitze ausgelaugt. Der Kaffee war getrunken und nur noch ein Stück Kuchen übrig – das übliche Höflichkeitsstück. Selbst die unermüdliche Katja Franke schien platt zu sein. Auf den zwar müden Gesichtern erkannte Helen Weber aber auch das eine oder andere Leuchten. Bestimmt veranlasste genau das Katja Franke vor dem allgemeinen Aufbruch zu ihrem Schlusswort.

„Das war echt cool, dass ihr so spontan gekommen seid. Wir haben richtig gute Ideen gesammelt. Packen wir's also an, damit es möglichst viel zu feiern gibt. Mögen es viele schaffen, für immer aus der Werkstatt rauszukommen. Ich sehe es schon vor mir, wie sie den Betreibern dann ‚auf Nimmerwiedersehen' sagen können und dann hoffentlich wie richtige Arbeitnehmer*innen behandelt werden. Wir treffen uns wie gehabt am kommenden Donnerstagabend um sieben im Gemeindezentrum."

Helen Weber war von dem sonntäglichen Treffen beseelt. Trotz ursprünglich anderer Pläne verabredete sie sich deshalb für Montagnachmittag mit Klaus Kriske. Als Treffpunkt wurde die Parkbank nahe des Spielplatzes gewählt, auf dem sie sich manchmal an Wochenenden trafen. Sie musste mit ihm unbedingt die Lage sondieren und weitere Pläne schmieden. Spätestens Dienstag wollte sie außerdem Kontakt zu Bernd Friedrich aufnehmen. Sie machte sich gehörige Sorgen; für ihn dürfte es schwer sein, mit niemandem über die Aktion sprechen zu können.

Nicht zuletzt die Aussicht, dass aufgrund der Brandstiftung für sie oder jemand anderes eine Beschäftigung auf dem allgemeinen Arbeitsmarkt rausspringen könnte, beflügelte Helen Weber auf ihrem Heimweg. Dabei wunderte sie sich erneut darüber, dass von Peter Stamm plötzlich die Idee aufkam, dass es im ambulanten Dienst einen Praktikumsplatz an der Pforte geben könnte. Sie saß schon seit mindestens zwei Jahren regelmäßig mit ihm zusammen in den Gruppentreffen, ohne dass es je einen Anflug einer Chance auf einen solchen Praktikumsplatz beim ambulanten Dienst gegeben hatte. Aber plötzlich, nachdem die Bude abgebrannt war, schienen sich neue Türen zu öffnen. „Wenn das funktioniert, dass ich dort einen Praktikumsplatz bekomm', das wäre ein Hammer." Sie hatte mit Peter Stamm vereinbart, dass er sie am Montagnachmittag anrufen würde. Er wollte ihr berichten, ob sein Vorstoß erfolgreich gewesen war. „Gut leiden konnte ich Peter ja schon immer", ging ihr durch den Kopf, jetzt, da sie über ihn nachdachte.

Rettungsaktionen

Christa Ehmkes Wochenende war durch den Werkstattbrand kräftig verhagelt worden. Zuerst musste sie überstürzt den Aufenthalt bei ihren Eltern abbrechen. Und nun wurde offensichtlich, dass sie sich ihren Urlaub, auf den sich die Geschäftsführerin der Lindentalwerkstatt so gefreut hatte, erst einmal abschminken konnte. Bereits zu Beginn des Treffens mit dem Vorstand des Trägervereins an der abgebrannten Betriebsstätte war ihr klar, dass nun vieles in ihren Händen liegen musste. Wenn das Betreuungsangebot als solches gerettet und neu aufgebaut werden sollte, dann musste sie richtig ranklotzen.

Die Mitglieder des Vereinsvorstandes waren allesamt in die Jahre gekommen und hatten nicht zuletzt aufgrund zunehmender gesundheitlicher Einschränkungen weniger Energie für ihre Vorstandsarbeit. Einem Generationenwechsel hatten sie sich bisher leider erfolgreich entgegengestellt, denn die Werkstatt war sozusagen ihr Kind. Wesentlich schwieriger war aber, dass diese mit ihren Einstellungen zum Thema Behinderung mittlerweile aus der Zeit gefallen waren, so pflegte Christa Ehmke es in ihrem Bekanntenkreis jedenfalls zu formulieren, wenn sie sich in Gesprächen mal wieder über die alten Herren aufregte.

Gut, diese Herrschaften verfügten noch über einige gute Kontakte in die Kommunalpolitik und zu den Kostenträgern. Aber selbst hier hatte mittlerweile eine Verjüngung eingesetzt und alte Seilschaften galten heute nicht mehr so viel wie früher. Vor allem im Sprachgebrauch waren die meisten Vorstandsmitglieder weitgehend in den 70er Jahren des letzten Jahrhunderts stehen geblieben. Heute sagte man Inklusion und Selbstbestimmung. Da kam es nicht so gut, wenn der Vorsitzende beispielsweise „von unseren Behinderten" oder weiterhin von seiner „beschützenden Werkstatt" sprach. Besonders dieser Begriff war mittlerweile so etwas von verpönt. Es hieß auch nicht mehr Behindertenwerkstätten, sondern Werkstätten für behinderte Menschen.

Für Christa Ehmke persönlich waren dies unwesentliche Nuancen, aber man musste sich in diesem Geschäft dem Sprachgebrauch anpassen. Im richtigen Wind musste man mitsegeln, wenn man am Markt Bestand haben wollte. Wenn alle von Inklusion redeten, macht man das eben auch. Die ihr gegenüber eher selten geäußerte Kritik, dass eine Beschäftigung in einer

Werkstatt für behinderte Menschen keine Inklusion sei, ließ sie in der Regel an sich abperlen. Ihr Laden lief gut und es kamen sogar immer mehr behinderte Menschen in die Lindentalwerkstatt.

Sie musste bei all diesen Überlegungen aber konstatieren, dass ihr der Vorstand in der Vergangenheit die Arbeit in gewisser Weise auch oft leichtgemacht hatte. Die Vorstandsmitglieder kannten einige politische Akteure, hatten jahrzehntelange Erfahrungen und dafür gesorgt, dass die Lindentalwerkstatt eine gefestigte Stellung in der Stadt hatte. Als sie vor einigen Jahren die Geschäftsführung übernommen hatte, übernahm sie ein gut bestelltes Feld und konnte ohne allzu große Herausforderungen an bestehende Strukturen anknüpfen. Das war vom Vorstand so gewollt und für sie selbst gut so.

Christa Ehmke hasste Situationen, in denen viel Neues gemacht werden musste. Sie liebte Beständigkeit und hielt sich gerne daran fest. Sie wusste, dass sie nicht die geborene Managerin und auch nicht die Innovativste war, um ständig neue Dinge anzupacken. Sie war eher zufällig in die Position der Geschäftsführerin gerutscht. Ihre Bekanntschaft mit einem der Vorstandsmitglieder und einige Erfahrungen im Bereich der Behindertenhilfe waren ihr damals zugutegekommen. Es gab wenig Konkurrenz um die Stelle und so wurde sie zur Geschäftsführerin der Lindentalwerkstatt berufen. Eine Position, die sich Christa Ehmke nie erträumt, geschweige denn damals zugetraut hätte. Ein Monatsgehalt von 12.000 Euro mit einigen Zulagen, ein Dienstwagen und viele andere Annehmlichkeiten hatten ihr den Einstieg und auch den zum Teil drögen Alltag der letzten Jahre versüßt, schließlich verdiente sie mehr als der örtliche Bundestagsabgeordnete.

Ihr Job bot ihr die Gelegenheit, sinnbildlich auf so manchen Hochzeiten zu tanzen, von denen sie früher nicht einmal gewusst hatte, dass diese stattfanden. Sie wurde zu allen möglichen Empfängen eingeladen, da die Werkstatt eine Reihe wirtschaftlicher Beziehungen zu unterschiedlichen Unternehmen pflegte. Ihr kam entgegen, dass sie in ihrem Job nicht die harte Verhandlerin sein musste. Sie konnte sich von den Herren hofieren lassen. Die Kostensätze, die die Betreuung der behinderten Beschäftigten finanzierten und den Kern der Arbeit bildeten, waren fix. Hier galt es lediglich dafür zu sorgen, dass genügend behinderte Menschen in der Werkstatt arbeiten. Ihre Anzahl war die zentrale Bemessungsgröße der Förderung.

Und genau diese Zahl behinderter Beschäftigte konnte Christa Ehmke in den letzten Jahren erheblich steigern. Aufgrund der guten Kontakte in die Förderschulen und zu den Behörden war ihre Anzahl von 450 auf inzwischen 531 angewachsen. So war auch ein Anbau finanzierbar gewesen; die Lindentalwerkstatt konnte weiterwachsen. Vor dem Brand war kein Ende in Sicht gewesen. In ihrer Region gab es kaum Alternativen zu ihrer Werkstatt.

Natürlich gab es in ihrem Job täglich neue Herausforderungen: Personalquerelen, bürokratische Anforderungen und so weiter. Diese konnte sie in ihrem Führungsteam gut auf verschiedene Schultern verteilen und meist gut an sich abprallen lassen. Eine Erleichterung war für sie, dass sie bezüglich der Aufträge von Firmen, die akquiriert werden mussten, um Arbeit für die behinderten Beschäftigten zu haben, nicht auf jeden Cent achten musste. Christa Ehmke legte mehr Wert darauf, dass Arbeit da war, und machte dementsprechend eher günstigere Angebote für die Unternehmen. Die Erträge, aus denen die Vergütung für die behinderten Beschäftigten und für Investitionen und so weiterbezahlt wurden, waren dadurch zwar geringer, aber das hatte keine negativen Auswirkungen auf sie. Ihr Gehalt und das der anderen Leitungs- und Betreuungskräfte waren zum Glück nicht von den

Aufträgen abhängig. Ihr verbindendes Wesen und Wirken mit der lokalen Wirtschaft hatte ihr vor kurzem sogar die Ehrung mit einer Landesmedaille eingebracht.

Das alles und vor allem der ihr mittlerweile lieb gewordene Lebensstil war mit dem Werkstattbrand in Gefahr geraten. Auch deshalb waren von ihr Jetzt zielgerichtetes Handeln und ein kühler Kopf gefordert. Neben den brandbedingten Aufgaben, die schnell erledigt werden mussten, hatte sie für Montagmorgen neun Uhr eine Krisensitzung des Leitungsstabs mit dem Vorstand anberaumt. Hierfür konnten sie den Sitzungsraum eines befreundeten Unternehmens nutzen. Dessen Geschäftsführer hatte sich von sich aus bei ihr gemeldet und sein Mitgefühl ausgedrückt. Selbstverständlich wollte er auch wissen, wie es nun mit der Ausführung der von ihm beauftragten Verpackungsarbeiten weitergehen würde.

Die behinderten Beschäftigten und die Mitarbeiter*innen der Werkstatt waren mittlerweile weitgehend über den schnell angesetzten zweiwöchigen Betriebsurlaub informiert. Der Betriebsrat stimmte dieser Notmaßnahme sicherlich zu, vorausgesetzt ein guter Plan für die Weiterführung des Betriebs der Lindentalwerkstatt würde entwickelt und mit ihnen abgestimmt. Dementsprechend wollte Christa Ehmke ihnen deutlich machen, dass es nun galt, dafür zu kämpfen, dass keine behinderten Beschäftigten der Werkstatt den Rücken kehrten. Es musste unbedingt verhindert werden, dass die eine oder der andere auf dumme Gedanken kam, vielleicht für immer zu Hause bleiben zu wollen. Viele Beschäftigte waren bereits weit über 50 Jahre alt. Die Geschäftsführerin sah es als kleinere Gefahr an, dass einige behinderte Beschäftigte angesichts der aktuellen Situation vielleicht in Betrieben Arbeit fänden. Alle mussten gehalten werden. Immerhin erhielt die Werkstatt für jeden behinderten Beschäftigten durchschnittlich über 1.300 Euro pro Monat vom Kostenträger der Eingliederungshilfe. Das waren knapp 16.000 Euro pro Person und Jahr. Dieses Pfund dürften sie auf keinen Fall verspielen.

Christa Ehmke hatte sich für das Krisentreffen am Montagmorgen selbst einen kühlen Kopf verordnet. Zu ihrer eigenen Überraschung bewahrte sie ihn par excellence. Sie war früh aufgestanden und hatte die kühleren Morgenstunden für einen Spaziergang durch den Wald, der an ihr Haus angrenzt, genutzt. Zudem hatte sie Energie für den herausfordernden Tag bei einem Frühstück mit ihrem Mann auf der Terrasse getankt. Er hatte noch ein paar gute psychologische Tipps. An diesem Morgen konnte sie diese sogar gut annehmen.

Zu Beginn der von ihr moderierten Sitzung bekundete sie ihre Betroffenheit. Danach schilderte sie kurz den Stand der Dinge, um möglichst schnell die Diskussion mit einigen Ausführungen des Vorstandsvorsitzenden eröffnen zu können. Genau das war bei solchen Sitzungen besonders wichtig: Clemens Zeil musste schnell zu Wort kommen, damit er sich nicht übergangen fühlte. Über die Jahre hinweg hatte sie gelernt, sich gezielt zurückzunehmen und dem Vorstandsvorsitzenden erst einmal die Bühne zu überlassen, selbst wenn dessen Ausführungen zuweilen alles andere als zielführend waren. Ihr Part bestand nach einer gewissen Zeit darin, mit konkreten Vorschlägen und Aufträgen die Sitzungen abzurunden. So lief das auch heute. Die Spekulationen, welchen Hintergrund der Brand haben könnte, und die Betroffenheitsbekundungen ebbten schnell ab und wichen der Frage, was nun zu tun sei.

Ab hier klinkte sich Christa Ehmke wieder ein. Vor der Sitzung hatte sie mit ihrem Stellvertreter eine Reihe von Punkten besprochen, die sie bereits Sonntagabend vorbereitet hatte. Einige Aufgaben wurden schnell verteilt. Der Plan, wie nun vorgegangen werden musste, nahm Formen an. Zentral war, dass möglichst schnell Räumlichkeiten gefunden werden mussten, in denen zumindest wieder ein reduzierter Werkstattbetrieb möglich war. Das würde Bilder bieten, um den Kostenträger zu überzeugen und ganz praktisch zu zeigen, dass sie als Träger der Werkstatt auch weiterhin für ihre Leute da waren. Hierfür waren bis zum Ende des schnell verordneten Betriebsurlaub gerade einmal zwei Wochen Zeit.

Christa Ehmke hatte mit dem Geschäftsführer des Unternehmens, das ihnen den Sitzungsraum zur Verfügung gestellt hatte, bereits für 11:30 Uhr einen Termin vereinbart. Sie wusste, dass er derzeit über eine weitgehend ungenutzte Lagerhalle verfügte. Diese war zwar am Stadtrand, aber die meisten Beschäftigten wurden ohnehin mit dem Fahrdienst zur Werkstatt gebracht. Der Chef des Unternehmens war scharf darauf, dass seine Verpackungsarbeiten prioritär erledigt wurden. Eine klassische Win-Win-Situation zeichnete sich für Christa Ehmke an diesem Punkt ab. Ein bisschen auf die Tränendrüsen drücken, verbunden mit einer Charme-Offensive, das könnte ein Kinderspiel werden und war gut für beider Image.

Gegen Ende der Sitzung schlug Clemens Zeil vor, dass der Trägerverein unbedingt eine Spendenaktion starten müsse. In der Vergangenheit konnte der Verein immer wieder Geld für die Werkstatt akquirieren, obwohl diese solide finanziert war. Es mussten nur konkrete Anlässe oder Vorhaben gefunden werden, um die Menschen zum Spenden anzuregen. Das schien in diesem Fall kein Problem zu sein. Die Berichterstattung über den Werkstattbrand hatte einige Betroffenheit in Teilen der Bevölkerung ausgelöst.

„Wenn ich mit dem Oberbürgermeister, dem Chefredakteur der Zeitung und ein paar Unternehmern spreche, kriegen wir hoffentlich einige Tausender zusammen, die wir jetzt dringend gebrauchen können. Sie, Frau Ehmke, nehmen den Kontakt mit dem Kostenträger der Eingliederungshilfe auf, wie die Regelungen in einem solchen Fall sind, damit wir hier Sicherheit haben", ordnete Clemens Zeil an. Christa Ehmke hasste es zwar, wenn er so Aufträge an sie verteilte, aber im Sinne der Sache schluckte sie ihren aufkommenden Ärger wieder einmal herunter und sorgte für einen trotz aller Herausforderungen positiven Abschluss der Sitzung.

„Wir haben echte Herausforderungen und sehr viel Arbeit vor uns, aber ich bin mir nach diesem konstruktiven Treffen sicher, dass wir es schaffen. In jeder Krise steckt auch eine Chance." Als Christa Ehmke das sagte, hatte sie schon das Bild einer viel größeren und schöneren Werkstatt für behinderte Menschen vor Augen, die sie fortan leiten würde. Visualisierung konkreter Ziele, das hatte sie gelernt und schon oft recht erfolgreich praktizieren können.

Erste Ermittlungen

Polizeikommissar Florian Kerner war genervt, dass es am Montagmorgen um elf schon wieder unerträglich heiß im Polizeipräsidium war. Anfangs hatte er sich gefreut, ein helles Büro mit Blick Richtung Süden und damit auf den schöneren Teil der Stadt bekommen zu haben. Aber in diesem Hitzesommer wünschte er sich, er hätte die Nordseite gewählt. In den Büros auf der anderen Seite war es jetzt bestimmt vier Grad kühler. Bei dieser Hitze halfen der Ventilator und der mittlerweile angebrachte Sonnenschutz an den Fenstern seines Büros nur bedingt. Seit zwei Wochen herrschte brütende Hitze in der Stadt, die nicht nur seine, sondern auch die Arbeit seiner Kolleg*innen erheblich beeinträchtigte. Und so war sein Elan an diesem Tag sehr begrenzt, sich mit einer so heißen Sache wie der Brandstiftung in der Behindertenwerkstatt zu beschäftigen. Zudem steckte ihm die Nachtschicht noch in den Knochen, die ihn Samstagfrüh zum Werkstattbrand geführt hatte.

Wahrscheinlich hatte seine Antriebslosigkeit aber auch entscheidend damit zu tun, dass bei ihm zu Hause seit geraumer Zeit der Haussegen wegen einer aufgeflogenen Affäre schiefhing. Das zehrte mittlerweile kräftig an seinen Nerven. Dass seine Frau hinter die Affäre gekommen war, die sich bei einer Fortbildung in München ergeben hatte, belastete sein Leben in den letzten Wochen erheblich. Anfangs war es keine große Sache gewesen, wie die zwei, drei anderen Seitensprünge, die er sich in den nunmehr fast 25 Ehejahren geleistet hatte. Das Problem war dieses Mal, dass Claudia, mit der er sich in München eingelassen hatte, öfter in der Region zu tun hatte. Was anfangs verführerisch und praktisch war, hatte sich für ihn schnell zum Problem entwickelt. In der heutigen Zeit der Totalüberwachung, wie er den Zwang zur ständigen Erreichbarkeit über WhatsApp und den damit verbundenen Kontrollmöglichkeiten zuweilen beschrieb, musste die Sache zwangsläufig auffliegen.

Claudia hatte begonnen, dem Techtelmechtel einen ernsthaften Charakter zu verleihen. Ihre Ansprüche an ihn wuchsen und er fühlte sich zunehmend erpressbar, dass seine Frau Wind von der Sache bekommen könnte. Und genau so war es dann auch gekommen. Sie fand – welch Klassiker – eine Hotelrechnung. Erst versuchte er diese mit einer erfundenen Geschichte zu erklären, letztendlich kapitulierte er und gestand seine Affäre ein. Obwohl sich die Wogen nach anfänglichem Dauerstreit und zeitweiligem Auszug seiner Frau zurück zu ihren Eltern zwischenzeitlich wieder etwas geglättet hatten, musste er zu Hause immer noch wie auf rohen Eiern wandeln. Das lag ihm nun mal gar nicht, und so kam der kalte Kaffee immer wieder hoch. Das nervte ihn inzwischen unendlich.

Mit diesen Gedanken an Privates hatte Florian Kerner versucht, sich abzulenken und die Beschäftigung mit dem Brand in der Behindertenwerkstatt hinauszuzögern. Nun galt es aber, die Angelegenheit mit seinem Kollegen zu besprechen, der sich mit all den anderen Brandstiftungen der letzten Zeit beschäftigte.

„Dieser Fall passt definitiv nicht ins Muster der Brandstiftungen der letzten Wochen. Das ist nicht nur eine andere Dimension gegenüber den Keller- und Mülltonnenbränden, sondern diese Aktion scheint mir auch viel detaillierter geplant zu sein", führte sein Kollege aus, nachdem Florian Kerner ihm Bericht über seine Erkenntnisse und Eindrücke vom Tatort erstattet hatte.

„Und was ist mit dem Lagerbrand, den wir vor kurzem hatten? Das geht doch in die ähnliche Richtung?", fragte er nach.

„Hm, da hat es nur an einer Stelle gebrannt und der war so angelegt, dass nicht viel Schaden entstehen konnte. Bei der Werkstatt für behinderte Menschen wurde an verschiedenen Stellen Feuer gelegt", grübelte sein ebenfalls hitzegeplagter Kollege vor sich hin.

„Und die Täter schienen gute Kenntnisse über den Tatort zu haben, denn im Bereich der Druckerei und des Papierlagers wurde anscheinend gezielt Feuer gelegt. Das sind brandtechnisch wunde Punkte der Behindertenwerkstatt, so die Erkenntnis der Feuerwehr von Samstagfrüh. Wir sollten unbedingt einige Leute aus der Behindertenwerkstatt nach möglichen Motiven für diese Brandstiftung befragen", hielt Florian Kerner fest.

„Werkstatt für behinderte Menschen heißt das."

„Was?", fragte Florian Kerner, der sich schon einen Plan zurechtlegte, wen er zuerst befragen wollte.

„Das heißt nicht Behindertenwerkstatt, sondern Werkstatt für behinderte Menschen."

„Was macht das denn für einen Unterschied?", knurrte Florian Kerner, bekam aber sofort eine längere Ausführung dazu von seinem Kollegen: Dessen Tochter hatte vor einem Jahr ihr Studium der Sozialpädagogik begonnen. Sie liebte es mit ihrem Vater zu diskutieren, wie sie es nannte, beziehungsweise zu streiten, wie seine Frau diese Auseinandersetzungen beschrieb. Die Tochter nervte dabei vor allem deshalb, da sie bestimmte Begrifflichkeiten ständig korrigierte. „Nein, das heißt nicht ‚Behinderte', man spricht von ‚Menschen mit Behinderungen'. Mir gefällt die Bezeichnung ‚behinderte Menschen' aber noch viel besser, denn sie werden ja oft überhaupt erst behindert", hatte die Tochter seines Kollegen erst am Wochenende doziert, als sie die Nachricht über den Brand in der Werkstatt für behinderte Menschen im Radio hörte. Eine Freundin von ihr machte gerade ein Praktikum in der abgebrannten Lindentalwerkstatt. Im Zusammenhang mit dem Brand hatte sie ihren Vater auch aufgeklärt, dass es nicht mehr Behindertenwerkstatt hieß, wie es am Morgen fälschlicherweise in der Zeitung stand. Der Begriff sei in irgendeinem Gesetz zu Werkstatt für behinderte Menschen geändert worden, und wurde deshalb inzwischen in immer mehr Veröffentlichungen entsprechend verwandt.

„Ich mach mich jetzt mal los und suche die Geschäftsführerin auf. Mit ihr habe ich heute früh bereits einen Termin für halb zwei ausgemacht", unterbrach Florian Kerner seinen diskussionsfreudigen Kollegen. Er brachte damit indirekt zum Ausdruck, dass es ihm scheißegal war, wie die Werkstatt nun genau genannt wurde. Hauptsache sie fanden die Hunde, die diesen Brand gelegt und damit Existenzen gefährdet, wenn nicht sogar zerstört, hatten. Zum Glück waren keine Menschen zu Schaden gekommen. Nicht auszudenken, welchen Rummel es gäbe, wäre bei vollbesetztem Betrieb solch ein Feuer am Tag ausgebrochen.

Da es kein Werkstattgebäude und damit auch kein Büro mehr gab, hatte Florian Kerner mit Christa Ehmke das Café Charlie als Treffpunkt vereinbart. Dort traf er sich am liebsten, wenn er die Wahl hatte. Hier gab es den besten Mohnkuchen der Welt. Er liebte ihn über alles. Er musste nicht lange auf die Geschäftsführerin der Lindentalwerkstatt warten und erkannte die schlanke Frau um die 50 auf Anhieb. Er hatte sich ihr Foto vorher noch schnell im Internet angeschaut. Sie waren sich bisher nie begegnet. Christa Ehmke ließ sofort ihren ganzen Charme spielen; ihr einleitender Smalltalk schuf eine gute Atmosphäre. Auch sie bestellte auf seinen Vorschlag hin den Mohnkuchen mit einem Milchkaffee. Nach gut fünf Minuten des Vorgeplänkels, das sich Florian Kerner zur Routine gemacht hatte, um ein Gefühl für sein Gegenüber zu bekommen, konnte er endlich zur Sache kommen.

„Haben Sie eine Ahnung, wer den Brand gelegt haben könnte?"

„Darüber habe ich mir schon kräftig den Kopf zerbrochen, aber mir fällt niemand ein. Wir haben in unserem Betrieb ein solch gutes Betriebsklima, dass ich mir nicht vorstellen kann, dass es jemand aus unserer Werkstatt gewesen sein könnte. Ich habe einfach keine Ahnung, wer ein Interesse daran haben könnte, eine solche Einrichtung wie unsere in Brand zu stecken", führte Christa Ehmke nachdenklich aus. „Vielleicht hängt das mit den Brandstiftungen der letzten Wochen zusammen? Zuletzt hat doch, glaube ich, ein Lager gebrannt."

„Gab es irgendwelche Konflikte mit Mitarbeitern, die das Zeug für eine solche Tat haben könnten?", ließ Florian Kerner nicht locker und erfuhr, dass es vor einem halben sowie vor gut einem Jahr Konflikte mit – zwischenzeitlich ehemaligen – Mitarbeiter*innen gegeben hatte.

„Der eine ist von selbst gegangen. Mit ihm hat es immer wieder Probleme mit der Pünktlichkeit und Disziplin gegeben. Die andere mussten wir kündigen, weil sie sich zwei Abmahnungen durch Fehlverhalten eingehandelt hatte. Aber eine Brandstiftung traue ich beiden nicht zu. Die Kündigung, die wir ausgesprochen haben, ging nicht mal vors Arbeitsgericht."

Florian Kerner gab der Geschäftsführerin seine Karte mit der Bitte, ihm die Kontaktdaten der beiden zukommen zu lassen. Er wollte zumindest deren Alibi prüfen. „Gibt es gegenwärtig Auseinandersetzungen mit dem Betriebsrat?", wollte er noch wissen. Er erfuhr nur, dass es sich um die üblichen Diskussionen und kleineren Hakeleien handelte, die aber zum ‚Alltagsgeschäft' gehörten.

„Wer hat denn Zugang zu den Räumlichkeiten beziehungsweise genaue Ortskenntnisse?", interessierte sich Florian Kerner weiter.

„Unsere Mitarbeitenden. Unsere Lieferanten, aber die nur sehr bedingt. Und die Mitglieder des Vorstands, der regelmäßig in den Räumen der Werkstatt tagt. Aber das kann ich ausschließen, dass irgendjemand vom Vorstand eine Brandstiftung begehen würde. Fast alle von ihnen haben die Werkstatt über Jahrzehnte hinweg mit aufgebaut und ihre Kinder arbeiten meist bei uns."

Florian Kerner verlangte noch die Kontaktdaten des Vorsitzenden des Trägervereins, mit dem er sich ebenfalls unterhalten wollte. Nach einer halben Stunde verließ er ohne nennenswerten Erkenntnisgewinn, aber wegen des leckeren Mohnkuchens um einige Kalorien reicher, das Café Charlie. Lediglich der frühere Mitarbeiter und die gekündigte Mitarbeiterin könnten eine ernsthafte Spur sein, die sich zu verfolgen lohnte. Sobald er die Kontaktdaten hatte, wollte er zumindest die Frau aufsuchen, der gekündigt worden war. Mit ihrem ehemaligen Kollegen, der selbst gekündigt hatte, wollte er nur telefonieren.

Angespannte Entspannung

Bernd Friedrich hatte nach anfänglichen Zweifeln, wie er damit klarkommen würde, nicht über seine Mitwirkung an der Aktion sprechen zu dürfen, das Wochenende gut überstanden. Das Telefonat mit seinem Freund Heinrich Klenke, in dem er cool geblieben war, hatte ihm Mut gemacht. Deshalb traute er sich jetzt auch zu, sich mit ihm zu treffen.

Sonntagnachmittag hatte Heinrich Klenke erneut bei ihm angerufen. Die Nachricht hatte mittlerweile die Runde gemacht, dass zwei Wochen Betriebsurlaub angeordnet worden waren. Bernd Friedrich hatte im Vorfeld der Brandstiftung sicherheitshalber ohnehin Urlaub genommen, aber nun hatten ja alle frei. Die beiden Freunde verabredeten sich für den späteren Montagnachmittag, wenn es hoffentlich nicht mehr ganz so heiß war, sich in der Stadt zu treffen, um dort ein bisschen rumzuhängen. So nannten sie es, wenn sie hin und wieder, meist wochenends, in die Stadt gingen und sich dort die Zeit vertrieben.

Wie sonst auch, trafen sie sich am Springbrunnen in der Fußgängerzone. Dort waren fast immer Plätze frei, um sich hinzusetzen und zu quatschen. Heute war sogar noch ein Schattenplätzchen zu haben, eine wahre Wohltat bei der Hitze. Hin und wieder hängten sie ihre Füße in den Brunnen und spritzten sich zur Abkühlung ein bisschen Wasser zu. Heute meckerte darüber niemand, da alle über jegliche Erfrischung froh waren. Ein paar Spritzer störten da nicht, falls jemand doch welche abbekam.

Bernd Friedrich genoss die heutige Entspanntheit, denn hin und wieder eckten sie in der Innenstadt auch an, wenn sie sich dort ihre Zeit vertrieben. Entweder wurden sie von Jugendlichen angepöbelt oder eckten selbst an, da sie ein bisschen lauter und anders waren. Zuweilen warfen ihnen Jugendliche „blöde

Behindis!" und ähnlich abwertende Begriffe an den Kopf. Eigentlich wäre Bernd Friedrich heute gerne, wie andere Leute auch, mit seinem Freund in ein Café gegangen und hätte sich dort mit ihm unterhalten. Aber bei 205 Euro Werkstattentgelt im Monat und seiner geringen Grundsicherung war das nur sehr selten drin. Angesichts der massiv gestiegenen Preise waren Cafébesuche für sie fast unmöglich. So hatten sie ihre mit Leitungswasser gefüllten Trinkflaschen mitgebracht und versuchten, das Beste aus dem Tag zu machen. Natürlich ging es in der Unterhaltung der beiden um den Werkstattbrand.

„Echt scheiße, dass wir jetzt Zwangsurlaub haben. Ich wollte im Herbst länger frei machen. Da gehen mir jetzt wohl die beiden Wochen von meinem geplanten Urlaub ab. Wenn ich den erwisch', der die Werkstatt angezündet hat", schimpfte Heinrich Klenke mit seiner ohnehin lauteren Stimme vor sich hin.

„Echt doof", kommentierte Bernd Friedrich dies möglichst aufgeräumt und ergänzte: „Ich hab' für die Woche eh Urlaub genommen, also für mich ist das jetzt nicht so schlimm. Bin gespannt, wie's jetzt mit der Werkstatt weitergehen soll. Weißt du schon mehr?" Bernd Friedrich wusste, dass Heinrich Klenke mit der Tochter des Vorsitzenden des Trägervereins liiert war, und so hoffte er, dass Frieda Zeil schon ein paar Infos an diesen weitergegeben hatte. Er bohrte bei seinem Freund nach. „Hat Frieda schon mitgekriegt, was nach den zwei Wochen ist?"

„Ich hab' vorher mit ihr telefoniert. Die hatten heute Morgen wohl ein Treffen. Ihr Vater ist früh aus dem Haus und hat was von 'nem wichtigen Krisentreffen erzählt. Von einer Spendenaktion hat sie auch was gesagt, die ihr Vater anscheinend anzetteln will, damit es schnell weitergehen kann."

Bei dem Begriff Spendenaktion horchte Bernd Friedrich auf. Das hatten sie im Vorfeld der Aktion befürchtet; womöglich könnte der Förderverein wegen des Brandes viele Spenden erhalten, um dann genauso wie vorher weitermachen zu können. „Denkst du, dass da viel zusammenkommt?"

„Keine Ahnung, aber ich kann mir schon vorstellen, dass da schon gut was reinkommen kann. Das mit dem Brand war ja richtig groß in der Zeitung. Und im Radio! Ähm, Frieda hat auch noch erzählt, dass sich bei denen vorhin die Polizei gemeldet hat. Die wollten mit ihrem Vater reden. Der war aber noch unterwegs."

Spätestens jetzt waren die Sinne von Bernd Friedrich trotz der sengenden Hitze voll auf Empfang. „Die Polizei?", fragte er heftiger als geplant.

„Frieda wusste nichts Genaues, aber die wollten mit ihrem Vater reden. Die setzen wohl alles dran, diese Schweine zu kriegen, die unseren Arbeitsplatz angezündet haben. Hoff' ich."

Diese Antwort beruhigte Bernd Friedrich ganz und gar nicht, auch wenn natürlich damit zu rechnen gewesen war, dass die Polizei nach den Tätern suchen würde. „Der Werkstattbrand hat bestimmt mit den anderen Bränden der letzten Zeit zu tun", legte Bernd Friedrich zur Sicherheit nach.

Damit war das Thema fürs Erste erschöpft. Schließlich war die Fußball Bundesliga wieder in vollem Gange und als Fans von Schalke 04 hatten sie sich einiges zu erzählen. Die Knappen aus dem Pott hatten in den letzten Jahren immer wieder ein Auf und Ab in der Bundesliga hingelegt. Diese Saison müssten sie unbedingt den Wiederaufstieg in die erste Liga schaffen, da waren sich die beiden Schalke-Fans einig. Ein bisschen wurde noch über Bayern München geschimpft, die wieder einmal die besten Spieler eingekauft hatten.

Das Thema des Brandes und wie es weitergehen könnte, kam im Laufe des Spätnachmittags dann doch noch öfters auf die

Tagesordnung der beiden Freunde. Spannend für Bernd Friedrich war, dass Heinrich Klenke begann, darüber nachzudenken, wie es wäre, wenn die Werkstatt nicht wieder aufgebaut würde. „Dann müsste ich mir mal ernsthaft überlegen, ob ich nicht doch in einem richtigen Betrieb arbeiten kann", überlegte dieser laut.

„Du wolltest doch nie raus aus der Werkstatt!?"

Bernd Friedrich hatte schon öfter mit seinem Freund diskutiert, ob sie nicht versuchen sollten, außerhalb der Lindentalwerkstatt zu arbeiten. Selbst nachdem Heinrich Klenke gut ein Jahr lang so richtig unter seinem Gruppenleiter gelitten hatte und oft ungerecht behandelt worden war, waren solche Gedanken aber bisher fernab dessen Realität gewesen.

„Mir geht's doch gut hier, und vor allem schaff' ich das draußen eh nicht. Das sagen alle meine Betreuer und meine Eltern", war Heinrich Klenkes Standardantwort. Selbst wenn Bernd Friedrich einwarf, dass es ihm doch offensichtlich nicht so gut in der Werkstatt ginge, war die Diskussion damit meist beendet. Heinrich Klenke kannte nichts anderes als die Lindentalwerkstatt. Er hatte schon einige Horrormärchen gehört, wie schlecht behinderte Menschen „draußen", wie sie immer sagten, behandelt wurden.

„Die Firmen stellen uns Behinderte eh nicht ein!" Damit war das Thema normalerweise endgültig erledigt. Doch nun dachte Heinrich Klenke offen und von sich aus darüber nach, ob es nicht doch andere Möglichkeiten als die Werkstatt geben könnte. Das freute Bernd Friedrich ungemein. Er tastete sich langsam weiter vor.

„Vielleicht sollten wir mal mit Leuten außerhalb der Werkstatt reden, die Ideen für uns haben. Ich kenne da jemanden. Ich glaub', so schnell kriegen die das von der Werkstatt nicht hin. Ich will auf keinen Fall nur zu Hause rumhängen. Da fällt mir die Decke auf den Kopf", warf er beiläufig ein.

„Warten wir mal ab", kam die unverbindlich bleibende Antwort seines Freundes.

Jetzt war Bernd Friedrich endgültig klar, dass er dieses Thema bei seinem Freund setzen lassen musste. So war das immer: man durfte ihn auf keinen Fall drängen oder gar überfahren. Er musste sich Sachen selbst austüfteln. Schließlich hatte Bernd Friedrich es bisher auch nicht geschafft, außerhalb der Werkstatt einen Job zu finden oder wenigstens ernsthaft nach einem solchen zu suchen. Die Aktion bot ihm endlich einen guten Anlass, in diese Richtung aktiv zu werden. Dabei wollte er sich jedoch nicht mehr auf die Betreuer*innen in der Werkstatt verlassen. Er überlegte fieberhaft, wen er ansprechen konnte. Vielleicht sollte er mit Helen Weber darüber reden. Sie wollten sich, um keinen Verdacht zu schöpfen, zwar aus dem Weg gehen, aber für Dienstag hatten die beiden nichtdestotrotz ein Treffen vereinbart.

Recherchen

Am Montagmorgen brannte ich förmlich darauf, in die Redaktion zu kommen und machte mich bereits um sieben Uhr auf den Weg. Das hatte es bisher noch nie gegeben. Ja, ich war stets pünktlich und oft auch eine Viertelstunde vorher da, wenn Termine anstanden. Aber sieben Uhr war für viele Journalist*innen eine ungewöhnlich frühe Zeit. Oft mussten wir bis spät in den Abend arbeiten. Und für mich als Langschläferin war diese frühe Stunde ebenfalls sehr ungewöhnlich. Ich hatte am Wochenende tatsächlich einiges an Schlaf nachholen können. Als ob bei mir mit der Story über den Werkstattbrand ein Knoten geplatzt war. Am Sonntag war ich noch eine Runde im See geschwommen, sonst war bei der Hitze nicht viel mehr los bei mir. Trotzdem war ich noch nicht wieder richtig fit, obwohl ich innerlich aufgekratzt war, was mich heute erwarten würde.

Problemlos fand ich einen Fahrradstellplatz vor dem Haupteingang des Redaktionsgebäudes, was sonst nicht immer ganz einfach war. Auch bei den Mitarbeiter*innen der Zeitung war zu beobachten, dass diese sich die Bedrohungen durch den Klimawandel mehr zu Herzen nahmen. Nur wenige protzten noch mit großen Urlaubsreisen, obwohl solche Reisen nach der Corona-Pandemie wieder mehr Fahrt aufgenommen hatten. Einige Beschäftigte waren auf das Rad als Verkehrsmittel umgestiegen. Zumindest jetzt im Sommer.

Wie es der Zufall wollte, begegnete ich auf meinem Weg ins Büro auf dem Gang erneut dem Chefredakteur. Dieses Mal hatte ich zum Glück selbst einen Spruch auf den Lippen, bevor er wieder mit sowas wie „auf den Grund-Gehen, hahaha“ anfing.

„Sind Sie noch oder schon wieder im Büro?“, rief ich ihm, eloquent auf unser Treffen am Samstag anspielend, entgegen. Das löste einen Lacher bei ihm aus. Er erwiderte, dass es noch nicht ganz so schlimm mit ihm sei. Aber zu Hause habe er am Wochenende schon ein bisschen gearbeitet, befleißigte er sich mir mitzuteilen.

„Was Neues in Sachen Werkstattbrand, Frau Grund?“, legte der Chefredakteur fragend nach.

Ich berichtete kurz, dass ich Samstagmittag bei dem Treffen an der abgebrannten Werkstatt dabei gewesen war und eine Nachricht verfasst hatte, die in der Online- und der Printausgabe bereits veröffentlicht wurde. „Ich bin heute extra früher gekommen, um weiter zu recherchieren. Ich habe nämlich gesehen, dass Werkstätten für behinderte Menschen auch kritisiert werden.“ Doch da war er schon in seinem Büro verschwunden und mit seinen Gedanken wahrscheinlich schon wieder zwei Schritte weiter. Er brummelte noch etwas von „gut, gut“, und zack war die Tür hinter ihm zugeschlagen.

Nun hieß es noch flugs einen Kaffee kochen und los ging's. Bevor ich die am Samstagmorgen begonnene Recherche im Archiv der Lokalzeitung und im Internet fortsetzte, wollte ich mir noch schnell einen Überblick über die eingegangenen Pressemitteilungen des Wochenendes verschaffen. Am Montagmorgen war die Nachrichtenlage meist dünn. Einige Vertreter*innen kleinerer Vereine nutzten das Wochenende jedoch, um ihre Presseinformationen abzusetzen, zu denen sie während der Woche nicht gekommen waren. Sie machten ihre Arbeit in der Regel ehrenamtlich. Zunächst stieß ich auf das Übliche: Veranstaltungsankündigungen, Berichte über Vereinssitzungen und Vorstandswahlen. Die Kaninchenzüchter und Kleingärtner, von denen in der Ausbildung immer wieder scherzhaft die Rede gewesen war, waren mit ihren Einladungen und Meldungen auch mit von der Partie.

Schließlich landete ich bei einer Mail von einer Enthinderungsgruppe. Enthinderungsgruppe? Diese hatte, wie ich am Eingangsdatum sehen konnte, bereits am Samstagabend ihre Presseerklärung zum Werkstattbrand herausgegeben. In meinem bisherigen Wirken bei der Zeitung hatte ich noch nie etwas von einer Enthinderungsgruppe zugesandt bekommen. Ihre Meldung war professionell geschrieben.

Wie oft hatten wir uns in der Redaktion schon über Pressemitteilungen aufgeregt, bei denen wir erst gegen Schluss erfuhren, worum es eigentlich ging, und was gefordert wurde. Manchen Vereinsvertreter*innen konnte man noch so oft von den 5 W-Fragen einer Pressemeldung predigen, die beantwortet werden sollten. Sie kapierten meist nicht, wie viel Arbeit es uns Journalist*innen machte, wenn nicht im ersten Absatz ersichtlich wurde, **w**as, **w**ann, **w**o, **w**ie und **w**arum gemacht oder geplant wurde. Es war so mühsam, wenn wir erst suchen mussten, was in einer Pressemitteilung genau gefordert oder vorgeschlagen wurde.

Besonders nervte mich, wenn Abkürzungen im Text standen, die nicht erklärt wurden. Ich musste die Erklärungen dann mühsam selbst recherchieren. Auch von knackigen Überschriften, die wir für jeden Artikel brauchten, hatten viele wohl noch nichts gehört.

Entweder wanderten solch unbrauchbare Meldungen gleich in den Papierkorb oder wurden von mir und vielen anderen Redakteur*innen aus dem E-Mail-Fach gelöscht. Oder es machte uns richtig Arbeit, sie für eine Veröffentlichung umzuarbeiten. Mir tat das immer wieder leid, denn zwischen diesen schlechten Pressemitteilungen waren zum Teil wirklich interessante Themen oder Veranstaltungen, die so aber unter den Tisch fielen.

Die Presseerklärung dieser Enthinderungsgruppe, die ich heute früh in meinem Mail-Postfach hatte, war gut verfasst. Vor allem passte sie bestens zu dem mir am Wochenende zugeflogenen Thema der Brandstiftung der Lindentalwerkstatt. Interessant war, in der Meldung schimmerte Kritik an der bestehenden Werkstatt durch und es wurden Alternativen vorgeschlagen beziehungsweise gefordert. War das vielleicht eine Spur? War in der Werkstatt doch nicht alles Friede-Freude-Eierkuchen, wie es mir der Vereinsvorsitzende und die Geschäftsführerin zu vermitteln versuchten? Handelte es sich vielleicht doch nicht um eine x-beliebige Brandstiftung? Diejenigen, die diese Presseerklärung verbreitet hatten, konnten doch nicht direkt hinter der Brandstiftung stecken, oder? So blöd war niemand, sich nach einem solchen Brand offen mit Adresse und Ansprechpartnerin zu melden, falls die etwas mit dem Brand zu tun hatten. Dann hätten sie doch ein anonymes Bekennerschreiben geschickt und sich zur Tat bekannt, um diese für ihre Zwecke zu vermarkten. Aber eine Spur könnte diese Presseinformation dennoch sein; ein Fingerzeig über die bisher von mir im Internet gefundene, eher allgemein ausgerichtete, Kritik am System der Werkstätten für behinderte Menschen hinaus. Dieser kritische Zwischenruf kam von vor Ort. Und er zielte auf die hiesige Werkstatt ab.

Ich musste unbedingt mit Katja Franke Kontakt aufnehmen, die als Ansprechpartnerin dieser Enthinderungsgruppe, unter der ich mir noch nichts vorstellen konnte, genannt war. Vor allem konnte ich die Presseerklärung aber nachher in die Redaktionssitzung mitnehmen, als Aufhänger für einen weiteren Bericht. Ich hatte schon krampfhaft überlegt, wie ich das Thema am Laufen halten und vor allem nach meinem bisherigen Alleingang den Segen für die weitere Berichterstattung und Zuständigkeit in der Redaktionskonferenz bekommen könnte. Da war nun also der Silberstreif am Himmel, weswegen sich mein frühes Aufstehen schon gelohnt hatte. „Danke, Enthinderungsgruppe", murmelte ich vor mich hin.

Meine daran anschließende Recherche im Internet war einfacher als gedacht. Ich fand eine Vielzahl von Berichten mit Kritik am aussondernden System der Werkstätten für behinderte Menschen. Eine Petition für einen Mindestlohn in Werkstätten hatte sogar schon weit über 100.000 Unterstützer*innen. Auch gab es bereits eine Menge Videos mit Statements über die schlechte Bezahlung und Behandlung in den Werkstätten. Je mehr ich mich in das Thema einarbeitete, umso mehr wunderte ich mich über mich selbst, dass ich davon bisher nichts mitbekommen hatte. Eine Reihe kritischer Berichte stammte sogar aus großen Zeitungen oder waren im Radio und im Fernsehen gesendet worden. Wie bei so vielem im Leben war es eben bei mir auch so: Man beschäftigt sich erst dann mit einem Thema, wenn man muss oder eine besondere Betroffenheit entsteht.

Seltsam war, dass ich bis auf den einen Bericht mit der Kritik am Werkstattsystem während der Aktion vor dem Rathaus, den ich bereits Samstag gesehen hatte, keine weiteren kritischen

Berichte über die örtliche Lindentalwerkstatt im Archiv unserer Lokalzeitung zu finden waren. Über Sommerfeste oder über Besuche von Politiker*innen in der Werkstatt war berichtet worden. Karnevalsfeiern hatte es gegeben. Hin und wieder waren kleine Porträts verschiedener behinderter Menschen, die in der Werkstatt arbeiteten und meist recht positiv darüber sprachen, erschienen. Die werkstattkritische Welt, in die ich durch die Berichte im Internet eingetaucht war, entsprach nicht der heilen Welt, die bisher in unserer Zeitung von der hiesigen Behindertenwerkstatt gezeichnet worden war.

Eine Sache, um die ich mich auch kümmern musste, war eine UN-Behindertenrechtskonvention. Auf sie wurde immer wieder verwiesen, wenn das System der Werkstätten für behinderte Menschen kritisiert wurde. Die Vereinten Nationen mit der Abkürzung UN waren mir ein Begriff, aber von einer Behindertenrechtskonvention hatte ich noch nie etwas gehört. Die genauere Recherche hierzu nahm ich in meine To-Do-Liste mit auf.

Jetzt galt es, mich auf die Redaktionskonferenz vorzubereiten und mir die Presseerklärung der Enthinderungsgruppe noch einmal genauer anzuschauen. Es war immer gut, einen konkreten Vorschlag für eine Nachricht für die gemeinsame Konferenz parat zu haben. Je besser vorbereitet ich war, umso weniger konnte man mir die Butter vom Brot nehmen. Dieses Prinzip hatte ich mittlerweile gelernt – und dies sollte sich auch in diesem Fall als richtig erweisen!

Ich wollte nur noch schnell recherchieren, ob es bereits Berichte über diese Enthinderungsgruppe gab und wer genau dahintersteckte. Ein eingetragener Verein schienen sie nicht zu sein, sonst hätten sie bestimmt bei ihrem Namen das e.V. angegeben. Normalerweise nervte es mich, wenn Vereine ständig ihr e.V. im Namen nannten. Als ob es irgendjemanden interessieren würde, ob ein Verein ein im Vereinsregister eingetragener Verein war oder nicht. In diesem Fall fand ich es interessant, dass es sich nicht um einen eingetragenen und bereits etablierten Verein zu handeln schien. Wahrscheinlich war die Enthinderungsgruppe ein loser Zusammenschluss, der noch nicht stark in die örtliche Vereinslandschaft eingebunden war. Ich nahm mir vor, diese Katja Franke heute noch anzurufen. Ich wollte unbedingt wissen, was sich die Enthinderungsgruppe unter „Alternativen zur Beschäftigung in der Werkstatt" genau vorstellte.

Gut vorbereitet und ungewöhnlich zuversichtlich begab ich mich in die wegen der Sommerzeit wesentlich dünner als sonst besetzte Redaktionskonferenz. Dort ging es heute Morgen recht locker zu. Sogar unser Chefredakteur war ganz entspannt. Die Themen waren überschaubar – eben typisch für das Sommerloch.

Die erste Diskussion drehte sich hauptsächlich um die neuesten Entwicklungen nach dem Koalitionskrach im Rathaus. Die bisherige Zusammenarbeit der regierenden Fraktionen war nach einem blöden, vom Oberbürgermeister vom Zaun gebrochenen, Streit aufgekündigt worden. Im kommenden Frühjahr war die nächste Oberbürgermeister-Wahl. Der derzeitige Amtschef trat wieder an und agierte zunehmend nervös. Derzeit stand unsere gut 250.000-Einwohner-Stadt ohne Regierungskoalition da und wurde mit wechselnden Mehrheiten regiert, wie es so schön hieß. Für eine Lokalzeitung wie unsere war dies eine Zeit, in der es viel zu berichten und zu spekulieren gab. Vor allem nachdem in der SPD erst am Wochenende ein interner Streit ausgebrochen war. Es hatte Rücktritte langjähriger Parteifunktionäre gegeben. Ein ausgezeichneter Füller fürs Sommerloch – und für die stets erhoffte Gewinnung neuer Abonnent*innen. Als Redaktionsküken mischte ich mich in diese Diskussion nicht ein. Dazu hatte ich aufgrund meiner bisherigen Kaninchenzüchtervereins-Berichterstattungs-Erfahrungen nichts Sinnstiftendes beizutragen.

Nach der Verteilung einiger anderer Aufgaben und als sich die knapp 45-minütige Sitzung dem Ende entgegen neigte, brachte ich kurz meinen Punkt ein. Die Brandstiftung war allen Anwesenden bekannt. Ein Kollege hatte sogar lobend hervorgehoben, dass ich am frühen Samstagmorgen so schnell darüber berichtet und damit noch vor den Meldungen im Radio online war. Mein Vorschlag, an der Sache dranzubleiben, wurde angenommen. Ein Kollege warf noch ein, er habe gehört, dass eine Spendenaktion gestartet werden sollte. Ich glaube, er hätte darüber auch gerne berichtet. Aber mein Angebot, das natürlich in die Berichterstattung mit einzubeziehen, nahm ihm jeglichen Wind aus den Segeln.

Beschwingt von diesem Erfolg und nach einigen Arbeiten in der Redaktion ging ich kurz vor zwei in die Mittagspause. Mit einer Bekannten hatte ich mich zum Kaffee und einem kleinen Snack verabredet. Als ich im Café Charlie ankam, wollte es der Zufall, dass ich fast in den ermittelnden Polizeikommissar hineinstolperte. Er war samstagfrüh auch am Brandort dabei gewesen und ich hatte bereits dort ein paar Takte mit ihm gesprochen. Er erkannte mich und grüßte kurz. Ich nutzte die Gelegenheit und fragte ihn, ob es neue Erkenntnisse gab.

„Nein, leider noch nicht, außer dass wir inzwischen ziemlich sicher sind, dass es Brandstiftung war“, teilte er mir mit, während ich mein recht gutes Namensgedächtnis bemühte und mich zum Glück daran erinnerte, dass er Florian Kerner hieß.

„Herr Kerner“, antwortete ich, auch um mein Namensgedächtnis entsprechend zur Schau zu stellen, „darf ich Sie hin und wieder kontaktieren, denn unsere Leser*innen interessiert sicher, welche Hintergründe dieser Brand hat und was es Neues gibt?“

„Das interessiert uns auch!“, warf die Frau ein, die mit ihm aus dem Café getreten war. Ich erkannte sie wieder. Es war Christa Ehmke, die Geschäftsführerin der Lindentalwerkstatt. Am Samstag war ich ihr beim Treffen an der abgebrannten Werkstatt begegnet und hatte kurz mir ihr gesprochen.

„Das ist gut, dass ich Sie treffe, darf ich Sie auch einmal anrufen, um zu erfahren, wie es nun weitergeht?“, packte ich auch diese Gelegenheit beim Schopfe. Sie bejahte dies, gab mir ihre Karte und wir verabschiedeten uns.

Der Kommissar schien es eilig zu haben. Das hinderte ihn aber nicht daran, sich noch einmal umzudrehen und mir ebenfalls seine Visitenkarte in die Hand zu drücken. Dabei schaute er mir in die Augen. „Zögern Sie nicht, mich anzurufen, sollten Sie wichtige Informationen in dieser Sache haben.“ Dieser intensive Blick, der mir signalisierte, dass er mich als kleine Journalistin ernst nahm, verbunden mit dem Glauben, dass ich entsprechende Hinweise aufspüren könnte, verlieh mir ein weiteres Stück Wichtigkeit.

Beschwingt steuerte ich einen eben freigewordenen Tisch im Außenbereich des Cafés an. Da kam auch schon meine Bekannte um die Ecke. Sie war wieder einmal pünktlich wie die Maurer, wie sie ihren Pünktlichkeitssinn zuweilen selbst zu loben pflegte. Ob das heute auch noch so war, dass die Maurer ihre Kellen genau zum Arbeitsschluss fallen ließen? Das wollte ich heute sicherlich nicht mit ihr erörtern. Es gab viel Wichtigeres zu besprechen, hatte sie am Wochenende doch ein Date mit einem Typen gehabt, den ich auch kannte. Mehr darüber zu erfahren, stand für mich im Vordergrund dieses Treffens, wenn bei mir selbst schon nichts lief. Wir plauschten und plauschten. Mir tat diese gedankliche Pause sehr gut.

Gute Aussichten

Schon zur Mittagszeit war Helen Weber aufgeregt. Die Aussicht, dass Peter Stamm, der beim ambulanten Dienst arbeitete, sich dort nach einem Praktikumsplatz für sie erkundigen wollte, hatte sie anfangs gefreut. Sie hatte diesen Gedanken dann aber schnell in den Bereich der vagen Hoffnung verbannt. Am Sonntagabend hatte sich Helen Weber daher eher auf der Metaebene damit beschäftigt. Jetzt, da es kein Werkstattgebäude mehr gab, fand sie es sehr interessant, dass plötzlich ernsthaft über konkrete Möglichkeiten für Praktika beziehungsweise Beschäftigungsplätze nachgedacht wurde.

Als sie Montagmorgen aufgewacht war, war es allerdings anders. Sie merkte, wie es in ihr bei dem Gedanken, dass es für sie vielleicht doch noch eine andere Möglichkeit als die Arbeit in der Werkstatt für behinderte Menschen geben könnte, kribbelte. Dass Peter Stamm darauf angesprungen war, sie als eine potenzielle Kandidatin für ein Praktikum wahrzunehmen, hatte in ihr einiges in Bewegung gesetzt. Helen Weber wollte sich auf keinen Fall in den Vordergrund spielen. Gut tat es aber trotzdem, dass da jemand war, der ihr einen Job außerhalb der Werkstatt zutraute. Und dass jemand an sie glaubt. Bei den vielen Negativbotschaften, die sich in den letzten Jahren in ihr Unterbewusstsein eingefressen hatten, war dies wie ein kleiner Hoffnungsschimmer, der ein zartes Leuchten in dunklen Gegenden auslöste. Sie bemühte sich, dieses Leuchten so lange wie möglich aufrechtzuerhalten, ohne sich zu viele Hoffnungen zu machen. Enttäuscht worden war sie in der Vergangenheit schließlich schon oft genug.

Der Balanceakt zwischen Hoffen und Bangen war nicht einfach. Das kannte sie von vielen anderen Gelegenheiten. Immer wieder hatten Praktikant*innen in der Lindentalwerkstatt bei ihr Hoffnungen auf eine andere Arbeit ausgelöst. Doch die

Praktikant*innen waren in der Regel viel zu schnell wieder gegangen, als dass daraus je etwas konkretes wurde. Zudem war die Stellung der Praktikant*innen im System der Werkstatt meist viel zu schwach. Das mussten die meisten von ihnen nach einigen Wochen selbst erkennen. Manche waren ehrlich und sagten das Helen Weber, andere tauchten nach ihren großen Worten einfach ab.

Aber Peter Stamm war kein Werkstatt-Praktikant. Er war jemand aus der Enthinderungsgruppe. Ihn hatte Helen Weber langsam zu schätzen gelernt. Wenn er etwas vorschlug, dann machte das meistens Sinn. Vor allem war er dann auch bereit, dafür selbst etwas zu tun. Das gab es nicht allzu oft. Sie war sich also sicher, dass Peter Stamm versuchen würde, sich nach einem Praktikumsplatz für sie zu erkundigen. Sie wusste allerdings nicht, ob er dies wie vereinbart bereits am Montag schaffen konnte. Und so haderte Helen Weber damit, ob sie Peter Stamm nach Dienstschluss selbst anrufen sollte oder nicht. So gespannt sie war, nerven oder unter Druck setzen wollte sie ihn nicht.

Mit Bernd Friedrich hatte sie sich erst für morgen, Dienstag, verabredet. Es blieb ihr also genug Zeit, mit ihrem Rolli in die Stadt zu fahren. Arbeiten war derzeit schließlich nicht. Kurz bevor sie an ihrem Lieblingsort am Fluss angekommen war, klingelte ihr Handy. Sie hätte es fast verpasst, den Anruf entgegenzunehmen. Sie brauchte immer eine gewisse Zeit, bis sie das Telefon aus ihrer Tasche herausgekramt hatte. Ihre Hoffnung, dass es sich um Peter Stamm handeln könnte, wurde allerdings jäh zunichte gemacht.

„Hier spricht Katrin Grund."

Ich merkte, dass mein Name Helen Weber im ersten Moment nichts sagte. Als ich ihr erklärte, dass ich bei der Lokalzeitung arbeitete, erinnerte sich Helen Weber spürbar daran: „von Katrin

Grund", das hatte über dem heute veröffentlichten Artikel gestanden. Helen Weber hatte sich extra früh morgens die heutige Zeitungsausgabe am Kiosk an der Ecke geholt, da sie neugierig war, ob und wie weiter über den Brand berichtet wurde. Den Online-Artikel hatte sie bereits gelesen.

„Sind Sie noch da?"

„Ja, ja. Ich muss nur etwas verschnaufen. Ich bin gerade unterwegs", antwortete Helen Weber, um etwas Zeit zu gewinnen, sich auf meinen Anruf einzustellen.

„Katja Franke hat mir Ihre Nummer gegeben, weil Sie in der Enthinderungsgruppe aktiv sind und in der Behindertenwerkstatt arbeiten – oder besser gesagt in der abgebrannten Werkstatt gearbeitet haben. Darf ich Ihnen ein paar Fragen stellen?"

Diese Gesprächseröffnung beschleunigte Helen Webers Puls wieder auf den Level, den sie vorhin verspürt hatte, als sie ihren Rollstuhl angetrieben hatte. Kurz ärgerte sie sich über Katja Franke, dass diese ihre Telefonnummer einfach weitergegeben hatte. Aber sie konnte ihr ja nicht sagen, dass sie nicht kontaktiert werden wollte. Das hätte vielleicht Verdacht erregt, ob sie etwas mit dem Brand zu tun haben könnte. Und jegliche Vermutungen in diese Richtung musste sie ausschließen. Schon in der Vergangenheit hatte Katja Franke immer wieder Journalist*innen an sie verwiesen, wenn diese Erfahrungsberichte von Betroffenen suchten. So richtig verfluchen konnte sie Katja Franke daher nicht, weil sie das sonst ganz gern machte. Also konzentrierte Helen Weber sich wieder auf das Telefonat. Um Fassung ringend, sprach sie zu ihrer eigenen Überraschung mit fester Stimme: „Ja klar, worum geht es genau?"

Ich schilderte ihr kurz, dass ich die Presseerklärung der Enthinderungsgruppe vorliegen hatte und darüber berichten wollte.

„Wie lange sind Sie schon in der Behindertenwerkstatt beschäftigt“, fragte ich.

„Das sind schon über 10 Jahre, aber das heißt Werkstatt für behinderte Menschen. Behindertenwerkstatt hieß es früher immer.“

Leicht in meiner journalistischen Ehre angekratzt, gab ich mich professionell, bedankte mich für ihren Hinweis – und wechselte zurück zum Thema Brandstiftung: „Haben Sie irgendeine Idee, wer den Brand gelegt haben könnte?“ Ich wollte den Gesprächsfaden mit ihr aufrecht halten, um mit ihr warm zu werden.

„Nein, keine Ahnung“, so die knappe Antwort von Helen Weber.

„Wie gefällt es Ihnen denn in der Werkstatt für behinderte Menschen?“, fragte ich mit der Betonung auf die korrekte Bezeichnung, die sie mir eben beigebracht hatte.

„Das lässt sich nicht so leicht am Telefon beantworten. Ich mag einige Kolleginnen und Kollegen, mit denen ich zusammenarbeite. Aber vieles am Job und der Werkstatt mag ich nicht. Das ist aber nichts für die Zeitung. Haben Sie denn schon mit dem Werkstattrat gesprochen?“

Diese Frage von Helen Weber war für mich ein weiterer Schlag ins Kontor. Schon bei meiner ersten To-Do-Liste hatte ich überhaupt nicht auf dem Plan gehabt, mit den behinderten Menschen selbst zu sprechen. Obwohl ich vom Chefredakteur darauf hingewiesen worden war, hatte ich das schnell wieder verdrängt. Der Lauf der Dinge hatte mich durch die Presseerklärung direkt zur Enthinderungsgruppe geführt. Freimütig musste ich bekennen, dass ich mit dem Werkstattrat noch keinen Kontakt aufgenommen hatte.

„Sie müssen entschuldigen, ich hatte nie viel mit behinderten Menschen zu tun und in meiner kurzen Zeit als Volontärin bei der Zeitung auch noch nie mit einer Werkstatt für behinderte

Menschen Kontakt." Da mir diese Helen Weber trotz einer gewissen Penetranz irgendwie sympathisch war, fügte ich offenherzig hinzu: „Ich muss überhaupt noch viel im Journalismus lernen."

Helen Weber zeigte sich nach meiner selbstkritischen Schilderung wesentlich verständiger mit mir und erzählte, dass wohl besonders junge Journalist*innen immer wieder darauf angesetzt wurden, Berichte über behinderte Menschen zu schreiben. Die meisten von ihnen hätten kaum einen Plan vom wirklichen Leben behinderter Menschen. Es wäre also völlig ok, wenn ich einiges nicht wüsste.

„Wenn es Sie wirklich interessiert, wie es in einer Werkstatt für behinderte Menschen zugeht, dann erzähle ich Ihnen das gerne mal in Ruhe. Aber das bitte erst mal nur für Sie", bot Helen Weber mir an. Sie wusste nicht, warum sie sich zu einem solchen Angebot hinreißen ließ. Und dies ausgerechnet in ihrer Situation. Aber die Journalistin war ihr in ihrem offenherzigen Geständnis der nicht Perfekten irgendwie sympathisch.

Wir verabredeten uns für Mittwochnachmittag um fünf Uhr zu einem Gespräch. Meinen Vorschlag, uns in ihrer Wohnung zu treffen, lehnte sie ab. Sie hatte seit der Corona-Pandemie nicht mehr gerne fremde Leute bei sich zu Hause. Also bot ich an, mich mit ihr im Café Charlie zu treffen und sie zu einem Kaffee einzuladen.

Helen Weber musste mindestens dreimal tief durchatmen, nachdem das Gespräch beendet war. Plötzlich ging alles viel schneller, als sie es sich mit ihren Freunden in ihren Planungen für die Zeit nach der Brandstiftung ausgemalt hatte. Und vor allem lief alles ganz anders als gedacht. Sie verfluchte sich, dass sie sich von der Journalistin hatte bezirzen lassen und das Treffen sogar selbst angezettelt hatte. Absagen konnte sie es nicht mehr, das hätte eventuell Aufmerksamkeit erregt. Andererseits war ihr klar, dass sie auf eine gute Presse angewiesen waren. Sie wollte nicht, dass in der Lindentalwerkstatt auch zukünftig der alte Wein in neuen Schläuchen floss. Eine verzwickte Situation, in die sich Helen Weber da hineinmanövriert hatte. Sie musste sich aber auch eingestehen, dass all dies viel spannender als die letzten zehn Jahre Arbeit in der Werkstatt zusammengenommen war. Das fand sie gut.

So in ihren Gedanken versunken, im Schatten am Fluss sitzend, beobachtete sie spielende Kinder in ihrer Nähe. Sie bespritzten sich an einem flachen Nebenarm mit viel Geschrei und Gequieke mit Wasser. Genau das richtige an einem solch heißen Tag. Ein erneutes Klingeln ihres Handys holte sie jäh aus ihren Gedanken. Dieses Mal war es tatsächlich Peter Stamm, wie sie im Display sehen konnte. Sie hatte seine Nummer sofort nach dem gestrigen Treffen der Enthinderungsgruppe im Garten von Katja Franke gespeichert, denn seinen Anruf wollte sie auf keinen Fall verpassen.

„Hi Peter“, meldete sich Helen Weber erfreut, aber auch gespannt.

„Hi, du heißt zwar Helen, aber dass du hellsehen kannst, wer dich anruft, das wusste ich bisher nicht.“

„Quatsch, ich habe deine Nummer gestern mit deinem Namen ins Handy eingespeichert, damit ich sehe, wenn du anrufst.“

„Das ist gut.“ Er freute sich, dass Helen Weber, mit der er bisher nicht viel zu tun gehabt hatte, die er aber ganz nett fand, seine Kontaktdaten so parat hatte. „Warum ich anrufe“, ergriff er wieder das Wort, „ich habe mit unserer Geschäftsführerin gesprochen, wegen der Praktikumsmöglichkeit.“

„Und?“ Helen Weber war gespannt wie ein Flitzebogen.

„Es gibt eine gute und eine weniger gute Nachricht. Welche darf es zuerst sein?“

„Die gute."

„Also, die gute Nachricht ist", Peter Stamm machte eine kurze Pause, um die Spannung zu erhöhen und seinem Erfolg einen gebührenden Raum zu geben, „die gute Nachricht ist, dass du dich bei unserer Geschäftsführerin vorstellen kannst, wenn du an einem Praktikumsplatz im Pforten- und Hauswirtschaftsbereich bei uns interessiert bist."

„Das ist ja super Klasse!", konnte Helen Weber nicht an sich halten. „Und was soll dabei die schlechte Nachricht sein?"

Peter Stamm berichtete, dass die Geschäftsführerin derzeit keine Möglichkeiten für die Schaffung einer festen Stelle beim ambulanten Dienst sehe. Für ein Praktikum, für das sie leider nichts zahlen könne, wäre sie jedoch offen. Er war mit dieser Antwort seiner Geschäftsführerin überhaupt nicht zufrieden.

Leicht ernüchtert, aber trotzdem hoch erfreut, dass sie nach so vielen Jahren nun wenigstens eine kleine Aussicht auf einen Praktikumsplatz hatte, bestätigte Helen Weber ihr Interesse an einem Vorstellungsgespräch: „Danke, Peter. Danke, danke."

„Mittwoch um halb elf hab' ich schon mal mit ihr als Vorstellungstermin vereinbart. Ich hab' mir schon gedacht, dass du interessiert bist. Kannst du da?"

„Die Werkstatt ist ja abgebrannt und hat zwei Wochen Urlaub angeordnet. Mittwoch hab' ich nur einen Termin am späten Nachmittag mit einer Journalistin, die vorhin angerufen hat. Sonst hab' ich keine Termine. Ich bin jetzt schon ganz aufgeregt. Klar sag' ich mehr als gerne zu."

Noch gut fünf Minuten redeten sie darüber, dass Peter Stamm den Termin, den Helen Weber bei Carola Finke, der Geschäftsführerin des ambulanten Dienstes für Mittwoch hatte, bestätigen würde, und wie sie zum Büro kommen konnte.

„Sei aber bloß pünktlich", schärfte er ihr noch ein, „unsere Geschäftsführerin hasst es, wenn jemand zu spät kommt."

Natürlich wollte Peter Stamm noch wissen, was es mit dem Treffen mit der Journalistin auf sich hatte. Helen Weber berichtete ihm in eher kurzen Ausführungen darüber. Sie hatte Bedenken, sich zu verplappern. Wenn sie euphorisch war und zu jemandem Zutrauen gefasst hatte, wie nun zu Peter Stamm, wurde ihr Mundwerk zuweilen viel zu locker. Ihre Zunge war dann manchmal schneller als ihr Verstand – und das war nicht immer gut. Helen Weber hatte da so verschiedene Erfahrungen. Das mit ihrer zu lockeren Zunge war wohl so ähnlich, wie wenn andere betrunken waren und einfach drauf los plapperten. Sie ermahnte sich also zur Vorsicht und fasste sich entgegen ihrem Bedürfnis, mit Peter Stamm ausführlicher darüber zu reden, recht kurz.

„Schau doch nach deinem Vorstellungsgespräch bei mir im ersten Stock vom ambulanten Dienst vorbei. Ich will wissen, wie es ausgeht." Damit war das Telefonat beendet.

Helen Weber legte auf und war mit sich und der Welt sehr zufrieden. Die Nervosität, die sich sicherlich vor dem Vorstellungsgespräch einstellen würde, wollte sie noch möglichst von sich fernhalten und einfach viel von diesem Moment genießen. Sie nahm sich vor, am Abend Katja Franke von der Enthinderungsgruppe anzurufen und ihr die Neuigkeiten mitzuteilen. Das hatte jetzt aber noch Zeit.

Reaktionen

Der Brand in der Werkstatt für behinderte Menschen bot nach der Berichterstattung vom Wochenende und am Montagmorgen für eine Reihe ganz unterschiedlicher Menschen so einigen Gesprächsstoff.

Für die Familien ...

... der direkt vom Werkstattbrand Betroffenen drehten sich die Gedanken hauptsächlich darum, wie es nach dem zweiwöchigen ‚Urlaub' weitergehen könnte. Ob es die Betreuer*innen, die Leitung oder die behinderten Beschäftigten und deren Angehörige waren, bei den meisten herrschte ein hohes Maß an Verunsicherung. Ihre Existenzgrundlage beziehungsweise Zukunft war durch den Brand zum Teil erheblich bedroht. Und so konnte und wollte sich kaum jemand ausmalen, was wäre, sollte es keine Werkstatt mehr geben.

Die Bewohner*innen der Stadt ...

... hatten die Nachricht der erneuten Brandstiftung mit Besorgnis aufgenommen. Zum einen aus Betroffenheit, dass eine soziale Einrichtung fast bis auf ihre Grundmauern abgebrannt war. Andererseits drehte sich so manche Diskussion darum, was der oder die Brandstifter noch alles anrichten könnten. Die Menschen überlegten, wie sie sich schützen könnten, falls ‚denen' nicht bald das Handwerk gelegt würde. Ihre Kritik konzentrierte sich, wie so oft bei solchen Diskussionen, zusehends auf die anscheinend untätige oder unfähige Polizei.

Im Fernsehbericht der Abendschau des Landesmagazins wurde ...

... genau diese Frage zum Schluss aufgeworfen. Florian Kerners Chef musste vor laufender Kamera gestehen, dass es noch keine Spur zu den Brandstiftern der Lindentalwerkstatt gab. Er konnte lediglich mitteilten, dass sich diese Tat von den bisherigen Brandstiftungen der letzten Wochen erheblich unterschied.

Insgesamt fing der Fernsehbericht unterschiedliche Stimmen und Stimmungen ein.

Der Vertreter des Kostenträgers der Eingliederungshilfeleistungen blieb mit seinem Statement äußerst vage, was der Brand genau für die Betroffenen bedeuten könnte. „Bei aller Betroffenheit, die der Brand auch bei uns als Eingliederungshilfeträger ausgelöst hat, ist der Trägerverein der Werkstatt für behinderte Menschen vorrangig dafür verantwortlich, Lösungen zu erarbeiten. Ein Konzept, mit dem die Betreuung der behinderten Menschen weiterhin gewährleistet werden kann, ist nötig, denn die behinderten Menschen selbst sind die Leistungsberechtigten. Wir werden sicherlich spätestens dann miteinander reden, sobald entsprechende Pläne vorliegen."

Die Landessozialministerin schlug vor laufender Kamera kämpferische Töne an. Man werde die Leute nicht allein lassen und Wege finden, den Wiederaufbau der Werkstatt und des Beschäftigungsangebotes für behinderte Menschen unterstützen. „Feuer und Flammen werden uns in unserem Bemühen um die Menschen nicht in die Knie zwingen."

Einen Plan, wie es weitergehen könnte, schien es dem Bericht zufolge schon zu geben. Die Geschäftsführerin der Werkstatt für behinderte Menschen, Christa Ehmke, deutete in ihrem Interview für die Abendschau an, dass voraussichtlich erste Räume kurzfristig angemietet werden könnten, um so schnellstmöglich Arbeitsmöglichkeiten für wenigstens 50 behinderte Menschen zu schaffen. „Ich hoffe auf weitere Unternehmen, die uns jetzt zeitnah ihre entsprechenden Räumlichkeiten bereitstellen können."

Und dann war da noch Clemens Zeil, der Vorsitzende des Fördervereins. Er präsentierte im Fernsehen den mittlerweile erarbeiteten Spendenaufruf und verwies auf die Internetseite seines Vereins: „Erste Spenden für den Wiederaufbau der Behindertenwerkstatt sind schon eingegangen. Wir hoffen auf viele weitere Spenden für die Betreuung unserer Behinderten."

Auch Helen Weber, Katja Franke, ...

... Bernd Friedrich und Klaus Kriske verfolgten den umfassenden Fernsehbericht. Helen Weber griff sofort zum Telefon und rief Katja Franke an. Sie wollte ihr ohnehin über die neusten Entwicklungen des Tages berichten. Katja Franke nahm beim ersten Klingeln ab, als hätte sie auf ihrem Telefon gesessen. Sie war in voller Fahrt, ohne dass Helen Weber lange Hallo sagen konnte.

„Kein Wort von unserer Presseerklärung, die wir auch an den Fernsehsender geschickt haben", schimpfte sie los, „aber dem unsäglichen Vereinsheini wird eine Bühne für seine Spendenwerbung geboten. Und wir behinderten Menschen selbst kommen gar nicht zu Wort! Das ist ätzend."

Katja Franke hätte bestimmt noch eine Weile weiter gewettert und weitere Kraftausdrücke gefunden, hätte Helen Weber nicht dazwischengefunkt, dass es auch gute Nachrichten gab. „Ich habe ein Vorstellungsgespräch für einen möglichen Praktikumsplatz am Mittwoch", berichtete sie nach Katja Frankes erster Schimpfkanonade über den Fernsehbericht, sprach aber wesentlich verhaltener als es ihr zumute war.

„Echt? Erzähl'! Wo und wie?"

„Peter Stamm wollte doch beim ambulanten Dienst nachfragen, ob da was geht. Es hat tatsächlich geklappt. Mittwochmorgen habe ich einen Termin für ein Vorstellungsgespräch mit der Geschäftsführerin."

„Geil, da hat sich das Feuerwerk schon gelohnt, wenn das funktioniert. Du hast doch nie einen Praktikumsplatz außerhalb der Werkstatt gehabt, oder?"

„Stimmt. Bin ganz schön aufgeregt. Wir müssen unbedingt noch andere Leute fragen. Es müssen einfach mehr von uns draußen eine Chance bekommen." Darin waren sich die beiden einig – und Helen Weber konnte nun auch über ihrem zweiten bevorstehenden Termin berichten.

„Die Journalistin hat bei mir angerufen. Wir treffen uns Mittwoch zum Kaffee."

„Cool, das war meine Hoffnung, als ich die an dich vermittelt habe. Sie ist jung. Vielleicht ist sie offen für unsere Ideen. Brauchst du noch Tipps?" Nach ein paar Ideen von Katja Franke für ein solches Gespräch beschlossen sie, dass Helen Weber erst einmal abchecken sollte, ob man der Journalistin vertrauen konnte. Smalltalk war dafür genau richtig, um mit ihr warm zu werden. „Schau mal im Internet, ob du etwas mehr über sie rauskriegst. Es ist immer gut zu wissen, wofür sich die Leute interessieren, wenn man mit ihnen zu tun hat", schlug Katja Franke vor und wechselte das Thema.

„Und sprich mal mit Claudia Liese, wenn das mit deinem Praktikumsplatz fix ist. Wenn das beim ambulanten Dienst schwierig ist, dass sie eine Stelle für dich schaffen. Vielleicht hat sie eine Idee, was doch geht." Claudia Liese wusste gut über Zuschüsse und über so manche rechtlichen Möglichkeiten Bescheid – und kannte auch einige Finanzierungstricks. Die Aussage des Vertreters des Kostenträgers der Eingliederungshilfe im Fernsehbericht hatte Katja Franke hellhörig gemacht. Vielleicht konnte man jetzt eine Tür öffnen, bestimmte Leistungen für Arbeitsplätze auch mit anderen Konzepten finanziert zu bekommen.

„Die von der Lindentalwerkstatt bekommen doch Geld für Betreuungsleistungen. Aber die können sie nach der abgebrannten Werkstatt ja gar nicht mehr richtig erbringen. Vielleicht gibt es bessere Möglichkeiten, um die Unterstützung anderswo sicherstellen zu können?", dachte Katja Franke laut nach. „Ich ruf' morgen gleich mal Claudia an."

Clemens Zeil ...

... war mit sich zufrieden. Er wusste, dass es nicht gesetzt war, dass alle Aussagen bei einem Fernsehdreh auch gesendet wurden. Vier Minuten für einen solchen Bericht waren nicht gerade viel, aber für das Sendeformat nicht schlecht. Umso erfreuter war er, dass seine Ausführungen zur Spendenaktion darin vorkamen. Das war seine zentrale Baustelle, um die er sich als Vereinsvorsitzender nun zu kümmern hatte. Die ersten 5.000 Euro hatte er nach ein paar Telefonaten mit örtlichen Unternehmern und Bekannten von Stiftungen bereits so gut wie sicher. Nun hoffte er, dass durch den Fernsehbericht und durch den Aufruf in der morgigen Ausgabe der Zeitung einiges mehr zusammenkam. Geld würden sie in jedem Fall brauchen, da es sicherlich eine geraume Zeit dauern würde, bis die Versicherung zahlte. Noch war fraglich, wieviel diese am Ende überhaupt zahlen würde.

Für seine Tochter hatte er zum Glück schon eine Perspektive: Für sie würde es mit der Arbeit in der Werkstatt bald wieder weitergehen. Christa Ehmke, die Geschäftsführerin der Werkstatt, hatte inzwischen ein weitgehend ungenutztes Lager eines befreundeten Unternehmens aufgetan. Dort könnten Verpackungsarbeiten erledigt werden. Das war genau die Abteilung seiner Tochter. Diese schien ihren unverhofften Urlaub zu genießen. Auch ihr machte die Hitze zu schaffen. Trotzdem fand Clemens Zeil gut, dass sie schnell wieder beschäftigt wurde. Sie hing viel zu viel mit diesem Heinrich Klenke herum, den sie „meinen Freund“ nannte. Das gefiel ihm nicht. Sie hatte schon einige Freunde gehabt, oder besser gesagt sie als solche bezeichnet. Zum Glück war aber nie etwas Ernsteres draus geworden. Dieses Mal schien mehr dahinter zu stecken. Es war nur gut, wenn sie nicht zu viel Freizeit hatte. Sie hatte es zu Hause doch gut – und das sollte auch so bleiben, fand zumindest Clemens Zeil.

Ich, Katrin Grund, ...

..., freute mich am nächsten Morgen, dass mein längerer Artikel ohne größere Änderungen in der Printausgabe veröffentlicht wurde. Am späteren Nachmittag würde er auch online freigeschalten. Man wollte in der Online-Ausgabe schließlich nicht zu viele Artikel kostenlos – und wenn, dann nur etwas verzögert – zur Verfügung stellen. Die Abonnent*innen und Käufer*innen der Druckausgabe sollten Vorteile haben – und dieses Mal gehörte mein Artikel dazu! „Die gute Katrin Grund steigt also langsam vom Grund an die Oberfläche", redete ich mir ein.

Unser Chefredakteur hatte lediglich den Teil über die Spendensammlung zu Ungunsten des Statements der Enthinderungsgruppe ausführlicher gestaltet und im Artikel nach oben gezogen. Damit konnte ich leben. Er hatte wohl persönliche Beziehungen zum Vereinsvorsitzenden. Die Kritik an der Werkstatt wollte er anscheinend nicht ganz unterdrücken, aber durch seine Änderung konnte er der Sache entsprechend seiner Interessen seinen kleinen Stempel aufdrücken. Ich fand, mein Artikel las sich trotzdem gut.

Wie weiter nach dem Brand in der Werkstatt für behinderte Menschen?

Der Brand in der Werkstatt für behinderte Menschen hat bei vielen Betroffenheit ausgelöst. Die Frage, wie es für die betreuten Menschen weitergeht, beherrscht nun die Diskussion. Wer den Brand gelegt haben könnte, bleibt bisher jedoch ein ungelöstes Rätsel. Vor allem fragen sich viele, welches Motiv hinter einer solchen Tat stecken könnte. Vonseiten der Polizei gibt es hierzu immer noch keine konkreten Hinweise oder Vermutungen.

Der Vorsitzende des Trägervereins der Lindentalwerkstatt, Clemens Zeil, hat inzwischen einen Spendenaufruf zum Wiederaufbau der Werkstatt gestartet. Für die behinderten Beschäftigten müsse schnell eine Perspektive geschaffen werden, damit diese nicht zu Hause bei ihren Eltern oder im Wohnheim bleiben müssten. 5.000 Euro seien bereits von ersten Spendern zugesagt. So wichtig diese seien, sei dieser Betrag aber lediglich ein Tropfen auf den heißen Stein, so Clemens Zeil. Der vollständige Spendenaufruf befände sich auf der Internetseite des Trägervereins der Lindentalwerkstatt.

„In jeder Krise liegt auch eine Chance und diese muss nun genutzt werden“, erklärte Katja Franke, die Pressesprecherin der Enthinderungsgruppe. Die Gruppe setzt sich für die gleichberechtigte Teilhabe und Selbstbestimmung behinderter Menschen ein. „Den betroffenen behinderten Menschen muss nun möglichst schnell eine neue Beschäftigungsmöglichkeit geboten werden. Was liegt da näher, dass dies nun inklusiv in den Unternehmen dieser Stadt verwirklicht wird“, so der Vorschlag der Enthinderungsgruppe. „Dass die Beschäftigung behinderter Menschen auch außerhalb von Werkstätten möglich ist, das wurde schon oft bewiesen. Ein Anfang könnte sein, dass möglichst viele Unternehmen Praktikumsmöglichkeiten für behinderte Menschen bieten, um sich kennenzulernen und nach Möglichkeiten einer längerfristigen Beschäftigung zu suchen“, so Katja Franke weiter. Das wäre gelebte Inklusion, wie sie auch die von Deutschland unterzeichnete Konvention über die Rechte behinderter Menschen der Vereinten Nationen vorsehe.

Für die ersten der 531 behinderten Beschäftigten zeichnet sich indes eine Lösung ab, wie die Geschäftsführerin der Werkstatt, Christa Ehmke, gegenüber unserer Zeitung berichtete. Eine weitgehend ungenutzte Lagerhalle eines Unternehmens, für die bisher Verpackungsarbeiten von der Werkstatt durchgeführt wurden, könne voraussichtlich angemietet werden.

Soweit mein Zeitungsbericht, auf den ich unheimlich stolz war.

Claudia Liese, ...

..., die sich auch in der Enthinderungsgruppe engagierte, zeigte sich mit dem Artikel alles andere als zufrieden. Der Teil, den Katja Franke mit ihr zum Budget für Arbeit so mühsam entwickelt hatte, war völlig unter den Tisch gefallen. Ärgerlich, das Budget war für sie der wichtigste Punkt, um echte Alternativen aufzuzeigen. Mit Hilfe des Budgets konnten endlich Stellen für behinderte Menschen, die sonst in der Werkstatt arbeiten würden, finanziell unterstützt und dadurch sozialversicherungspflichtige Jobs auf dem allgemeinen Arbeitsmarkt ermöglicht werden. Alles andere im Artikel war für Claudia Liese nur nettes Blabla.

Gleich Dienstagmorgen rief sie Katja Franke an. Sie hielt mit ihrer Kritik am veröffentlichten Artikel nicht hinterm Berg: „Warum veröffentlichen die von der Presse nicht das, was wirklich wichtig ist?" Katja Franke kannte ähnliche Rückmeldungen der pingeligen Juristin aus vergangenen Zeiten. Dieses Mal kam ihr Lieses Kritik sehr recht und sie hakte sich erst einmal mit ein. „Ich sag's doch schon immer, das System der Wohlfahrtsmafia ist durch und durch verseucht. Das reicht bis in die Medien rein. Die Spendenwerbung, um den alten Mist weiterzumachen, als wäre nichts gewesen, wird hochgezogen. Und unsere Sicht der Dinge wird gekürzt. Wir müssen noch viel mehr für echte Inklusion und für die Selbstvertretung behinderter Menschen kämpfen."

Dann kam Katja Franke zu ihrem Anliegen: „In der Abendschau hat doch ein Vertreter des Kostenträgers erklärt, dass man jetzt schauen muss, wie die Leistungen weiter erbracht werden. Fällt dir dazu vielleicht ein juristischer Winkelzug ein? Helen hat morgen ein Vorstellungsgespräch für ein Praktikum beim ambulanten Dienst. Peter hat da wohl eine Tür aufbekommen. Die haben aber kein Geld für ihr Praktikum oder für eine Stelle. Wenn es da einen Dreh gibt, dann wär' das auch für andere interessant."

Katja Frankes konkrete Frage brachte Claudia Liese wieder in ihren geliebten Handlungsmodus zurück. Sie erzählte ihr etwas von individuellem Leistungsanspruch der behinderten Menschen seit Inkrafttreten des Bundesteilhabegesetzes, berichtete von alternativen Beschäftigungsmöglichkeiten zur Werkstatt für behinderte Menschen – und natürlich auch über die Möglichkeiten des Budgets für Arbeit. Zuerst solle man aber schauen, ob es eine Vergütung für das Praktikum außerhalb der bisherigen Werkstattfinanzierung geben könne. So die Kurzversion der gut zehnminütigen Ausführungen, denen Katja Franke wie immer interessiert lauschte.

„Individueller Leistungsanspruch? Heißt das, dass eigentlich Helen und nicht die Werkstatt den Anspruch hat, das Geld für ihre Unterstützung zu bekommen? Kann sie das Geld dann so nutzen, wie es für sie am besten passt?"

Ihre Fragen lösten eine erneute, längere Ausführung Claudia Lieses aus, boten aber auch eine Spur, die weiterverfolgt werden könnte. „Wenn das am Beispiel von Helen einmal praktisch durchexerziert werden kann, wäre das erste Sahne. Na ja, jetzt muss sie den Praktikumsplatz erst einmal bekommen."

„Gut, dass ich mit ihr darüber gesprochen habe, wie sie sich bei dem Vorstellungsgespräch verhalten soll und wie so Gespräche oft ablaufen. Eine Schulung oder gar ein Bewerbungstraining hat sie in der Werkstatt noch nie bekommen!"

Unerwartete Bemühungen

Der Zeitungsbericht und die Vorschläge der Enthinderungsgruppe zeigten auch an einer anderen Stelle Auswirkungen. Und das aus einer Richtung, mit der niemand aus der Gruppe gerechnet hatte.

Aufgrund ihrer Erfahrungen mit ihren eigenen Eltern hatten die Mitglieder der Enthinderungsgruppe bisher großen Wert darauf gelegt, dass bei ihnen nur behinderte Menschen mitmachten und diese vor allem das Sagen hatten. Nichtbehinderte Eltern behinderter Kinder sollten nicht dabei sein.

Die meisten aus der Gruppe hatten viel damit zu tun gehabt und immer noch zu tun, sich von ihren Eltern freizukämpfen. Zu den generell nicht immer einfachen Eltern-Kind-Beziehungen gesellten sich verschiedene behinderungsspezifische Herausforderungen: Es gab Eltern, die zur Überbehütung ihrer behinderten Kinder und der inzwischen Erwachsenen neigten. Andere Eltern hatten sich aus unterschiedlichen Gründen zu wenig um die Bedürfnisse ihrer behinderten Kinder kümmern können. Vor allem aufgrund fehlender guter ambulanter Hilfen aber blieb für viele behinderte Töchter und Söhne oft nur der Weg in Sondereinrichtungen. Sie kamen in sogenannte Förderschulen, Heime oder Werkstätten für behinderte Menschen. Dieser Sonderweg war häufig für sie oft von Jung an vorgezeichnet und konnte nur schwer durchbrochen werden. Schließlich waren da noch die vielen Eltern, die einfach über die Köpfe behinderter Menschen hinweg für diese sprachen.

Die Mitglieder der Enthinderungsgruppe hatten viele solcher leidvollen Erfahrungen aus ihren Leben geschildert. Für sie folgerichtig hatten sie den Beschluss gefasst, dass ihre Gruppe nur für behinderte Menschen offen war. Die Interessen vieler Eltern behinderter Kinder, mittlerweile meist erwachsene Kinder, waren oft ganz anders gelagert als das, was sie, die erwachsenen Kinder, selbst wollten. Auch wenn sie hin und wieder gute Erfahrungen machten, wollten sie einfach keine Eltern in ihrer Gruppe haben.

Dabei hatten manche der Eltern, die von der Enthinderungsgruppe kritisiert wurden, in den 60er und 70er Jahren selbst Initiativen gestartet, aber eben in der Regel Elterninitiativen. Daraus wurden über die Jahre oft Behindertenorganisationen oder Behinderteneinrichtungen. Mit sehr viel Energie und Herzblut bauten die Eltern diese auf, schließlich gab es damals nichts anderes und die Eltern suchten und brauchten Unterstützung. Früher wie heute hatten bei den meisten dieser Organisationen behinderte Menschen kaum etwas zu Sagen. Oft kamen sie sich dort wie Objekte der Fürsorge vor; Eltern und zum Teil sogar Mediziner*innen stellten in der Regel ganz selbstverständlich die Vorstände und Geschäftsführer*innen dieser Organisationen. Aus damaliger Sicht und aufgrund der Situation der Eltern behinderter Kinder war sicherlich einiges verständlich. Aber: „Die vielen, vor allem großen, Behinderteneinrichtungen, haben meist nichts, aber auch gar nichts, mit dem Anspruch auf Inklusion zu tun", wurden gerade Katja Franke und Helen Weber nicht müde zu betonen.

Kein Mitglied der Enthinderungsgruppe wollte in solch bevormundenden und aussondernden Einrichtungen leben. Dort mussten behinderte Menschen meist ab dem Eingang auf ihre Selbstbestimmung verzichten und sich in die Strukturen einer oftmals totalen Institution einfügen. Man war und blieb für viele einfach ein Kind, auch wenn man längst erwachsen war. Darüber diskutierten sie immer wieder bei ihren Gruppentreffen.

„Selbst die Aktion Mensch hieß doch früher Aktion Sorgenkind." Den Älteren der Enthinderungsgruppe war dieser Name noch sehr präsent. Die Aktion Sorgenkind stand für vieles, was die Enthinderer und vor allem Claudia Liese kritisierten: Die Lotterie und das dahintersteckende Denken hatten behinderte Menschen über Jahrzehnte hinweg zu Sorgenkindern degradiert. Meist setzten das ZDF und die Aktion Sorgenkind bei den Spendensammlungen auf Mitleid. Lange Zeit wurden die Spenden und die Lotterieeinnahmen vor allem in den Bau weiterer Sondereinrichtungen investiert. Mit diesen Geldern wurde die Aussonderung behinderter Menschen in Deutschland zementiert. Die Aktion Sorgenkind war 1964 gegründet worden. Erst im Jahr 2000 war es nach vielfältigen Protesten behinderter Menschen und dem Sinneswandel einiger Akteur*innen der damaligen Aktion Sorgenkind gelungen, den Namen in Aktion Mensch umzuwandeln. All das und noch viel mehr hatte Katja Franke herausgefunden.

„Damals hat sich die Förderpolitik der Aktion Mensch dann endlich Stück für Stück verändert. Heute fördert sie sogar Protestaktionen für mehr Barrierefreiheit und Inklusion“, hatte Claudia Liese, allwissend wie immer, ergänzt.

Wandel war also möglich. Dass es bei der Aktion Mensch nichtsdestotrotz auch heute noch einiges zu verändern gab, darin waren sich die Mitglieder der Enthinderungsgruppe trotz aller Verbesserungen einig. Ihnen spielte die Selbstvertretung behinderter Menschen bei der weitgehend von Wohlfahrtsverbänden dominierten Aktion Mensch eine noch immer viel zu geringe Rolle. Außerdem war es für jene Organisationen, die sowieso viel Geld hatten, viel leichter, Förderanträge zu stellen. Für Selbstvertretungsorganisationen, die kaum Eigenmittel besaßen, war das wesentlich schwieriger. Auch deshalb floss wohl weiterhin viel Geld in die traditionelle Behindertenarbeit. Und die hatte aus ihrer Sicht nach wie vor nicht viel mit Inklusion zu tun.

„Die meisten Einrichtungen, in denen behinderte Menschen untergebracht sind, haben es verpasst, sich ähnlich wie die Aktion Mensch, auf eine inklusive Zukunft einzustellen und sich zu verändern. Angebote für ein selbstbestimmtes Leben mitten in der Gemeinde sind nach wie vor Mangelware“, so Claudia Lieses Standardkritik.

Deshalb und aufgrund immer wiederkehrender negativer Erlebnisse mit Eltern behinderter Kinder oder Elternorganisationen war das Verhältnis zwischen der Enthinderungsgruppe und Eltern nicht einfach. Also auch die Mitglieder der Gruppe pflegten ihre Vor(Urteile), untermauert durch ihre vielen persönlichen Geschichten. Und so waren und blieben die Erlebnisse mit Behinderteneinrichtungen, ihren eigenen, aber auch mit anderen Eltern behinderter Menschen immer wieder Themen, über die die Mitglieder der Enthinderungsgruppe auch im Anschluss an ihre Gruppentreffen stundenlang in der Kneipe sprachen. Mal richtig vom Leder über all die erniedrigenden Erfahrungen mit dieser behindernden Gesellschaft ziehen zu können. Sie nannten das scherzhaft „unsere üble Nachrede".

Doch jetzt, nach dem Brand, kam von einigen wenigen aus den Reihen der Elternschaft eine völlig unerwartete Schützenhilfe für die Bestrebungen der Enthinderungsgruppe.

In der Stadt gab es eine Reihe fortschrittlicher Eltern, die sich vorrangig für die schulische Inklusion behinderter Kinder und Jugendlicher stark machten. Ja, es gab zum Teil sogar erste lose Kontakte zur Elterngruppe für Inklusion; man traf sich ab und an bei Veranstaltungen. Dennoch hatte die Enthinderungsgruppe zu ihnen stets eine gewisse Distanz bewahrt. Sie wollten sich von den Eltern auf keinen Fall reinreden lassen.

Unterstützt von der Elterngruppe für Inklusion fanden sich Dienstagabend nach dem Brand einige Eltern zusammen. Ihre Töchter und Söhne, die in der Regel alle 30 Jahre und älter waren, arbeiteten alle in der Lindentalwerkstatt. Die meisten anwesenden Eltern waren schon vorher unzufrieden mit der Art und Weise, wie ihre Söhne und Töchter in der Werkstatt behandelt wurden. Aber bisher war ja alles irgendwie doch gelaufen und der Werkstattplatz war sicher. Doch nun war durch den Brand plötzlich eine Lücke entstanden. Auf einmal hingen sie alle in der Luft. Wie lange könnten ihre Kinder nicht wie gewohnt in die Werkstatt gehen? Es mussten Alternativen her – wenn auch nur für eine gewisse Übergangszeit.

Manchen Eltern steckte noch die heiße Phase der Corona-Pandemie in den Knochen. Damals waren viele ihrer behinderten Söhne und Töchter plötzlich dauerhaft zu Hause oder im Wohnheim auf ihren Wohngruppen eingezwängt. Die Werkstatt war in den Lockdown-Zeiten lange geschlossen gewesen. Niemand differenzierte richtig, wer wirklich zur Risikogruppe gehörte und wer nicht. Eine gute Unterstützung zur Teilhabe behinderter Menschen erwies sich in diesen Monaten oft als Fehlanzeige. „So eine Zeit wollen wir als Eltern nicht noch einmal erleben!“, so ihre einhellige Meinung.

Schon damals war für die Eltern kaum etwas von der angekündigten Unterstützung ‚ihrer' Werkstatt für behinderte Menschen zu sehen gewesen – dabei bekamen die Betreuungskräfte ihr Gehalt wie gewohnt weiter. Kaum ein Kostenträger hatte darauf geschaut, was hinter den verschlossenen Türen passierte – oder eben nicht passierte. Viele behinderte Menschen waren in dieser schwierigen Zeit und gerade in Einrichtungen massiven Menschenrechtsverletzungen ausgesetzt gewesen – so ihre Kritik. Nicht wenige der Eltern hatten ihre Töchter und Söhne angesichts dieser Situation sogar aus dem Wohnheim nach Hause geholt. Das war eine Herausforderung. Ohne dafür je Hilfen zu bekommen, mussten sie als Eltern von einem Tag auf den anderen viele Unterstützungen selbst leisten.

Bei der Vorsitzenden der Elterngruppe für Inklusion, Marianne Berger, hatten sich in den ersten Tagen nach dem Brand drei ihrer Mitglieder gemeldet. Sie alle kannten Eltern, deren Söhne und Töchter in der abgebrannten Werkstatt gearbeitet hatten und die in dieser brenzligen Situation verzweifelt nach Lösungen und anderen Wegen suchten. Das kam Marianne Berger zu pass: Die Elterngruppe war ohnehin auf dem Sprung, sich verstärkt um inklusive Arbeitsmöglichkeiten auf dem allgemeinen Arbeitsmarkt zu kümmern. Auch ihre Kinder würden bald die Schule verlassen und damit stand der nächste Schritt an: So, wie sie als Eltern nicht gewollt hatten, dass ihre Töchter oder Söhne auf spezielle Förderschulen sollten, so wollten sie jetzt auch nicht, dass diese in aussondernden Werkstätten für behinderte Menschen arbeiten mussten.

Gedacht, getan: Marianne Berger lud spontan für Dienstagabend zu einem Treffen für Eltern ein, die Alternativen zur Beschäftigung in der Werkstatt – entweder für jetzt oder für später – suchten. Und siehe da, fünfzehn Personen waren gekommen, darunter auch einige Unbekannte. Als sie das sah, erinnerte sich Marianne Berger auf einmal daran, wie es für sie selbst gewesen war, als sie die Neue in der Gruppe war. Das hatte sie viel gelehrt. Lange hatte sie sich bei solchen Treffen nicht wohlgefühlt, bis sie eine aktivere Rolle bekam. So konnte sie nach und nach einen festen Platz in der Gruppe einnehmen. Inzwischen war Marianne Berger eine erfahrene Moderatorin von Gruppentreffen.

„Bitte, erzählen Sie uns von Ihrer aktuellen Situation, jetzt nach dem Brand. Was wünschen Sie sich in Sachen Beschäftigung Ihrer Söhne und Töchter“, lud sie die Neuen ein, um ihnen eine Brücke zu bauen und den Einstieg zu erleichtern. Angespannt und emotional berichteten drei Mütter und zwei Väter eine Weile über ihre schwierige Situation nach dem Werkstattbrand und welche Probleme sie für ihre Söhne und Töchter als auch sich selber sahen.

„Ich kann so gut verstehen, was Sie gerade durchmachen und welche Schwierigkeiten und Unsicherheiten es gibt. Ich möchte

Sie aber trotz aller dieser Herausforderungen dazu einladen, dass wir nach Möglichkeiten für Ihre Söhne und Töchter suchen. Diese haben bestimmt einige Stärken, auf die wir bei der Arbeitsvermittlung setzen könnten", versuchte Marianne Berger das Gespräch in eine positivere Richtung zu lenken. „Wir müssen unbedingt Ansatzpunkte für eine andere Beschäftigung als in der Lindentalwerkstatt suchen und finden. Jetzt geht es nicht darum, dass Ihre und unsere Kinder mit Behinderungen plötzlich perfekt sind und alles selbständig können müssen. In der Werkstatt wird allen behinderten Beschäftigten ja auch geholfen. Wir sollten also ruhig mit einplanen, dass es an möglichen Arbeitsplätzen Unterstützung oder besser gesagt Assistenz für sie geben muss. Assistenz muss natürlich erkämpft und organisiert werden. Aber Rom ist auch nicht an einem Tag erbaut worden", betonte Marianne Berger, bewusst den Begriff der Assistenz verwendend. Die Prinzipien der Assistenz hatte sie von behinderten Menschen vermittelt bekommen. Diese hatten es geschafft, weitgehend selbstbestimmt mit Persönlicher Assistenz zu leben und zu arbeiten.

Trotz einer Reihe von Zweifeln und Zweifler*innen entwickelte sich an dem Abend Schritt für Schritt ein vertrauensvoller Austausch. Marianne Berger leitete nach einer kurzen Pause dazu über, was denn nun getan werden könnte, um Alternativen zur nicht mehr vorhandenen Werkstatt anzudenken. Von der Leiterin des ambulanten Dienstes, der ihren Sohn unterstützte, hatte sie zufällig erfahren, dass sich dort bereits am nächsten Tag eine mögliche Praktikantin vorstellen sollte, die bisher in der Werkstatt gearbeitet hatte. Das hatte sie selbst auf eine Idee gebracht: „Ich habe mich auch schon mal umgehört. In der Druckerei meines Mannes gibt es eventuell auch einen Praktikumsplatz", legte Marianne Berger nach. Sie wollte unbedingt das Nachdenken über weitere konkrete Möglichkeiten fördern.

Sofort meldete sich einer der anwesenden Väter: „Das wär' vielleicht was für meinen Sohn, Der kann gut anpacken und in so einer Druckerei gibt es bestimmt einiges, was verpackt und getragen werden muss."

Langsam, aber sicher setzte sich gegen Ende dieses dienstäglichen Treffens ein Rad in Bewegung, von dem niemand vorher gedacht hätte, dass es sich überhaupt drehen könnte. Nicht zuletzt angesichts der Notlage durch die abgebrannte Werkstatt sammelten sie konzentriert Ideen für Ansprechpartner*innen von Firmen, verteilten Verantwortungen und vereinbarten zeitnah ein nächstes Treffen fürs Wochenende. Dazu wollten sie weitere Eltern einladen.

Marianne Berger dachte schon weiter. Klar, bisher ging es allen erst einmal um Praktikumsplätze, aber die waren in aller Regel unbezahlt. Sie wusste, dass Praktika meist nur der erste Schritt waren, wenn Beschäftigungsmöglichkeiten für Menschen, die sonst in Werkstätten für behinderte Menschen arbeiteten, gesucht wurden. „Wir wissen doch schon soooo lange", bewusst betonte sie dieses „so" besonders, "dass sich behinderte und nichtbehinderte Menschen einfach kennenlernen müssen. Nur so bauen sich schrittweise Vorurteile ab. Und das ist doch ein zentraler Schlüssel, damit behinderte Menschen später Anstellungen finden."

Da gab es allerdings noch ein Problem. „Wenn wir für meine Tochter jetzt aber tatsächlich einen Praktikumsplatz finden", warf eine anwesende Mutter, deren Tochter bisher in der Werkstatt gearbeitet hatte, nachdenklich ein, „dann bekommt sie ja erst einmal keine Unterstützung mehr. Ohne die Hilfen ist sie weitgehend auf sich selbst gestellt. Eine neue Situation und sich im Praktikum beweisen zu müssen, das sind ganz schön enorme Anforderungen! Schafft sie das?" Bisher übernahm die Werkstatt für die behinderten Beschäftigten eine Reihe von Unterstützungsleistungen. Die Finanzierung dafür kam vom Kostenträger. Ja, vielleicht jetzt erst einmal ein Randthema, aber die anwesenden Eltern waren sich einig, hier mussten Lösungen gefunden werden, wenn ihr Plan aufgehen und die Praktika erfolgreich sein sollten.

„Ich kann mal nachfragen, ob und was da geht." Ein Mitglied der Elterngruppe hatte gute Beziehungen zu dem Kostenträger der Eingliederungshilfe. „Vielleicht lässt sich das auch über die Werkstatt regeln. Die haben doch schon einige Außenarbeitsplätze, an denen sie einzelne behinderte Menschen unterstützen. Die müssen da doch auch etwas wissen."

Dienstagnacht, nach dem Treffen, zeigte sich Marianne Berger zufrieden mit sich und ihrer Gruppe. Wenn nur drei Praktikumsplätze entstünden, wo vorher nur die Arbeit in der Werkstätte möglich schien, dann wäre das für sie schon ein riesiger Erfolg und ein guter Anfang. „Vielleicht bieten unsere Aktivitäten in der Elterngruppe Chancen für die nächste Generation behinderter Menschen, die derzeit noch die Schule besuchen und für die wir sowieso unbedingt inklusive Lösungen finden wollen?", sinnierte sie auf ihrer Heimfahrt nach dem Treffen vor sich hin.

Neue Einblicke

Das, wenn auch kurze, Telefongespräch mit Helen Weber hatte mich nicht losgelassen. Ich war auf eine engagierte Frau und nicht auf eine für mich bisher anonyme, behinderte Person getroffen, die in der Werkstatt beschäftigt war. Sie hatte eine interessante Ausstrahlung. Das spürte ich bereits am Telefon. Mit ihrer kritischen aber letztendlich auch ermutigenden Art hatte mich Helen Weber zum Nachdenken gebracht. Ich musste mein Treffen mit ihr am Mittwochnachmittag unbedingt gründlich vorbereiten, um nicht von einem Fettnapf in den nächsten zu tappen. Weitere peinliche Belehrungen von ihr wollte ich mir ersparen. Solche Fettnäpfe sollten mich in meiner noch bescheidenen journalistischen Karriere letztendlich weiterbringen – aber das ahnte ich noch nicht. Der Kontakt mit Helen Weber bot mir anscheinend ein gutes und vielleicht sogar ganz nettes Lernfeld. Zuerst musste ich also die Scharte auswetzen und mit jemandem vom Werkstattrat sprechen. Was der genau machte und welche Stellung dieser hatte, davon hatte ich keine Ahnung, aber als Journalistin durfte ich viele Fragen stellen.

Ich erreichte den Vorsitzenden des Fördervereins der Werkstatt, Clemens Zeil, telefonisch. Er berichtete mir nicht nur einiges über die bereits begonnene Spendenaktion, sondern gab mir auch die Telefonnummer des Vorsitzenden des Werkstattrates, Horst Zinke. Ihn erreichte ich auf Anhieb. Er war gerne bereit, mir ein paar Fragen zu beantworten. Die Polizei hatte kurz vor mir mit ihm gesprochen, wie er freimütig mitteilte.

„Haben Sie eine Ahnung, wer so einen Brand gelegt haben könnte?“

„Nee, kann mir nicht vorstellen, wer so was tut. Von uns behinderten Beschäftigten und unseren Betreuern war das bestimmt keiner. Wer macht schon den eigenen Arbeitsplatz kaputt?“

„Sind alle mit ihrer Arbeit zufrieden?“, erkundigte ich mich, und fragte wahrscheinlich genau das, was die Polizei auch hatte wissen wollen.

„Die meisten von uns sind froh, in der Werkstatt arbeiten zu dürfen. Es gibt ein paar Unzufriedene, aber auch die sind bisher fast alle geblieben. Draußen ist der Druck viel größer. Und welcher Unternehmer stellt schon behinderte Menschen ein? Das wissen die Unzufriedenen auch, drum bleiben sie ja bei uns in der Lindentalwerkstatt.“

„Was macht ein Werkstattrat?" Horst Zinke klärte mich über eine Werkstätten-Mitwirkungsverordnung, die einiges regele, auf. In seiner Werkstatt bestünde der Werkstattrat aus sieben Mitgliedern. Dieser wurden von den behinderten Werkstattbeschäftigten gewählt. Als Vorsitzender war Horst Zinke von seiner sonstigen Arbeit in der Werkstatt freigestellt. Er konnte sich ausschließlich um die Belange der behinderten Beschäftigten kümmern.

„Also wie ein Betriebsrat?", warf ich ein.

„Nicht ganz. Wir haben keine vollen Arbeitnehmerrechte. Wir haben nur Beschäftigungsverhältnisse. Das zeigt sich leider auch bei der Entlohnung."

„Was meinen Sie damit? Wie hoch ist die Entlohnung im Durchschnitt, wenn ich das so offen fragen darf?" Jetzt wollte ich es doch genau wissen.

„Aber klar dürfen Sie das wissen. Unsere Entlohnung richtet sich auch nach der Leistungsfähigkeit unserer einzelnen behinderten Beschäftigten. Dafür werden wir jährlich in einem Verfahren bewertet. Wir bekommen in unserer Werkstatt zwischen 150 und 300 Euro im Monat für unsere Arbeit."

„Das ist aber nicht viel! Wie viele Stunden arbeiten Sie denn dafür in der Woche?"

„Die meisten arbeiten Vollzeit. Einige sind auch ein paar Stunden weniger da."

„Sorgt das nicht für Unmut unter den Beschäftigten, wenn sie bei so einer Arbeitszeit so wenig verdienen?", hakte ich nach.

„Hmm. Ja, ein paar sind schon unzufrieden. Einige fordern einen Mindestlohn oder so was wie 'nen Basislohn. Aber die Erträge der Werkstatt geben einfach nicht mehr her."

„Und wie ist das bei den Betreuungskräften? Arbeiten die auch für so wenig Geld?", musste ich nun doch nachfragen.

„Ne, die bekommen richtige Löhne. Die werden doch vom Kostenträger finanziert."

Unser Gespräch konzentrierte sich danach wieder auf die Aufgaben des Werkstattrats. Ich erfuhr, dass sie sich bei vielen Angelegenheiten einmischten und für die Belange der behinderten Beschäftigten stark machten. Ob bei der Urlaubsplanung, beim Anbau der Werkstatt, bei der Organisation von Festen, Problemen mit einzelnen Betreuerinnen und Betreuern, es gäbe immer viel zu tun. „Und natürlich das Mittagessen und die Pausen. Das sind Dauerbrenner in den Werkstätten", berichtete Horst Zinke. Stolz erzählte er, dass sie als Werkstattrat ein eigenes Büro mit einer entsprechenden Ausstattung hätten und so viel mit dem Computer machen konnten. Das Beste: Sie hätten eine stundenweise Assistenz, die ihre Interessenvertretung unterstütze.

Horst Zinke führte in dem sich immer länger hinziehenden Gespräch noch aus, wie wichtig der gute Ruf der Werkstatt sei, immerhin seien sie auf Aufträge von Unternehmen angewiesen. Je wenige Aufträge, umso geringer – „noch geringer!?", dachte ich für mich – würden die Zahlungen an die behinderten Beschäftigten ausfallen. „In der Corona-Zeit war das richtig schwer. Eine Weile mussten wir ganz schließen. Eine kurze Zeit lang konnte die Werkstatt uns noch weniger als sonst ausbezahlen. Aber damit waren wir nicht allein!", betonte er. „Wir wollen als Werkstattrat Dinge einfach regeln. Wir wollen keinen großen öffentlichen Wirbel machen. Jetzt auch nicht. Ich hoffe, die Werkstatt wird schnell wieder aufgebaut. Alle wollen schnell wieder arbeiten."

Nach diesem Telefongespräch brauchte ich erst einmal einen starken Kaffee. In den letzten Monaten hatte ich vereinzelt mit Betriebsrät*innen verschiedener Firmen und mit

Gewerkschafter*innen zu tun gehabt. Das Gespräch mit dem Werkstattratsvorsitzenden hatte im Gegensatz dazu wenig Kämpferisches. Von Horst Zinke gab es kaum Kritik an den Beschäftigungs- und vor allem Entlohnungsbedingungen, dafür aber viel Entschuldigendes für die Werkstatt, also seinen Arbeitgeber.

Die 150 bis 300 Euro im Monat lagen mir schwer im Magen. Grob berechnet waren das für jeden behinderten Beschäftigten durchschnittlich vielleicht so um die 220 Euro pro Monat. Der Hammer! Horst Zinke hatte diese geringe Entlohnung weitgehend emotionslos genannt. Scheinbar nahm selbst er als Werkstattratsvorsitzender dies so hin. Gleichzeitig hatte er aber auch immer wieder durchscheinen lassen, dass die Arbeit in der Lindentalwerkstatt zuweilen kein Zuckerschlecken sei: Aufträge müssten pünktlich erledigt werden, und die Qualität müsse natürlich stimmen. Von einem Mindestlohn schien hier also keine Spur.

Warum dieser dort nicht galt, auch das musste ich unbedingt ergründen. „Jetzt fange ich schon selbst damit an, mit meinem Namen zu spielen“, entfuhr es mir. Selbst wenn jemand am oberen Ende der Entlohnungsskala 300 Euro im Monat bekam, waren das bei einer Vollzeitbeschäftigung nicht einmal zwei Euro pro Stunde. Bei 150 Euro war das sogar weniger als ein Euro pro Stunde. Unfassbar!

Langsam begann ich zu verstehen, warum Helen Weber ihren Unmut nicht einfach so am Telefon erzählen wollte. Wenn der Werkstattratsvorsitzende schon so zögerlich in seinen Äußerungen war, wie schwer musste dies erst für einfache Beschäftigte sein? Vielleicht war es hier ähnlich, wie bei meiner Oma. Mit ihr fühlte ich mich sehr verbunden. Seit einem Jahr lebte sie in einem Seniorenheim. Auf der einen Seite erzählte sie mir, welche Ungerechtigkeiten sie im Heim tagtäglich beobachtete und wie herablassend sie selbst zum Teil behandelt wurde. Auf der anderen Seite beendete sie ihre Klagen immer mit dem Satz „Sag bloß nichts!" So ein Satz, gerade von ihr, tat mir immer besonders weh. Immerhin hatte man meine Oma schon selbst extra lang im Bett warten lassen, als sie dringend auf die Toilette musste. Klar war ‚es' dann auch schon mal in die Hose gegangen. Was für eine Demütigung ersten Ranges für meine stolze Oma, eine gestandene Frau. Trotzdem hielt ich mich an ihre Vorgabe, nichts zu sagen, und machte gegenüber der Heimleitung und den Mitarbeiter*innen des sogenannten Seniorenheims gute Miene zum bösen Spiel.

„Vielleicht ist die strukturelle Macht in der Werkstatt gar nicht so viel anders als die im Seniorenheim meiner Oma?", murmelte ich vor mich hin. Ich musste mich unbedingt mit dieser Behindertenrechtskonvention vertraut machen, bevor ich Helen Weber traf. Immer mehr begann ich zu verstehen, warum im Zusammenhang mit Behinderteneinrichtungen immer wieder von Menschenrechten gesprochen wurde.

Wie aufschlussreich der Austausch mit Helen Weber werden sollte und meinen weiteren beruflichen und sogar meinen persönlichen Lebensweg entscheidend prägen würde, auch das ahnte ich zu diesem Zeitpunkt noch nicht.

Anfangs tasteten wir uns bei unserem Treffen im Café Charlie vorsichtig aneinander heran. Wir liebten den gleichen Kuchen, zu dem ich sie einlud. Obwohl, meine Vergütung als Volontärin war auch nicht gerade üppig. Es gab auch sonst ein paar Gemeinsamkeiten, die sich im Laufe unseres Vorgeplänkels herausstellten: Wir schwärmten beide für Justin Bieber und schauten gerne die Serie Mord mit Aussicht – aber nur die alten Folgen.

Als der Nachbartisch frei wurde und der Kaffee und Kuchen serviert waren, hatten wir schließlich etwas mehr Privatsphäre. Ich ergriff die Initiative und erzählte ihr, dass ich mit Horst Zinke, dem Werkstattratsvorsitzenden, gesprochen hatte. Ich bekannte, dass ich offengesagt entsetzt war, unter welchen Bedingungen in der Werkstatt gearbeitet werden musste. Diesen Hinweis hatte ich mir als Türöffner für das Gespräch mit Helen Weber überlegt. Nach kurzem Schweigen, in dem sie mich abzuschätzen schien, fragte sie mich, ob ich unser Gespräch wirklich vertraulich behandeln könne. Natürlich wollte ich darüber berichten, ich sicherte ihr aber zu, dass ich all ihre Informationen vertraulich behandeln würde. „Ich gebe Ihre Identität auf keinen Fall preis“, lautete mein Versprechen.

„Die geringe Bezahlung, klar stört die mich und einige andere wirklich an der Arbeit in der Werkstatt. Viel schlimmer finde ich, dass wir so gut wie keine Chance haben, aus der Werkstatt rauszukommen. Ein Bekannter vergleicht das immer mit einer abschüssigen Straße bei Glatteis: Man kommt leicht rein, aber so gut wie nicht wieder raus. Ich bin seit über zehn Jahren in der Lindentalwerkstatt. Ich habe noch nie auch nur einen Hauch von einer Chance auf ein Praktikum oder einen Arbeitsplatz draußen bekommen. Aber das ist doch ein zentraler Auftrag der Werkstätten. Die sollen uns für den allgemeinen Arbeitsmarkt fit machen und uns vermitteln.“

„Zehn Jahre und kein Angebot auf ein Praktikum?“. Ich wollte sicher gehen, ob ich das wirklich richtig verstanden hatte.

„Man fragt immer wieder, ob es nicht Möglichkeiten für eine echte Arbeit gibt, aber es tut sich einfach nichts. Ich habe irgendwann aufgehört zu fragen. Und dann erzählt man mir noch ‚Bleib lieber hier bei uns in der Werkstatt. Draußen ist das viel zu schwer für dich, und am Ende bist du froh, wenn du wieder zurückdarfst,‘ das hat was mit mir gemacht. Das ist echt bitter.

Manchmal – aber nur manchmal – frag' ich noch, ob es nicht wenigstens einen Praktikumsplatz für mich gibt."

Helen Weber hielt inne. Sie überlegte wohl, ob sie schon zu viel gesagt hatte, fuhr nach einem ermunternden Nicken von mir aber fort. „Früher hab'n die das beschützende Werkstatt genannt – ein Witz! Wer wird da beschützt? Wir behinderten Beschäftigten, oder diejenigen, die uns betreuen und mit uns ihr Geld verdienen? Oder die da draußen? Wir werden so oft von oben runter behandelt. Da war auch schon richtig Gewalt von Betreuern oder von Werkstattbeschäftigten untereinander. Dagegen kann man sich so schwer wehren. Ganz ehrlich, selbst dann geht man weiterhin in die Werkstatt. Man will ja nicht nur zu Hause rumsitzen. Eine ehemalige Mitarbeiterin, eine tolle Betreuerin, hat mal versucht, dagegen anzugehen. Sie hat das mit der Gewalt offen bei der Leitung angesprochen. Sie war dann aber die, die nach einigen Monaten gegangen ist. Und die, die uns beschimpfen und schikanieren, sind noch immer fast alle da. Manchmal ist man dann richtig froh, wenn man bei so was in eine andere Abteilung versetzt wird, selbst wenn man vielleicht noch weniger verdient. Zum Glück gehen jetzt einige schwierige Betreuer in Rente."

Helen Weber holte nur kurz Luft, um gleich fortzufahren: „Der Werkstattrat, in dem hab' ich mal eine Weile mitgemacht. Der ist bei solchen Problemen ziemlich machtlos. Wir waren echt überfordert. Öffentlich machen will man das nicht, wenn es Ungerechtigkeiten oder sogar Gewalt gibt. Man will schließlich nicht, dass die Werkstatt einen schlechten Ruf bekommt. Und ehrlich gesagt, richtig ernst genommen werden wir meist eh nicht von den Leitenden."

Das war einiges, was da aus Helen Weber heraussprudelte. Mir wurde immer klarer, dass ihre Schilderung der Situation ein enormer Vertrauensbeweis ihrerseits mir gegenüber war. Ich musste gut reagieren, denn das würde entscheiden, ob sie sich zu weiteren Treffen hinreißen ließ und weiteren Berichten zustimmen würde oder nicht. „Vielen Dank für ihr Vertrauen und ihre große Offenheit!“ Direkt anschließend berichtete ich ihr mit ironischem Unterton, dass von solchen Zuständen in meinen bisherigen Gesprächen mit der Geschäftsführerin und dem Vereinsvorsitzenden des Fördervereins keinerlei Rede gewesen war.

„Kann ich mir gut vorstellen. Unsere Geschäftsführerin ist eine Meisterin, sich zu verstellen. Sie sollten die mal erleben, wenn Politiker und Politikerinnen zu uns in die Werkstatt kommen. Das ist wie im Zoo. So fühle ich mich immer. Denen wird eine heile Welt vorgegaukelt und wir spielen alle mit. Keiner von uns will noch weniger verdienen als jetzt schon. Und wenn man doch was Falsches sagt oder wir nicht freundlich gelächelt haben, dann – dann wird man hinterher so richtig zusammengestaucht. Echt nicht schön. Ich sag‘ meist nur, dass es mir in der Werkstatt gut gefällt. Viele von uns haben leider kein großes Selbstbewusstsein. Wir werden zum Teil richtig klein gemacht.“

„Kann ich mir gut vorstellen“, warf ich ein, wollte aber den Gesprächsfluss von Helen Weber nicht weiter unterbrechen.

„Unter uns behinderten Beschäftigten gibt es immer wieder Stress. Wir sind dort nicht alle gut Freund miteinander. Eher andersrum. Wenn einer mehr verdient oder mehr geachtet wird, kommt leicht Neid auf.“

Ich dachte sofort an das Prinzip ‚Herrsche und Teile‘, das scheinbar auch unter den behinderten Beschäftigten der Werkstatt bestens zu funktionieren schien. Währenddessen erzählte Helen Weber immer emotionaler weiter.

„Unter uns behinderten Beschäftigten knallt es dauernd. Dauernd gibt es Gewalt und Beschimpfungen. Wir Frauen haben es besonders schwer. Gut, dass es endlich Frauenbeauftragte für behinderte Frauen in den Werkstätten gibt, ehrlich. Leider wird unsere Frauenbeauftragte klein gehalten."

Was für eine ernüchternde Bilanz von Helen Weber. Und da war sie also, die anscheinend identische Erfahrung, die ich mit meiner Oma im Seniorenheim gemacht hatte: Wer etwas sagte, wurde noch schlechter behandelt.

„Gibt es denn unter Ihren Betreuer*innen ein paar Ansprechpartner*innen, die Ihnen helfen?"

„Na ja, zum Teil. Mit einigen Betreuerinnen kann ich ganz gut reden. Um andere wird gebuhlt. Denen redet man dann nach ihrem Mund. Die Guten, die können aber nicht viel bewirken. Das ist wie beim Sozialdienst. Manchmal wird das Essen etwas besser. Oder jemand erreicht, dass unsere Urlaubszeiten passender sind. Klar, einzelne Probleme werden auch mal gelöst. Aber am System ändert sich nichts", sprudelte die Resignation aus Helen Weber heraus. „Und das Schlimme ist", fuhr sie fort, „wir sind so abhängig von den einzelnen Menschen. Wir brauchen immer wieder entsprechende Hilfen oder Unterstützung. Dann sind da mal eine gute Praktikantin oder ein engagierter neuer Mitarbeiter mit neuen Ideen. Da schöpfe ich immer wieder Mut. Aber meistens gehen die dann in andere Abteilungen oder verlassen die Werkstatt wieder. Bei uns ändert sich so wenig. Wie in der katholischen Kirche. Das hat bei mir letztens das Fass zum Überlaufen gebracht: Wir wollten einen Aufruf für einen Mindestlohn in Werkstätten am Schwarzen Brett aufhängen. Das hat man uns doch glatt verboten. Und dann hat noch nicht einmal der Werkstattrat protestiert."

Ich bemerkte, dass Helen Weber sich bremsen musste und erst einmal genug erzählt hatte. Abrupt wechselte sie das Thema. Sie fragte mich, wie es mir als Journalistin erginge. Es entwickelte sich ein erstaunlich offener Austausch zwischen uns und ich gab sogar einiges von mir preis. Das war sonst nicht so meine Art, vor allem dann nicht, wenn ich die Recherchierende war. Da Helen Weber so vertrauensvoll mit mir gesprochen hatte, erzählte auch ich ihr vertrauensvoll, wie ich in das Volontariat hineingestolpert war und dass diese Geschichte mit dem Werkstattbrand und allem Drumherum um das Werkstattsystem die erste sei, die mich so richtig fesselte.

„Und, wie behandelt man Sie als junge Journalistin in der Redaktion?" Helen Weber berührte damit einen Punkt, über den ich bisher nur mit einer Freundin gesprochen hatte. Auch ich fühlte mich minderwertig, und mein Selbstbewusstsein war während der letzten Monate Stück für Stück gen Null gesunken. Da schien ich einiges mit Helen Weber gemeinsam zu haben, auch wenn mir klar war, dass ich das nicht wirklich mit ihrer Situation in der Werkstatt vergleichen konnte.

Dass ich mich so fühlte, hatte sicherlich damit zu tun, dass ich in Sachen Journalismus noch ein Greenhorn war und aufgrund meines abgebrochenen Studiums war mein Selbstwertgefühl ohnehin angeschlagen. Aber tatsächlich trugen meine männlichen Kollegen viel dazu bei, dass ich das kleine Mäuschen blieb. Sie schnappten sich in den Sitzungen die interessanten Themen. Sie taten kaum etwas dafür, dass ich mich beweisen und ausprobieren konnte. Der Konkurrenzkampf im Journalismus war zuweilen echt brutal, da ging es in unserer Lokalredaktion wahrscheinlich noch human zu. Dass der Chefredakteur mir das Thema des Brands in der Werkstatt für behinderte Menschen übertragen und bisher nicht zu viele blöde Witze dazu gemacht hatte, das war fast ein Novum in meinem bisherigen Volontariat.

„Ich finde gut, dass Sie das Thema bearbeiten. Aber es ist schon noch neu für Sie, oder?", warf Helen Weber ein. „Ich kann Ihnen vielleicht bei der einen oder anderen Frage behilflich sein", bot sie mir an. „Sie haben doch schon mit Katja Franke über unsere Enthinderungsgruppe gesprochen. Dort befassen wir uns intensiv mit Behindertenpolitik. Wir haben einen anderen Blick darauf. Wundern Sie sich also nicht, wenn ich da besonders kritisch bin. Das nervt mich zum Beispiel unendlich: wir werden einfach geduzt. Im Fernsehen laufen immer wieder Berichte, da wird die Heimleitung oder die Werkstattleitungen mit vollem Namen genannt und sie werden gesiezt. Und wenn wir behinderten Menschen überhaupt zu Wort kommen, dann wird oft nur unser Vorname genannt – und wir werden wie selbstverständlich geduzt. Man nimmt uns einfach nicht ernst. Dauernd werden wir auf eine Stufe mit Kindern gestellt. Von den anderen Diskriminierungen ganz zu schweigen!", echofierte sich Helen Weber abschließend.

Danach driftete unser gut eineinhalb Stunden langes Gespräch zu anderen Themen ab. Besonders Helen Webers Satz zum Abschied hallte noch lange in mir nach: „Sie sollten einen Roman über das Thema schreiben, wenn Sie noch mehr über die Situation in der Werkstatt rausbekommen."

Erfolge

Die nächsten Tage waren von Betriebsamkeit auf verschiedenen Seiten geprägt. Im Sinne der Enthinderungsgruppe gab es dabei eine Reihe echte, aber auch einige zweifelhafte Erfolge, die für sie keine wirklichen Erfolge waren. Beginnen wir im Sinne der Gruppe mit den echten Erfolgen:

Helen Weber

Donnerstagvormittag hatte Helen Weber die Nachricht vom ambulanten Dienst erhalten, dass es mit ihrem Praktikumsplatz klappte. Am folgenden Montagmorgen neun Uhr konnte sie dort anfangen. Wäre es mit ihrem Rollstuhl möglich gewesen, hätte sie einen Luftsprung gemacht. Sie hatten sich im Vorstellungsgespräch erst einmal auf fünf Stunden pro Tag geeinigt, so dass ihre Arbeitszeit täglich auf neun bis fünfzehn Uhr festgelegt wurde. Der Rest waren Pausen. Einziger Wermutstropfen: ihr Praktikum war zunächst unentgeltlich. Anfangs wollte man schauen, wo und wie Helen Weber eingesetzt werden könnte. Vor allem wollte man ihr aber schnell eine Alternative bieten, da die Werkstatt ja abgebrannt war. Auch beim ambulanten Dienst hatte die Brandstiftung für Betroffenheit gesorgt.

Claudia Liese

Auch die ehrenamtliche Enthinderungs-Paragrafenreiterin, wie Katja Franke die Juristin zuweilen liebevoll nannte, war in gewisser Weise erfolgreich. Sie hatte ein vertrauliches Gespräch mit einem Verwaltungsmitarbeiter des Kostenträgers der Eingliederungshilfe geführt. Am Beispiel des Praktikums von Helen Weber hatte der Mitarbeiter Claudia Liese wichtige Informationen gegeben: Im Falle eines Unterstützungsbedarfs im Rahmen eines Praktikums könne die Unterstützung entweder durch die Werkstatt für behinderte Menschen gewährleistet werden. Bei einer längerfristigen Planung ginge aber auch eine Förderung in Form eines persönlichen Budgets. Die Lösung über die Werkstatt wäre ihnen – im Vertrauen –aber lieber. Mit der Lindentalwerkstatt bestünde bereits ein Abrechnungsweg, der verwaltungstechnisch viel einfacher sei. Beim persönlichen Budget müsse für jeden Einzelfall überprüft werden, was benötigt würde, also zum Beispiel was von einer möglichen Praktikantin wie Helen Weber gewünscht sei. Er könne sich wegen der Notsituation nach dem Werkstattbrand vorstellen, dass eventuell kurzfristig Teilhabeplanungen durchgeführt werden könnten. Normalerweise müsse man wegen ihrer begrenzten Personalkapazitäten sonst viel länger auf solche Termine warten.

„Da könnte sich also vielleicht eine Tür für eine adäquate Unterstützung für Helen Weber auftun“, merkte Claudia Liese an. „Bei einigen Aktivitäten braucht Helen Weber als Rollstuhlnutzerin ja Handreichungen, und eine gute Anleitung für die Erledigung der anfallenden Jobs wäre für sie sicher auch wichtig. Sie muss bestimmt noch einiges lernen, sie hat nur einen Förderschulabschluss.“

Gedanklich hegte Claudia Liese bereits die Hoffnung, dass solch eine Lösung eventuell auch für andere behinderte Menschen angestrebt werden könnte. Aber da wollte sie den Ball beim Kostenträger im Moment flach halten. Wichtig war jetzt, erst einmal „diesen konkreten Fall“ durchzubekommen, wie sie zum Missfallen der anderen Mitglieder der Enthinderungsgruppe zu sagen pflegte. „Wir sind Menschen und keine Fälle“, bellte es dann meist im Chor. „Und gefallen sind wir heute auch noch nicht“, ergänzte Katja Franke in ‚solchen Fällen‘ gern mit einem Schmunzeln.

Die Eltern für Inklusion

Auch bei den Eltern, die sich für Inklusion einsetzten, gab es Freudiges zu berichten. Zwar musste Marianne Berger zunächst einen Rückschlag einstecken: In der Druckerei, in der ihr Mann arbeitete, gab es auf die Schnelle keinen Praktikumsplatz. Das hatte also leider nicht funktioniert. Aber das hatte sie erst recht angespornt, und so hatte sie in einem großen Lebensmittel- und Getränkemarkt in ihrer Nachbarschaft nachgefragt. Dort wurde tatsächlich jemand gebraucht, der mit anpacken konnte.

In ihrem ersten Gespräch hatte sie deutlich gemacht, dass die Person eventuell etwas mehr Anleitung und Unterstützung brauchen könnte. Das schien aber kein Hinderungsgrund für einen Praktikumsplatz zu sein. In dem Lebensmittelmarkt gab es einiges zu schleppen, und in der Getränkeabteilung war die

Personaldecke momentan dünn. Man wollte es einfach einmal versuchen: ein Vorstellungstermin war schon mit dem Sohn jenes Vaters vereinbart worden, der sich beim Treffen der Eltern für Inklusion spontan für ein mögliches Praktikum seines Sohnes in der Druckerei gemeldet hatte. Und tatsächlich: auch der Sohn hatte großes Interesse, sich in dem Markt zu versuchen.

Für Marianne Berger war besonders spannend, wie der Geschäftsführer des Lebensmittelmarktes seine derzeitige Personalsituation beschrieben hatte: „Wie andere Branchen auch, leiden richtig viele Märkte wie unserer derzeit unter erheblichem Personalmangel. Uns fehlen hinten und vorne Leute."

„Vielleicht sind auch andere Märkte bereit, bei dieser Situation und nach dem Brand in der Werkstatt, es mit behinderten Menschen zu versuchen." Marianne Berger hoffte auf einen Schneeballeffekt.

Christa Ehmke

Auch die Geschäftsführerin der Werkstatt für behinderte Menschen konnte trotz der misslichen Lage mit der abgebrannten Werkstatt Erfolge verzeichnen. Den schnellen Coup mit ihrer aufgetanen Nutzung des Lagers eines befreundeten Unternehmens hatte sie bereits im Fernsehen und gegenüber der Zeitung gut verkauft. Mittlerweile hatte es auch erste Kontakte zur Gebäudebrandversicherung gegeben und der Gutachter war bereits vor Ort gewesen. Es gab zwar noch keine verlässliche Rückmeldung, aber der Fall schien dadurch recht klar, da die Brandstiftung mittlerweile auch von der Polizei bestätigt worden war. Die Lindentalwerkstatt würde also mit recht viel Geld rechnen können. Vor vielen Jahren war eine gute Gebäudebrandschutzversicherung abgeschlossen worden. Einige aus der Leitungsriege träumten sogar schon von einer modernen neuen Werkstatt. Diese Hoffnungen öffentlich werden zu lassen, damit waren sie noch sehr vorsichtig, vor allem wegen der zuletzt enorm gestiegenen Baukosten im Zusammenhang mit der Corona-Pandemie und dem Krieg in der Ukraine. Christa Ehmke selbst gefiel dieser Traum aber sehr gut.

Wichtig waren ihre ersten Gespräche als Werkstattleitung mit dem Kostenträger der Eingliederungshilfe. Für den Kostenträger mussten sie nun ein detailliertes Konzept vorlegen, wie sie die Betreuung der behinderten Beschäftigten weiterhin gewährleisten wollten. Die Erfahrungen während der Corona-Pandemie waren aus ihrer Sicht ganz andere gewesen. Damals hatte es ein Betriebsverbot für die Werkstatt gegeben. Jetzt war Christa Ehmke sehr zuversichtlich, dass ein guter Weg beschritten werden könnte. Jetzt waren sie in einer anderen Ausgangsposition.

Es half enorm, dass sie den Deal mit der Lagerhalle bereits geschafft hatte. Kostenträger liebten Steine und Beton. Daran konnten sich alle festhalten. So war das zumindest in der Vergangenheit gewesen. Damit war für Christa Ehmke die Weiterbezahlung der Betreuungskräfte und des Leitungsstabs erst einmal so gut wie in trockenen Tüchern. Zudem und zum Glück hatte die Werkstatt gute Rücklagen erwirtschaftet und diese gut angelegt. Man konnte also beruhigt für einige Kosten in Vorlage gehen.

Clemens Zeil

Auch Clemens Zeil war nicht untätig geblieben und hatte wieder einmal gemerkt, wie vernetzt die Lindentalwerkstatt und der Trägerverein immer noch in der Stadt waren. Nachdem er den Spendenaufruf gestartet hatte und sogar das Fernsehen und die Zeitung darüber und über die Notlage der Werkstatt berichtet hatten, waren die Türen für ihn sozusagen weit offen. Die Sparkasse und andere Banken, bei denen sie wohlweislich auch Konten unterhielten, hatten auf die Schnelle einige tausend Euro gespendet oder zumindest zugesagt. Der Oberbürgermeister unterstützte seinen Spendenaufruf und der örtliche Fußballverein wollte ein Benefizspiel für den Wiederaufbau der Werkstatt durchführen. Diese und viele andere Aktionen waren also schon auf den Weg gebracht. Clemens Zeil war damit wieder voll in seiner altbewährten Spur. Und dabei war ihm nicht nur das Geld wichtig, sondern auch das stetige Aufpolieren des Images der Werkstatt.

„Das ist ja wie damals zu den Anfangszeiten, als ihr für den Aufbau der Behindertenwerkstatt gekämpft habt“, hatte seine Frau resümiert.

„Stimmt. Nur heute gehen die Türen wesentlich leichter auf. In den Anfangsjahren hatten wir ja so gut wie nichts vorzuweisen. Jetzt haben wir mit der Behindertenwerkstatt einen festen Stand in der Stadt. Und in der Gesellschaft.“

Das Drama der Brandkatastrophe, wie Clemens Zeil es bezeichnete, hatte viel Betroffenheit ausgelöst und die Geldbeutel öffneten sich viel leichter als früher. Selbst eine Reihe von Privatpersonen hatten bereits großzügig Spenden überwiesen. Mit 50.000 Euro konnte er schon jetzt rechnen. Vielleicht winkte ihnen am Ende sogar ein sechsstelliger Betrag?

Florian Kerner

Nur für Florian Kerner, den Hauptkommissar der Polizei, wollte sich noch kein Erfolg einstellen. Mittlerweile war bestätigt, dass der Brand an mindestens drei Stellen gelegt worden war, weshalb er eine Einzeltat ausschloss: Sobald es brannte, wollte ein einzelner Brandstifter den Tatort sicherlich so schnell wie möglich verlassen, und nicht noch an weiteren Ecken Feuer legen. Noch war das nur seine Theorie, aber er ging von mindestens zwei, wenn nicht sogar drei Tätern aus.

Seine Hoffnung, dass im Kreise ehemaliger Mitarbeiter*innen der Werkstatt ein Motiv auszumachen wäre, hatte sich nach der Befragung der gekündigten ehemaligen Mitarbeiterin der Werkstatt zerschlagen. Sie hatte ein handfestes Alibi: sie befand sich zur Zeit der Brandstiftung im Urlaub. Den Mitarbeiter, der selbst gekündigt hatte, hatte er inzwischen auch aufgesucht. Aber er war nach Florian Kerners Erfahrung nicht der Typ für eine Brandstiftung – und auch er hatte ein Alibi für die Tatzeit.

Ein Punkt während seines Gesprächs mit dem Mann hatte jedoch Florian Kerners Interesse geweckt. Der ehemalige Mitarbeiter berichtete ihm von einigen Missständen in der Lindentalwerkstatt. Diese hätten ihm seine Motivation für die Arbeit geraubt und seien entscheidend für seine Kündigung gewesen. Den Ton und die Art und Weise, wie mit behinderten Beschäftigten in der Werkstatt zum Teil umgegangen worden sei, habe er nicht mehr ausgehalten. Er habe zudem einen anderen Anspruch in Sachen Integration auf den allgemeinen Arbeitsmarkt. Deshalb, und nach einigen gescheiterten Versuchen, etwas zu ändern, habe er damals in der Werkstatt seine Kündigung eingereicht.

Das klang in Florian Kerners Telefonat mit dem Vorsitzenden des Werkstattrates ganz anders. Als ihn der Polizist direkt auf eventuelle Missstände in der Werkstatt ansprach, spielte Horst Zinke seine Frage eher herunter. Ohne dass Florian Kerner ihn direkt gefragt hatte, begründete und rechtfertigte er von sich aus gleich noch die geringe Bezahlung der behinderten Beschäftigten.

„Sehen Sie denn im Kreise Ihrer behinderten Beschäftigten jemand, der einen solchen Brand gelegt haben könnte?"

„Nein! Ich kenne meine Leute. Warum sollen die denn ihren eigenen Arbeitsplatz anzünden?"

So stand Polizeikommissar Florian Kerner weitgehend mit leeren Händen da. Ein über die Zeitung verbreiteter Aufruf für sachdienliche Hinweise zum Brand hatte auch nichts bewirkt. Zum Glück gab es noch eine Reihe anderer Fälle, in denen er näher an einer Lösung war. Sonst wäre der Frust dieser Tage nicht zuletzt wegen der immer noch angespannten Lage in seinem nicht mehr so trauten Heim unermesslich gewesen.

Zu allem Ungemach hatte sein Kollege ihn noch auf die in der Zeitung geäußerte Kritik einer Enthinderungsgruppe hingewiesen. „Meiner lieben Tochter, angehende Sozialpädagogin durch und durch, hat deren Kritik richtig gut gefallen. Fordere von der Zeitung doch mal die vollständige Presseerklärung an." Florian Kerner blieb wohl nichts anderes übrig, als sich etwas näher mit dieser Enthinderungsgruppe, was auch immer das genau war, beschäftigen zu müssen. Im Zeitungsartikel hatte gestanden, dass sich eine Katja Franke per Presseerklärung zu Wort gemeldet und Alternativen zur Werkstatt gefordert hatte. Sinn machte aber auch das nicht. Falls die Gruppe hinter dem Brand steckte, dann würden sie sich doch nicht so in der Presse äußern und damit unnötig Aufmerksamkeit auf sich ziehen.

Dieser Fall war ihm mittlerweile ein echtes Rätsel. Gut, dass es zwischenzeitlich keine weiteren Brandstiftungen gegeben hatte.

Die Enthinderungsgruppe

Nein, über die Entwicklung der Spendenaktion, über die beim aktuellen Treffen der Enthinderungsgruppe am Donnerstagabend berichtet wurde, waren deren Mitglieder nicht entzückt. Andererseits waren sie davon auch nicht sonderlich überrascht.

„Das war doch zu erwarten. Mit Mitleid lassen sich immer noch am besten Spenden sammeln", führte Katja Franke das Wort. Sie hatte sich schon bei früheren Spendensammlungen aufgeregt.

„Diejenigen, die die Abhängigkeit behinderter Menschen am meisten fördern und Aussonderung praktizieren, sammeln ständig noch mehr und größere Spenden ein. Dabei bekommen die in der Regel doch schon eine gute öffentliche Förderung. Und dann dominiert das Geschäft mit dem Mitleid statt Transparenz über die eingestrichene Kohle." Jetzt war sie im Thema drin und legte gleich kämpferisch nach: „Und wenn's um konkrete Projekte zur Förderung der Selbstbestimmung oder gar um die Stärkung der Selbstvertretung behinderter Menschen geht, dann fließt kaum Geld. Die Aktiven haben doch oft selbst nicht viel und kaum gute Kontakte zu Leuten, die nennenswerte Beträge spenden könnten. Das ist ein Teil der massiven Diskriminierungen, gegen die wir ankämpfen müssen!" Der Öffentlichkeit war aus ihrer Sicht schlichtweg nicht zu vermitteln, dass Aussonderung keinen Cent mehr wert sein durfte.

„Aber hey, lasst uns jetzt zu den angenehmeren Dingen dieser Woche kommen", fuhr Katja Franke fort und richtete die Aufmerksamkeit der Gruppe auf DEN Erfolg der Woche: „Helen hat einen Praktikumsplatz, Montag kann sie anfangen.", leitete Katja Franke ihre übliche Erfolgspräsentation ein. „Ein Hoch auf Peter, du hast ihr die Türen zum ambulanten Dienst und fürs Praktikum geöffnet. Und ein Hoch auf dich, Helen. Du musst dich richtig gut verkauft haben." Applaus brandete auf, der bei allem, über das es stets etwas zu meckern gab, den Anwesenden richtig guttat.

Ansonsten gab es bei diesem Treffen der Enthinderungsgruppe als einzigen Tagesordnungspunkt die aktuelle Situation nach dem Werkstattbrand. Nur deshalb hatten Helen Weber, Bernd Friedrich und Klaus Kriske beschlossen, zusammen zu dem Treffen zu kommen. Das entsprach zwar nicht ihrer ursprünglichen Absprache, erst einmal Abstand voneinander zu halten, aber das Thema brannte ihnen sozusagen auf den Nägeln.

Schnell entspann sich zwischen den Enthinderern eine rege Diskussion über die aktuellen Ereignisse. Helen Weber erzählte über ihr Treffen mit der jungen Journalistin der Lokalzeitung. „Irgendwie hat die was“, beschloss sie ihren Bericht. Katja Franke war verhaltener. Sie konnte Katrin Grund aufgrund ihres nur kurzen Gesprächs mit ihr nicht so richtig einschätzen, aber immerhin hatte die Journalistin einige Teile der Pressemeldung der Enthinderungsgruppe in ihrem Bericht mit aufgegriffen.

„Aber sie hat nichts übers Budget für Arbeit geschrieben. Und die blöde Spendensammlung kam in ihrem Artikel noch vor unserer Kritik!“ Claudia Liese war nicht glücklich mit Katrin Grunds Artikel.

„Ruf‘ die Journalistin doch selbst mal an und frag‘ sie, ob sie nicht einen kleinen Hintergrundbericht über die Möglichkeiten des Budgets für Arbeit veröffentlichen will“, regte Helen Weber an und gab der Juristin gleich deren Telefonnummer.

„Claudia, bitte mach‘s aber bloß nicht zu kompliziert und möglichst praktisch, sonst wird das nichts mit dem Bericht in unserem Käseblättchen“, mahnte Katja Franke.

Klaus Kriske und Bernd Friedrich hielten sich während des Treffens weitgehend zurück. Sie hatten noch immer großen Respekt davor, sich durch eine Aussage oder Handlung zu verraten. Niemand durfte wissen, dass sie an der Brandstiftung beteiligt gewesen waren. Bisher gab es zwar keine Vermutungen in diese Richtung, aber man konnte ja nie wissen. Erst als es um die nächsten Schritte ging, wurden die beiden Freunde wacher und bekundeten ihr großes Interesse an Praktikumsplätzen und Jobs außerhalb der Werkstatt. „Soll ich mich mal an der Uni umhören?“, bot Katja Franke an. „Schreibt mal auf, was für Arbeit ihr machen wollt. Welche Arbeit passt denn zu jedem von euch?“

Und dann war da noch Peter Stamm. Er hatte über seine Geschäftsführerin mitbekommen, dass eine Elterngruppe für Inklusion versuchte, Leute aus der abgebrannten Werkstatt auf dem allgemeinen Arbeitsmarkt unterzubringen. Zum Glück war er mit seiner Anfrage im ambulanten Dienst schneller gewesen. Es gefiel ihm sehr gut, dass Helen Weber dort einen Praktikumsplatz bekommen hatte. „Gut zu wissen, das mit der Elterngruppe. Ich nehme mal Kontakt zu ihnen auf. Vielleicht entwickelt sich noch eine sinnvolle Zusammenarbeit", versprach Katja Franke.

Gemischte Gefühle

Meine nächsten Tage waren von gemischten Gefühlen geprägt. Nach dem Treffen mit Helen Weber war es gar nicht so einfach gewesen, wieder zu meinem Alltag überzugehen. Ihre Ausführungen hatten mich mehr berührt, als es einer neutral berichtenden Journalistin gebührte. In der Ausbildung wurde uns fortwährend kritische Distanz gepredigt, aber in ihrem Fall war das leichter gesagt als getan. Und, ich mochte diese Helen Weber. Ich konnte mir so gut vorstellen, wie es sein musste, unter diesen Bedingungen in solchen Strukturen arbeiten zu müssen. Vor allem dann, wenn es dieses System nicht immer nur gut mit einem meinte. Der Aufruf der Polizei für sachdienliche Hinweise zu der nun wohl als sicher geltenden Brandstiftung bot mir noch einmal einen guten Anknüpfungspunkt, um am Thema dranzubleiben.

Die Geschichte mit dem Werkstattbrand war nur eine von vielen Nachrichten, die ich zu bearbeiten hatte. Es galt, die zum Teil recht drögen, täglichen Pressemeldungen zu sichten. Aus dem einen oder anderen Text ließ sich zum Teil sogar ein guter Bericht zimmern. Das war für mich mittlerweile Routine und ich hatte es gut raus. Dabei tat es mir nach wie vor weh, die Pressemitteilungen auf das Wesentliche oder auf einen für den Beitrag verfügbaren Platz zu kürzen. Manchmal bekam ich aufgrund der Sauren-Gurken-Zeit mehr Spielraum, und die einen oder anderen hatten Glück, dass ich zuweilen fast ihren ganzen Text übernehmen konnte.

Ab und an nahm ich auch Termine wahr, die in der Redaktion verteilt wurden. Aber nirgends war ich richtig mit dem Herzen dabei. Immer wieder musste ich an Helen Weber und vor allem daran denken, wie sauer mich ihre Erzählungen über das Werkstattsystem gemacht hatten. Gab es vielleicht doch ein konkretes Motiv für diese Brandstiftung? Diese Frage beschäftigte mich zunehmend.

Der Polizeikommissar hatte mir nichts Neues berichten können. Nur, dass sich die bisherigen Spuren als nicht zielführend erwiesen hatten. Wir hatten uns zufällig in der Stadt getroffen. „Können Sie bitte eine Meldung veröffentlichen, dass wir die Bevölkerung unbedingt um sachdienliche Hinweise bitten." Florian Kerner wollte aber mehr als das von mir. Dieses Mal forderte er mich noch gezielter als vor ein paar Tagen auf, ihm unbedingt mitzuteilen, falls ich eine Spur hätte. Er gab mir nochmals seine Karte. Das Ganze fühlte sich komisch an. Fast so, als vermute er, ich wisse mehr als er. Ich hatte keine Ahnung, wie er darauf kam. Dabei konnte ich mir vorstellen, wie es sein musste, wenn Florian Kerner einen so richtig in der Mangel hatte und im Verhörraum grillte. Ich würde da sicher nicht lange standhalten können, sollte ich jemals etwas zu verbergen haben, war ich mir sicher.

Es juckte mich zusehends in den Fingern, eine größere Story über die Situation in der Werkstatt für behinderte Menschen zu veröffentlichen. Ich hatte inzwischen mehrere Berichte in einigen großen Zeitungen gelesen. Darin ging es vornehmlich um die geringe Bezahlung weit unter dem Mindestlohn behinderter Menschen in Werkstätten und um die geringe Vermittlungsquote ihrer Beschäftigten in reguläre Arbeitsplätze. Solche Berichte waren richtig gute Vorbilder für mich. Einen Haken gab es: Für einen Hintergrundbericht bräuchte ich das OK und vor allem die Rückendeckung des Chefredakteurs.

Seiner Rückendeckung war ich mir inzwischen gar nicht mehr so sicher. Meinen Beitrag über die Pressemeldung der Enthinderungsgruppe hatte er so galant umgedreht, dass davon so einiges zugunsten des von ihm vorweggestellten Spendenaufrufs gestrichen worden war. Mir war klar, dass ich mich richtig gut vorbereiten musste, wollte ich bei diesem Thema kritisch nachlegen, zumal der Chefredakteur mit dem Vorsitzenden des Trägervereins der Werkstatt verbandelt schien. Genau das widerte mich bei der Lokalberichterstattung inzwischen so an: Viele Dinge wurden unter den Tisch gekehrt. Man kannte sich untereinander oder war sogar voneinander abhängig. Freundschaften, gemeinsame Vereinsmitgliedschaften oder das Anzeigengeschäft – überall Verbandlungen. Engagierten Journalismus stellte ich mir anders vor.

Aber da war ja noch mein Volontariat. Ich musste es unbedingt abschließen. Ein weiterer Abbruch einer Ausbildung würde meinen Vater zum Wahnsinn treiben – und mich jeglicher weiterer Unterstützung berauben. ‚Dank' der geringen Vergütung war ich immer noch auf sein Geld angewiesen. Auch ich war also in Zwängen gefangen, wurde mir bei diesen ernüchternden Gedanken schmerzlich klar.

Die Welt war leider nicht so einfach, wie ich mir dies zuweilen wünschte oder auszumalen versuchte. Auch meine Rahmenbedingungen waren schwierig, aber so leicht wollte ich mich in dieser Sache nicht geschlagen geben. Also nahm ich meine Recherchen nach Feierabend wieder verstärkt auf. Dabei erfuhr ich so einiges Interessantes über das Werkstattsystem in Deutschland. Das wühlte mich zusätzlich auf.

Mit der UN-Behindertenrechtskonvention hatte ich mich schon vor meinem Treffen mit Helen Weber ein bisschen beschäftigt. Während unseres sehr persönlichen Austauschs war die Konvention dann gar nicht zur Sprache gekommen. Jetzt, beim genaueren Lesen, musste ich bekennen, dass diese Konvention keine leichte Kost war. Angesichts der verklausulierten Sprache musste ich sie immer und immer wieder lesen. Claudia Liese kam mir mit ihrem Anruf in der Redaktion unerwartet zu Hilfe. Das Thema Alternativen zur Werkstatt und insbesondere die Möglichkeiten des Budgets für Arbeit waren ihr in meiner bisherigen Berichterstattung zu kurz gekommen. Sie wollte unbedingt mit mir darüber sprechen. Zunächst war ich von ihrem Anruf und ihrem Redeschwall völlig überwältigt. Doch als sie die UN-Behindertenrechtskonvention erwähnte, nutzte ich die Gunst der Stunde: „Können Sie mir vielleicht erklären, was da genau drinsteht. Vor allem interessiert mich, welche Bedeutung diese Konvention für Deutschland und vor allem für die Situation vor Ort hat?"

Claudia Liese war mehr als willig, mir die Regelungen im Bereich Arbeit der Behindertenrechtskonvention zu erläutern. Aber erst einmal korrigierte sie mich: „Was herkömmlich als UN-Behindertenrechtskonvention bezeichnet wird, heißt eigentlich Übereinkommen über die Rechte von Menschen mit Behinderungen und kommt von den Vereinten Nationen. Das klingt leider noch komplizierter, macht aber deutlicher, worum es dabei geht." Sie erklärte mir, dass die Konvention Menschen mit Behinderungen zum Beispiel das gleiche Recht auf Arbeit zugestand. Dabei wechselte sie in einen dozierenden Ton.

„Artikel 27 der UN-Behindertenrechtskonvention beinhaltet das Recht auf die Möglichkeit, den Lebensunterhalt durch Arbeit zu verdienen, die in einem offenen, inklusiven und für Menschen mit Behinderungen zugänglichen Arbeitsmarkt und Arbeitsumfeld frei gewählt werden kann."

Schnell unterbrach ich sie: „Das ist in den Werkstätten mit dem geringen Lohn um die 220 Euro pro Monat ja nicht gegeben."

„Genau, und mit Inklusion hat das auch nicht viel zu tun. Die behinderten Beschäftigten sind dort hauptsächlich nur unter sich, und nicht einmal echte Arbeitnehmer*innen-Rechte haben sie." Sie war in Fahrt: „Dabei wurde speziell die Förderung des Sammelns von Arbeitserfahrungen auf dem allgemeinen Arbeitsmarkt durch Menschen mit Behinderungen in diesem Artikel der Konvention festgehalten."

Ich dachte kurz darüber nach: Was hatte mir Helen Weber noch einmal über ihre Zeit in der Werkstatt berichtet? Ich setzte nach: „Stimmt es, dass viele ja nicht einmal eine Chance auf einen Praktikumsplatz bekommen? So schön das mit der Konvention in der Theorie klingt, gelten diese Regelungen der Vereinten Nationen überhaupt in Deutschland?"

„Die Regelungen haben in Deutschland mit der Ratifizierung der Menschenrechtskonvention für behinderte Menschen bereits seit 26. März 2009 Gesetzesrang", erklärte mir die Juristin.

„Ratifizierung?"

„Ach ja, das versteht wirklich kaum niemand. Es klingt schwerer als es ist", bekannte Claudia Liese. „Der Bundestag und der Bundesrat haben extra einen Beschluss gefasst, dass die Regelungen der Behindertenrechtskonvention auch in Deutschland gelten. Das ist also ein Gesetz, dass schon seit 2009 in Deutschland gilt und umgesetzt werden muss."

„Wie man bei der Lindentalwerkstatt hier vor Ort sieht, scheint das mit der Umsetzung des Gesetzes aber nicht wirklich zu klappen. Wer achtet denn auf die Umsetzung?"

Mit meiner Frage löste ich einen größeren Vortrag von Claudia Liese aus. Schnell machte ich mir Notizen zu wichtigen Fakten:

- Deutschland wird regelmäßig von einem Ausschuss der Vereinten Nationen geprüft
- die Bundesregierung muss darin berichten, was für die Menschenrechte behinderter Menschen getan wurde und getan werden soll
- im ersten Bericht von 2015 hat der Ausschuss für die Rechte von Menschen mit Behinderungen klare Worte zur Situation in Deutschland gefunden

„Zum Thema Arbeit und Beschäftigung hat sich der Ausschuss besorgt über die Segregation, also die Ausgrenzung behinderter Menschen in Deutschland, gezeigt. Vor allem wurden die finanziellen Fehlanreize, die Menschen mit Behinderungen am Eintritt oder Übergang in den allgemeinen Arbeitsmarkt hindern, gerügt. Die Werkstätten für behinderte Menschen haben richtig einen vor den Bug bekommen. Sie würden den Übergang auf den normalen Arbeitsmarkt nicht gut fördern", erklärte mir Claudia Liese abschließend. Sie sprach mit einer gewissen Genugtuung.

Übersetzte ich die Formulierungen des Menschenrechtsausschusses in die Praxis, entsprachen diese ziemlich genau dem, was Helen Weber mir erzählt hatte. Genau diese Punkte hatte sie an der örtlichen Werkstatt auch kritisiert. Ich musste es noch genauer wissen und hakte nach.

„Ist der Ausschuss nur bei seiner Kritik geblieben oder hat er auch entsprechende Empfehlungen abgegeben?" Claudia Liese ließ nicht lange auf ihre Antwort warten und wollte mir, ganz die

Juristin, schon die genauen Empfehlungen des Ausschusses vorlesen.

„Können Sie mir das bitte einigermaßen verständlich erklären? Ich bin mir sicher, dass unsere Leser*innen die schwierige Ausschusssprache bestimmt nicht verstehen. Ich verstehe sie selbst kaum", funkte ich dazwischen. Mein Einwurf forderte die Juristin besonders heraus. Sie musste erst einmal tief Luft holen und etwas nachdenken.

„Der Ausschuss fordert allgemein, dass Deutschland Vorschriften für einen inklusiven Arbeitsmarkt schafft. Dabei müssen die Menschenrechte behinderter Menschen im Mittelpunkt stehen", versuchte Claudia Liese mir es einfacher zu erklären. „Und jetzt wird es spannend. Der Ausschuss empfiehlt die schrittweise Abschaffung der Werkstätten für behinderte Menschen. Und das fordert das deutsche System der Werkstätten so richtig heraus!"

„Geht das denn so von jetzt auf gleich? Und wo bleiben dann die behinderten Menschen?"

„Das soll durch sofort durchsetzbare Ausstiegsstrategien und Zeitpläne erreicht werden. Zudem soll es mehr Anreize für die Beschäftigung behinderter Menschen bei öffentlichen und privaten Arbeitgebern im allgemeinen Arbeitsmarkt geben. Das sind doch klare Aussagen des Ausschusses, oder? Und damit sind wir wieder beim Budget für Arbeit. Diese Förderung soll doch genau das bewirken. Mehr behinderte Menschen sollen in ganz normalen Firmen eingestellt werden."

Ihre Ausführungen waren etwas verständlicher, aber mir war klar, dass ich solch komplizierte Sachverhalte in unserer Lokalzeitung nicht so einfach darstellen konnte. Eines war jedoch glasklar: Deutschland hatte bereits 2015 von den Vereinten Nationen ins Stammbuch geschrieben bekommen, dass das mit den Werkstätten menschenrechtlich so nicht ging.

„Eins verstehe ich nicht, warum ist die Beschäftigtenzahl behinderter Menschen in Werkstätten in den letzten Jahren dann nicht geringer geworden? Ganz im Gegenteil, mittlerweile sind 531 behinderte Menschen in der Werkstatt hier vor Ort beschäftigt. Das sind doch mehr als früher." Ich ließ meinen Gedanken gegenüber Claudia Liese freien Lauf.

„Und sie bekommen nicht einmal annähernd Mindestlohn und kaum eine Chance, jemals in eine Arbeit auf dem allgemeinen Arbeitsmarkt vermittelt zu werden. Im letzten Jahr wurden gerade einmal zwei Menschen von der Lindentalwerkstatt auf den allgemeinen Arbeitsmarkt vermittelt. Bei dem Tempo dauert es über 250 Jahre, bis alle 531 Beschäftigte auf einem anständigen Arbeitsplatz arbeiten können! Aber auch nur, wenn keine weiteren Beschäftigten dazu kommen", rechnete mir die Juristin vor. Sie war in ihrem Element.

International haben über 160 Staaten die Behindertenrechtskonvention mittlerweile unterzeichnet. Darin sind so viele Menschenrechte für behinderte Menschen formuliert und beschlossen. Aber das spielt in Deutschland und besonders hier vor Ort schlichtweg keine Rolle." Mit dieser ernüchternden Erkenntnis drängte Claudia Liese auf die Beendigung des Telefonats. Ein weiterer Termin stand für sie an. Eines gab sie mir jedoch noch mit auf den Weg: Deutschland wird 2023 erneut vom UN-Ausschuss geprüft, wie die Behindertenrechtskonvention hierzulande mittlerweile umgesetzt wird.

Aus Helen Webers Worten hatte ich schon Mut- und Machtlosigkeit herausgehört. Nach meinen Recherchen und vor allem nach meinem Gespräch mit Claudia Liese verstand ich sie immer besser und tauchte immer tiefer ins Thema ein. Wie sahen wohl die bundesweiten Zahlen für Werkstätten aus? Ich war Claudia Liese und ihrer Genauigkeit dankbar, denn sie hatte mich auf die

Internetseite des Bundesministeriums für Arbeit und Soziales verwiesen. Dort wurde ich fündig, auch wenn einige der genannten Zahlen scheinbar schon wieder veraltet waren.

Mein Kopf brummte angesichts der vielen Fakten und Berechnungen im Hinblick auf das Werkstattentgelt. Meine beste Quelle wurde der Zwischenbericht eines Forschungsberichts zum Entgeltsystem in Werkstätten für behinderte Menschen. Ich war überwältigt: Im Jahr 2019 bezogen bundesweit 279.232 behinderte Menschen Entgelte aus ihrer Beschäftigung in Werkstätten für behinderte Menschen. Es ging also um keine kleine Gruppe, sondern um fast 280.000 behinderte Menschen! Zusammen mit den behinderten Menschen aus dem Berufsbildungsbereich der Werkstätten waren es sogar fast 320.000! Echt viele!

Den 279.232 behinderten Beschäftigten hatte man im Jahr 2019 durchschnittlich nur 220 Euro im Monat an Arbeitsentgelt ausgezahlt. Hatte Horst Zinke für seine Werkstatt nicht eine ähnliche Zahl erwähnt? Dass selbst der bundesweite Durchschnitt des monatlichen Entgelts in den Werkstätten tatsächlich bei nur 220 Euro lag, empörte mich schlichtweg. Aber das schien niemanden aufzuregen, auch hier vor Ort nicht, zumindest nicht in der Öffentlichkeit. Auch ich hatte bisher nie etwas darüber gehört, geschweige denn in irgendeiner Weise selbst darüber nachgedacht. Das regte mich zusätzlich auf. Ich musste meinen Ärger unbedingt kanalisieren und mehr erfahren! Meine Fakten- und Fragenliste wurde länger und länger:

- von den 220 Euro, die eine Werkstatt an die behinderten Beschäftigten zahlte, kommen durchschnittlich 43 Euro als Arbeitsfördergeld vom Staat
- die Werkstätten selbst zahlen monatlich durchschnittlich nur 177 Euro an die Beschäftigten für deren Arbeit

- von den in den Werkstätten durchschnittlich erwirtschafteten 177 Euro werden laut Bericht nur 80 Euro als fest garantierter Grundbetrag an die Beschäftigten gezahlt
- 97 Euro werden als Steigerungsbetrag gezahlt

Wie gut, dass ich mit Helen Weber bereits über solche Details gesprochen hatte. Ohne sie wären mir diese Nuancen nicht aufgefallen. Und ich wäre nie darauf gekommen, mir dieses scheinbar trockene Zahlenwerk überhaupt so genau anzuschauen.

Mein neues Wissen brachte für mich das Fass zum Überlaufen. So langsam begriff ich. Praktisch bedeuteten die Zahlen, dass durchschnittlich lediglich ein fester Grundbetrag von 80 Euro pro Person gesetzt war. Der sogenannte Steigerungsbetrag wurde für jede*n einzelnen behinderten Beschäftigten dann in einer jährlichen Leistungsbewertung ermittelt. Dabei ging es dann unter anderem um die Bewertung der Arbeitsleistung und der Motivation der Beschäftigten. Dass die Leute bei solchen Rahmenbedingungen in den Werkstätten kuschten, war also kein Zufall, sondern System. Das also hatte Helen Weber gemeint!

„Viele Beschäftigte bekommen zusätzlich Grundsicherung", lautete laut Helen Weber ein Standardargument, wenn die Bezahlung weit unter dem Mindestlohn kritisiert wurde. Das wollte ich nicht gelten lassen, denn das machte die Beschäftigten vom Amt für sehr lange Zeit abhängig, ganz abgesehen von den damit verbundenen Einschränkungen. Das würde ich, das würden viele andere Arbeitnehmer*innen, nie hinnehmen.

„Unglaublich!", entfuhr es mir lauter als gewollt, als ich meine Notizen und Fakten im gerade ruhigen Redaktionsbüro nachlas.

„Was ist denn so unglaublich?"

Ich versuchte es meinem Kollegen kurz zu erklären, und merkte schnell, dass er etwas über Werkstätten zu wissen schien.

„Viele Werkstattbeschäftigte bekommen doch Erwerbsminderungsrente, das weiß ich von meinem Bekannten. Sein Sohn arbeitet seit über 30 Jahren dort und der hat nach 20 Jahren Werkstatt diese Rente bekommen."

„Aber die Leute in Werkstätten arbeiten meistens Vollzeit und bekommen durchschnittlich nur 220 Euro im Monat. Das ist doch echt wenig, oder?", lenkte ich seine Aufmerksamkeit noch einmal auf das niedrige Arbeitsentgelt zurück. Meine Frage blieb ohne Antwort. Mein Kollege war schon wieder mit den derzeit tobenden Auseinandersetzungen in der Kommunalpolitik beschäftigt. Er hatte sich wieder in seinen Laptop vertieft.

Ich dagegen war endgültig angefixt: Die Hintergrundinformationen und praktischen Erzählungen von Helen Weber passten zusammen. Und so traf es sich gut, dass diese am Dienstagabend der folgenden Woche bei mir anrief. Ich hatte ihr meine Karte gegeben, verbunden mit dem Angebot, sich gerne zu melden, falls es Neuigkeiten gab. Es schien Neuigkeiten zu geben.

Bei unserem ersten Treffen im Café Charlie hatte Helen Weber nichts von ihrem Vorstellungsgespräch für ein Praktikum beim ambulanten Dienst am selben Tag erzählt. Sie hatte nichts ausplaudern wollen, das noch nicht in trockenen Tüchern war. Hätte darüber etwas in der Zeitung gestanden, hätte ein solcher Bericht ihre Chancen eventuell gefährdet. Jetzt aber hatte sie ihren Praktikumsplatz.

Bereits am zweiten Tag war Carola Finke, die Leiterin des ambulanten Dienstes, auf Helen Weber zugekommen. „Ich habe gehört, dass Sie sich gut eingefügt und schon die Verteilung der Post an sich gerissen haben", scherzte sie. „Da haben Sie gleich den richtigen Nerv getroffen, das macht bei uns niemand gern. Machen Sie so weiter, dann sind Sie bald unentbehrlich", hatte sie Helen Weber motiviert.

Carola Finke liebte gute Vermarktung und Öffentlichkeitsarbeit. „Haben Sie Lust, dass wir die Presse über ihr Praktikum bei uns informieren? Das könnte gut ankommen, nachdem die Werkstatt abgebrannt ist. Vielleicht animiert unser gutes Beispiel andere Unternehmen und Vereine, ebenfalls Leute aus der Lindentalwerkstatt zu beschäftigen."

„Ja, ich bin dabei", stimmte sie zu, obwohl es Helen Weber etwas sauer aufstieß, dass sie kein Geld für ihr Praktikum bekam. Doch das sagte sie Carola Finke nicht. Sie war froh, dass es für sie überhaupt erst einmal etwas anderes als die Werkstatt gab.

Helen Weber dachte kurz über ihr Praktikum nach: Die ersten beiden Tage waren nicht leicht für sie gewesen – viel Neues und so viele unbekannte Menschen. Gut, dass Peter Stamm immer wieder bei ihr am Pfortenbereich vorbeikam. Das erleichterte ihren Alltag wesentlich. Er hatte mit ihr einen Rundgang durch die verschiedenen Büros gemacht. Zusammen mit ihr hatte er einen Plan erarbeitet, wer in welchem Büro arbeitete und wer für was zuständig war. Eine gute Grundlage, um die Postverteilung übernehmen zu können.

„Ich kenn' da eine Journalistin der Lokalzeitung. Soll ich sie mal ansprechen? Vielleicht kommt sie mal vorbei und berichtet über mein Praktikum?"

„Nur zu, und ich erstelle schon einmal einen Pressetext".

Mit dem Auftrag der Geschäftsführerin des ambulanten Dienstes im Rücken rief Helen Weber bei mir an. Freudig berichtete sie mir über die Entwicklungen der letzten Tage.

„Dann komme ich gleich morgen Nachmittag im ambulanten Dienst vorbei. Ich schau' mal, was ich daraus machen kann, wenn Ihnen das Recht ist?" Wir verabredeten uns für vierzehn Uhr.

Helen Weber wollte es aber noch abschließend mit der Geschäftsführerin klären und sich noch einmal bei mir melden.

Es blieb bei vierzehn Uhr. Am nächsten Tag konnte ich Helen Weber an der Pforte des ambulanten Dienstes in Aktion erleben. Sie schien sich sichtlich wohlzufühlen, und war gerade dabei, einen Kollegen zu fragen, welcher Mitarbeiter oder Mitarbeiterin denn für die an der Pforte wartende Person zuständig sei.

„Hallo! Schön, dass Sie da sind! Ich sag's der Geschäftsführerin", begrüßte mich Helen Weber und wies mir den Weg in den Besprechungsraum. Dort standen schon Kaffee und Tee für uns drei bereit. So nett die Begrüßung und das vorbereitete Ambiente waren, so interessant verlief auch mein Gespräch mit Carola Finke und Helen Weber. Beide schilderten mir offen und ehrlich vom bisherigen, wenn auch noch recht kurzen Praktikumsverlauf. Dabei hob Carola Finke Helen Webers Fähigkeiten und ersten Leistungen genauso hervor, wie sie auch Herausforderungen benannte, die es zu bewältigen galt.

Ich kannte nur die sonst üblichen Schilderungen, wie schwer behindert Behinderte doch waren und was sie alles nicht konnten. Oder gegenteilige Schilderungen, die behinderte Menschen heroisierten und sie für zum Teil ganz normale Dinge in den Himmel hochgehoben wurden. Dass es aber genau dafür einen Begriff gab, darauf war ich erst bei meinen Recherchen gestoßen: Ableismus. Das klang so ähnlich wie Rassismus oder Sexismus. Da mich der Begriff zu interessieren begann, hatte ich mich zwischenzeitlich schon damit beschäftigt. Der Umgang mit Helen Weber im ambulanten Dienst war ganz offensichtlich ein ganz anderer. Das fiel sofort auf und gefiel mir.

Ich nahm den vorbereiteten Pressetext der Geschäftsführerin und ein paar Faltblätter über den ambulanten Dienst entgegen.

Wie gut. Ich war froh, dass ich diese Fakten nicht auch noch in mein Notizbuch schreiben musste.

„Oh, bevor ich es vergesse: Wenn wir Helen Weber eine reguläre Anstellung ermöglichen wollen, dann braucht sie sicher Arbeitsassistenz. Es gibt da schon einige Arbeiten bei uns, die sie aufgrund ihrer Behinderung nicht eigenständig erledigen kann. Um zum Beispiel den Kaffee und Tee zu transportieren und bei Sitzungen den Tisch einzudecken, hat sie Nachteile. Aber dafür gibt es ja Arbeitsassistenz. Das ist ein Nachteilsausgleich." Laut Carola Finke kannte sich der ambulante Dienst damit gut aus.

„Schauen wir mal, wie es nach dem Praktikum weiter geht. Schön, dass Sie hier waren und viel Glück beim Schreiben des Artikels." Mit diesen Worten rauschte die Geschäftsführerin nach knapp 20 Minuten davon.

Helen Weber und ich unterhielten uns noch einige Minuten, bis ich meine zweite Tasse Kaffee ausgetrunken hatte. Nachdem die Geschäftsführerin den Raum verlassen hatte, hatten wir schnell einen Gesprächsfaden gefunden. „Die scheint ja einen richtigen Narren an Ihnen gefressen zu haben", kommentierte ich meinen Eindruck des Gesprächs.

„Ich weiß nicht, ich kann das noch nicht genau sagen. Sie ist bisher recht nett zu mir. Interessant, sie hat eben gesagt, was ich brauche, damit ich hier richtig arbeiten kann." Etwas verunsichert fuhr Helen Weber fort: „Da wäre noch was."

„Das wäre?"

„Bitte duzen Sie mich in Ihrem Bericht nicht. Und nennen Sie meinen vollen Namen. Das ist mir echt wichtig."

Darüber hatte ich mir noch keine Gedanken gemacht. Wie genau würde ich meinen Bericht schreiben? Noch während ich darüber nachdachte, lieferte Helen Weber mir die Begründung für ihre Bitte.

„Ich habe Ihnen ja schon ein bisschen davon erzählt. Ich werde dauernd von irgendwelchen Leuten geduzt. Ich kenne die aber kaum, die sprechen mich einfach mit meinem Vornamen an. Ganz selbstverständlich, ohne mich zu fragen. Können Sie sich vorstellen, wie demütigend das ist? Und nur, weil ich im Rollstuhl sitze. Anderen behinderten Menschen geht das auch so. Manchmal tätscheln die mir sogar meinen Kopf. Das ist so von oben herunter. Und distanzlos." Helen Weber redete sich in Rage. „Und dann Berichte in der Zeitung oder im Fernsehen. Das regt mich echt auf, wenn die Werkstattleitung mit vollem Namen oder Herr oder Frau Soundso genannt werden, wir sind aber nur die Anna, der Heinz oder die Helen. Als wären wir Kinder."

Bei ihren Worten musste ich mir eingestehen, dass ich es wahrscheinlich nicht anders gemacht hätte. Ich hatte noch nie ernsthaft darüber nachgedacht. „Danke für Ihren Hinweis. Den berücksichtige ich gerne. Es leuchtet mir schon ein, was Sie da eben beschrieben haben." Gleichzeitig nutzte ich die Gelegenheit für eine Bitte meinerseits: „Ich habe aber auch eine Frage, oder besser gesagt eine Bitte an Sie."

Helen Weber erschien mir nach meiner Zusage wesentlich erleichterter und ermunterte mich: „Nur zu."

„Sie haben mir letztens im Café Charlie so offen und anschaulich erzählt, wie es für Sie und einige andere ist, in der Werkstatt für behinderte Menschen arbeiten zu müssen. Das hat mich persönlich sehr bewegt. Ich bin mir noch nicht sicher, aber ich finde, das darf nicht unter der Decke gehalten werden. Darüber sollte man berichten. Darf ich einige Ihrer Informationen für einen Hintergrundartikel in der Zeitung nutzen? Ich glaube, das wäre für die Sache wichtig. Ich mach' auch alles anonym!"

Helen Weber musste ganz offensichtlich erst darüber nachdenken. Ich nutze die Gesprächslücke dazu, meinen Kaffee leerzutrinken und unsere Tassen zusammenzustellen.

„Das ist nicht ganz einfach für mich“, wand sich Helen Weber, „aber immerhin habe ich ja schon bei unserem ersten Treffen getönt, dass Sie einen Roman über unsere Situation schreiben sollten. Vielleicht ändert Ihr Artikel in der Zeitung ja gar nichts, aber ja, Sie dürfen.“ Nach einer weiteren, kurzen Denkpause brach eine weitere Bitte aus ihr heraus: „Bitte, nennen Sie da meinen Namen aber nicht! Und das muss ein anderer Bericht als der über mein Praktikum sein.“

„Geht klar“, antwortete ich schnell, bevor Helen Weber ihre Meinung änderte. „Ich hab‘ übrigens schon kräftig in Sachen Werkstätten für behinderte Menschen recherchiert. Ich hab‘ ja einen gesunden Menschenverstand. Allein deshalb haben sich mir die Haare schon so richtig gesträubt. Ist schon krass, behinderte Menschen bekommen bundesweit durchschnittlich nur 220 Euro für ihre Arbeit. Und dabei fließt so viel staatliches Geld in dieses System.“ Und dann sagte ich DEN Satz, der einiges verändern sollte: „Ich kann inzwischen gut verstehen, wie jemand auf die Idee kommen könnte, eine solche Werkstatt anzuzünden.“

Bei diesem von mir eigentlich für mich gedachten, aber offen ausgesprochenen Gedanken wurde Helen Weber merklich blass. Ich konnte es nicht übersehen, vor allem, da sie plötzlich sehr geschäftig tat und etwas ungelenk an den Tassen sowie der Kaffeekanne herumwerkelte, offensichtlich um unser Treffen zu beenden.

„Dazu kann ich nichts sagen. Ich bin jetzt einfach froh, dass ich erst einmal einen Praktikumsplatz habe. Hoffentlich bekommen auch andere Kolleginnen und Kollegen aus der Werkstatt so eine

Chance. Bringen Sie das noch in Ihrem Artikel ein?", lenkte Helen Weber geschickt ab.

„Versprochen. Und ich maile Ihnen den Artikel, bevor ich ihn in der Redaktion einreiche. Ich kann aber nichts garantieren, wenn der Chefredakteur noch etwas daran ändert. Aber ich verbürge mich dafür, dass er Sie nicht nur mit Ihrem Vornamen nennt."

Wir verließen den Raum. An der Pforte schoss ich noch ein Foto mit Helen Weber und einem Kollegen. Anschließend verabschiedeten wir uns.

4 Höhen und Tiefen

Beharrlichkeit des Systems

Die zweite Woche der Betriebsferien, die nach dem Brand in der Werkstatt angeordnet worden waren, brachte in einigen Bereichen etwas Klarheit, wie es danach weitergehen konnte.

Christa Ehmke und die Werkstatt

Der Kostenträger der Eingliederungshilfe hatte der Geschäftsführerin Christa Ehmke und dem Vorsitzenden des Trägervereins Clemens Zeil zugesagt, die Zahlungen erst einmal wie bisher weiterlaufen zu lassen. Somit waren die Gehälter der Betreuer*innen gesichert.

Christa Ehmke und Clemens Zeil hatten ihnen ein Konzept vorgelegt, dass sich aus einer Mischung verschiedener Angebote zusammensetzte. Als Basis dienten jene Arbeitsplätze, die in der angemieteten Lagerhalle mittlerweile provisorisch eingerichtet worden waren. Weitere Arbeitsplätze sollten in anderen Räumlichkeiten folgen. Zudem sollte eine individuelle Betreuung einzelner behinderter Beschäftigter gewährleistet werden; ähnlich wie in der Corona-Pandemie sollten sie zuhause oder im Wohnheim von den Betreuungskräften der Werkstatt unterstützt werden.

Doch Christa Ehmke wusste nur zu gut, dass all dies bei ihrem vorhandenen Personalschlüssel eine Herausforderung darstellen würde. „Nicht alles Gold, was da in unserem Konzept so glänzt. Aber so können wir die Betreuungs- und Leitungskräfte erst einmal ohne Kürzungen weiterbeschäftigen“, murmelte sie vor sich hin.

Ihr war klar, dass die Erträge aus Aufträgen, die nun einmal für das Werkstattentgelt der behinderten Beschäftigten maßgeblich waren, erst einmal in den Keller gehen würden. Unter diesen Bedingungen, vor allem aufgrund der fehlenden Maschinen, dürfte es schwer werden, Aufträge zu erhalten und diese entsprechend ausführen zu können. Das geringere Entgelt der behinderten Beschäftigten ließe sich insofern sicherlich gut verkaufen. Die Beschäftigten und deren Eltern sollten froh sein, dass es überhaupt weiterging. Und was den Lohn anging, bekamen fast alle ja ohnehin Grundsicherung oder eine Erwerbsminderungsrente. Letzteres war ihrer Meinung nach viel zu wenig bekannt in der Öffentlichkeit, vor allem im Zusammenhang mit all der Kritik an der vermeintlich geringen Bezahlung in den Werkstätten.

Christa Ehmke wusste, wovon sie sprach. Sie engagierte sich als Werkstattleiterin auch in der Landesarbeitsgemeinschaft der Werkstätten für behinderte Menschen. In diesem Zusammenhang war sie im Hinblick auf die geringe Entlohnung in den Werkstätten immer wieder mit Anfragen verschiedenster Journalist*innen konfrontiert worden. Da gab es zum Beispiel einen äußerst nervigen Blogger und Aktivist; persönlich hatten sie sich noch nie getroffen. Er engagierte sich vehement und fast ausschließlich in den gängigen sozialen Medien für einen Mindestlohn in den Werkstätten. Mit seiner Petition und seiner Lohnforderung hatte er es immer wieder in die großen Medien geschafft.

Alle Berichte über ihn hatten das Werkstattsystem bisher in keiner Weise erschüttert. Doch jetzt beschäftigte sich ein vom Bundesministerium für Arbeit und Soziales selbst in Auftrag gegebenes Forschungsprojekt mit der Frage der Entlohnung in den Werkstätten. Sie und ungefähr die Hälfte ihrer Kolleg*innen anderer Werkstätten hatten brav den umfangreichen Fragebogen des Forschungsprojektes ausgefüllt. Und sie hatten Gespräche geführt. Noch war bisher – aus ihrer Sicht zum Glück – deshalb kein Sack Reis umgefallen, was Christa Ehmke beruhigte. Sie hatten derzeit ganz andere Sorgen. Niemand würde ein großes Bohei um diese Entlohnung machen, jetzt, da es für sie erst einmal darum ging, überhaupt eine Betreuung für ihre behinderten Beschäftigten zu organisieren. Außerdem waren das in der Werkstatt doch Betreuungsangebote und keine richtigen Arbeitsverhältnisse, wie sie immer wieder betonte.

Wie auch immer, sie war erleichtert: Die Löhne der Betreuer*innen konnten nahtlos weiterbezahlt und die Planungen für einen Neubau der Werkstatt mit voller Kraft vorangetrieben werden. Auch das mit der Brandschutzversicherung sah gut aus. Sie mussten sicherlich noch geraume Zeit auf die genaue Schadensbewertung und die Auszahlung des Geldes durch die Versicherung warten. Für jetzt war deren vorläufige Zusage aber schon einmal eine gute Grundlage für entsprechende Bankkredite. Auch ein Architekturbüro, das bereits bei den früheren Erweiterungen der Werkstatt für sie gearbeitet hatte, hatte angesichts der Notsituation seine Unterstützung zugesagt. Ihre Hoffnung: Vielleicht zu einem geringeren Honorar als sonst üblich.

Insgesamt war die Solidarität aufgrund ihrer Notlage und durch die Medienberichterstattung derzeit groß. Was für eine günstige Ausgangssituation: Vielleicht könnten sie mit dem Neubau einiges verwirklichen, das bisher eher schwierig oder nur ein Traum gewesen war? Christa Ehmke schwebte ein Gebäude mit Platz für mindestens 600 behinderte Beschäftigte vor. Vielleicht war hierfür der Teil eines Nachbargrundstücks zu kriegen? Auf die Schnelle überschlug sie die Zahlen und machte sich Notizen:

- behinderte Beschäftigte: um die 530
- durchschnittlicher Kostensatz vom Kostenträger pro Monat und Person: 1.300 Euro

- = monatlich um die 690.000 Euro
  = jährlich um die 8,2 Millionen Euro

Wenn es gelänge, in den nächsten Jahren 70 weitere Beschäftigungsverhältnisse für behinderte Menschen in der Werkstatt zu schaffen, kämen Zusatzeinnahmen. Sie ergänzte ihre Notizen:

- 70 weitere Plätze bei 1.300 Euro jeden Monat
  = zusätzlich weitere ungefähr 91.000 Euro im Monat
  = zusätzlich fast 1,1 Millionen Euro mehr im Jahr

Ihre Berechnungen lieferten ihr ein äußerst ermunterndes Ergebnis. Eine solche Steigerung der Plätze wäre ein Traum und ein Sprungbrett für die weitere Entwicklung der Lindentalwerkstatt. „So eine positive Entwicklung bringt vielleicht endlich die längst mal wieder fällige Gehaltserhöhung für mich als Geschäftsführerin mit sich", ging es ihr durch den Kopf. Dass es mehr Geld für sie geben könnte, hatte der Vereinsvorsitzende ohnehin schon angedeutet. Dieser war gerade mehr denn je auf sie, ihre Erfahrungen und Kontakte angewiesen. „Selbst wenn wir bei einer Erhöhung der Plätze mehr Betreuungspersonal einstellen müssen, rechnet sich das", resümierte sie laut vor sich hin.

Christa Ehmke war bewusst, dass in den nächsten Monaten noch viel Arbeit vor ihr und ihrem Team lag. Nichtsdestotrotz war sie nach dem ersten Schock ob des Brandes mit der Entwicklung der letzten Tage durchaus zufrieden, auch wenn die Ereignisse sie ihren geplanten Urlaub gekostet hatten.

Clemens Zeil und sein Lebenswerk

Auch Clemens Zeil freute sich an seinem Projekt, der Spendensammlung. Nach gut einer Woche waren bereits knapp 70.000 Euro auf dem Konto des Vereins eingegangen. Geld, das jetzt natürlich für den Kauf von Maschinen und vieles andere gebraucht wurde. Aber auch Geld, das frei verfügbar war, denn es ging auf das Vereinskonto und floss nicht mit ins Betriebsergebnis ein. Somit mussten nicht 70 Prozent davon an die behinderten Beschäftigten ausgezahlt werden. Persönlich tat ihm das leid. Seine eigene Tochter hätte sich sicher über etwas mehr Geld gefreut. Seiner Ansicht nach war es für die Sache jedoch sehr viel wichtiger, freie Mittel auf der hohen Kante zu haben. Er war ein gewiefter Fördermitteleintreiber und wusste: Mit guten Ideen für Anträge konnten freien Mittel um ein Vielfaches vergrößert werden. In seinem Kopf ratterte es bereits. Er dachte an diverse Projektanträge bei Förderorganisationen wie der Aktion Mensch oder für öffentliche Förderungen durch das Land und den Bund. Vielleicht waren mit einzelnen Stiftungen auch gezielte Aktionen verwirklichbar.

Für jetzt war ihm erst einmal wichtig, dass der Betrieb in der Lagerhalle nächste Woche planmäßig starten konnte. Seine Tochter wohnte noch zu Hause, und es war Zeit, dass sie wieder etwas zu tun bekam. Der neue Betriebsort würde anfangs sicherlich viel Aufregung mit sich bringen. Einige Betreuungskräfte, aber auch behinderte Beschäftigte konnten sich nur schlecht auf Veränderungen einstellen. Wenn er nur an die früheren Aktionen bei Umbau- und Ausbaumaßnahmen dachte: diese waren anstrengend und herausfordernd. Aber sie hatten es letztendlich immer geschafft, alles hinzubiegen, ohne dass es zu viel Unruhe im Betrieb gab. Gut so! Jetzt, nach dem Brand, sollten alle Beteiligten erst einmal nur dankbar sein, dass es überhaupt weiterging.

Clemens Zeil erwartete nicht viel Ärger und war wieder positiver gestimmt. Während der ersten Ermüdungsphase nach dem Brand hatte er kurzzeitig überlegt, alles hinzuwerfen. Als er so richtig realisiert hatte, dass sein Lebenswerk so jäh zerstört worden war, kroch die Depression förmlich in ihn hinein.

„Clemens, das ist doch ein Fingerzeig der Geschichte. Gönn' dir doch endlich einmal Ruhe und überlass' den Jüngeren den Neuanfang." Seine Frau sah in der Niedergeschlagenheit ihres Mannes eine Chance, ihn zum Aufhören bewegen zu können. Doch genau dieses Gespräch mit seiner Frau hatte für Clemens Zeil schnell eine Wendung in seine düsteren Gedanken gebracht. Ihr Ansinnen bewirkte genau das Gegenteil: Sein Lebenstrotz wurde wieder befeuert – und damit auch sein alter Ehrgeiz. Dieser sagte ihm laut und deutlich: „Jetzt erst recht!"

Wie früher schaltete Clemens Zeil, natürlich zum Missfallen seiner Frau, wieder voll in seinen Kampfmodus um. „Das tut richtig gut", stellte er für sich nach gut einer Woche fest. Er spürte viel weniger von dem Zwicken und Zwacken, das ihn zeitweilig an verschiedenen Stellen seines Körpers geplagt hatte. Er, Clemens Zeil, wurde wieder gebraucht und stand mitten im Zentrum des Sturms. Wahrscheinlich war das für seinen Blutdruck nicht gut, aber das hatte ihn noch nie geschert. Es ging schließlich auch um die Zukunft seiner Tochter. Sie sollte weiterhin in der Werkstatt arbeiten. Dort war sie gut versorgt.

Bernd Friedrich und sein Widerstand

Bernd Friedrich konnte der Beharrlichkeit des Systems gerade noch ausweichen. Sein Gruppenleiter aus der Werkstatt hatte ihn angerufen und ihm berichtet, dass der Betrieb kommenden Montag in einer Lagerhalle am Stadtrand wieder aufgenommen werden könne. „Und du bist einer von denen, die dort wieder arbeiten können. Bernd, das ist ein super Angebot für unsere Abteilung. In der Halle kommen von den insgesamt ca. 530 behinderten Beschäftigten gerade mal 50 unter", erzählte sein Gruppenleiter stolz.

Bernd Friedrichs Bescheidenheit, die er selbst und manche andere der Enthinderungsgruppe zuweilen verfluchten, kam ihm dieses Mal zugute: „Das ist wirklich ein super Angebot. Aber die anderen aus unserer Gruppe, für die ist das mit der Arbeit viel wichtiger. Ich kann mich gut selbst beschäftigen. Ich warte gerne noch ein paar Wochen, bis es für mehr Leute Plätze gibt."

Sein Gruppenleiter hätte ihn gerne von Anfang an dabeigehabt, da Bernd Friedrich anpacken konnte. Aber er musste ihm Recht geben: „Ich ruf' den Karl an, der ist der Nächste in der Reihe."

„Gut. Karl Henkel hat's zu Hause eh nicht leicht, Herr Müller." Bernd Friedrich wollte das mit „dem Karl" nicht so stehen lassen und betonte sowohl dessen Nachnamen als auch sein „Herr Müller" deshalb besonders.

Wie alle anderen behinderten Beschäftigten musste Bernd Friedrich seinen Gruppenleiter siezen, während er von ihm geduzt wurde. Sie hatten in der Werkstatt einmal versucht, diese Unsitte, vom Betreuungspersonal weitgehend, ganz selbstverständlich und oft ungefragt geduzt zu werden, anzusprechen. Auslöser war damals ein Praktikant der Uni gewesen: als sie ihn siezten, hatte er sie konsequent zurückgesiezt. Das hatte einige der Beschäftigten verwirrt, also hatte der Praktikant vorgeschlagen, sich gegenseitig zu duzen. Gesagt, getan. Doch ihr Versuch ging aus wie das Hornberger Schießen: Beim ersten Gegenargument eines Betreuers waren sie allesamt kleinlaut eingeknickt. „Ich muss schließlich Beurteilungen über eure Arbeitsleistung schreiben. Da kommt es nicht so gut, wenn ihr mich duzt", hieß es damals von Seiten Stefan Hammers, ausgerechnet dem Gruppenleiter, den alle eigentlich gut leiden konnten.

Stefan Hammer hatte kurz vorher an einer der vielen Weiterbildungsseminare für Gruppenleiter*innen teilgenommen. Immer wieder wurde das sogenannte Fachpersonal fortgebildet, während die vielen behinderten Beschäftigten, die nicht im Werkstattrat waren, kaum solche Angebote bekamen. Leider änderte sich durch die weitergebildeten Fachleute selten etwas Nachhaltiges und Konkretes zu Gunsten der Beschäftigten. Nur manche Begriffe, die verwandt wurden, wandelten sich langsam. Nach einer der Weiterbildungen hatte einer der Betreuer doch glatt begonnen, von Selbstbestimmung zu sprechen. An den Missbrauch des Begriffes der Inklusion in der Werkstatt hatte sich Bernd Friedrich schon länger gewöhnt. Aber dass sie nun auch begannen, den für ihn mittlerweile so wichtigen Begriff der Selbstbestimmung zu verhunzen, das tat ihm damals richtig weh. Es war wie immer: Inhaltlich blieb trotz aller Weiterbildungen Vieles beim Alten, und so wurden die behinderten Beschäftigten weiterhin geduzt, die Betreuer weiterhin gesiezt.

Bernd Friedrich war zufrieden: Für jetzt hatte er es immerhin geschafft, dass er kommenden Montag nicht in die neue Lagerhalle musste. Er verbuchte seinen Erfolg als kleinen gelungenen Widerstandsakt gegen das System der Werkstätten. Er wollte seine Zeit anders nutzen und sich auf die Suche nach einem Praktikumsplatz machen. Das Beispiel von Helen Weber spornte die Enthinderungsgruppe und auch ihn an.

Der Gruppenleiter

Klaus Kriske war froh, dass Bernd Friedrich ihm erzählt hatte, dass der Gruppenleiter bei ihm angerufen hatte, und wie er sich aus der Affäre gezogen hatte. So war er vorbereitet, als das Telefon auch bei ihm klingelte. Aber: Herr Müller wollte gar nicht darüber reden, dass er Montag wieder zu arbeiten anfangen sollte, sondern war mit etwas ganz anderem beschäftigt.

„Klaus, du weißt doch, dass das für uns gerade nicht einfach ist, nach dem Werkstattbrand“, begann der Gruppenleiter nach der Begrüßung seine Ausführungen. „Wir suchen noch nach Flächen, die wir für die Werkstattarbeit nutzen können. Und neue Maschinen und Büromöbel müssen wir auch besorgen. Das ist gar nicht so einfach. Es wär' gut, wenn du so lange noch ein paar Wochen zu Hause bleibst. Wir können uns aber überlegen, wie wir dich beschäftigen, damit du eine Tagesstruktur hast."

„Schon ok", brachte Klaus Kriske so hervor, dass sein Gruppenleiter ihn verstand. „Ich hab' viel zu lesen", fasste er sich weiter kurz. Bei längeren Sätzen war die Kommunikation mit seinem Gruppenleiter meist schwierig. Dass er sich wegen des schönen Sommerwetters schon vorgenommen hatte, öfters raus in die Natur zu gehen, ließ er weg. Klaus Kriske wusste noch aus den Zeiten der Corona-Pandemie, dass das Gerede von Beschäftigung für diejenigen, die vereinzelt in ihren eigenen Wohnungen lebten, meist hohle Phrasen waren. Er war sich ziemlich sicher, dass sie ihn auch dieses Mal in Ruhe lassen würden.

„Dann ist's ja gut", befleißigte sich sein Gruppenleiter zu sagen und kam schnell zum Ende. Er musste noch eine ganze Reihe von Leuten abtelefonieren.

Auch Heinrich Klenke, der Freund von Bernd Friedrich, wurde von seinem Gruppenleiter kontaktiert. Wie Klaus Kriske hatte er ebenfalls keine Lust, in einem Provisorium in irgendeiner Lagerhalle Däumchen zu drehen. Das kannte er zu Genüge aus Zeiten, in denen in der Werkstatt Auftragsflauten herrschten. Heinrich Klenke war entsprechend froh, davon verschont zu werden, ab kommender Woche in dieser abgelegenen, kurzfristig angemieteten Lagerhalle antanzen zu müssen. Stattdessen beschloss er, sich am Montag mit Bernd Friedrich zu treffen.

Als Klaus Kriske von ihrem Treffen hörte, fragte er, ob er sich ihnen anschließen könne. „Klar doch!"

Katja Frankes Suche nach systemischen Lösungen

Katja Franke achtete darauf, dass sie über die Entwicklungen an den verschiedenen Stellen gut informiert war.

Sie hatte bereits vernommen, dass sich eine ganze Reihe von Werkstattbeschäftigten auf eine längere Zeit ohne Arbeit einstellen mussten. Unter anderem genau darüber hatte sie mit Marianne Berger von der Elterngruppe für Inklusion gesprochen; mit ihr hatte sie zwischenzeitlich Kontakt aufgenommen und ein gutes Gespräch geführt. Dabei war beiden eine gute Idee gekommen: Die Elterngruppe könnte einigen, die sonst in der Werkstatt wären, ermöglichen, sich in den Räumlichkeiten der Elterngruppe zu treffen. Die Eltern betrieben ein Beratungsbüro mit eigenem Veranstaltungsraum und einer kleinen Küche. Montags, mittwochs und freitags wären dort von zehn bis dreizehn Uhr Treffen für circa 15 Leute möglich, hatte Marianne Berger angeboten.

Katja Franke hatte derzeit Urlaub. Seit der Corona-Pandemie konnte sie ihre Arbeitszeit an der Uni ohnehin viel flexibler und zum Teil im Homeoffice erbringen. Die Idee mit den Treffen in den Räumen der Elterngruppe gefiel ihr. Beharrlich machte sie sich ans Werk. Gegenüber den Eltern übernahm sie für die Treffen die Verantwortung. Die Mund-zu-Mund-Propaganda half für das erste Treffen: tatsächlich kamen dafür zehn Leute aus der Werkstatt zusammen.

Meine ganz eigene Beharrlichkeit

Auch ich bekam die Beharrlichkeit des Systems der Werkstätten zu spüren, wenn auch von einer ganz anderen Seite. Sie traf mich mit voller Wucht, als ich den von mir so mühsam und sorgsam verfassten Artikel und den dazugehörigen Kommentar über das System der Werkstätten dem für mich zuständigen Redaktionskollegen präsentierte.

Mein Beitrag über das Praktikum von Helen Weber beim ambulanten Dienst war zu meinem eigenen Erstaunen gut angekommen. Hier passte es mit dem ‚personal touch', wie es so schön hieß, perfekt: ein Brand, eine vermeintliche Katastrophe, schnelle

Hilfe ‚gekrönt' von einer schwerbehinderten Frau, die sich nun über ihr Praktikum und Beschäftigung beim ambulanten Dienst freute. Dazu das Foto der Rollstuhlfahrerin Helen Weber. Das war spannender Stoff, zumindest für die zweite Seite des Lokalteils. Zu meinem Erstaunen wurde an dem Beitrag so gut wie nichts korrigiert, außer einigen Satzzeichen, mit denen ich trotz meiner paar Semester Germanistikstudium und der Journalistenschule immer noch auf Kriegsfuß stand. Fälschlicherweise erwarteten manche 100% korrekte Rechtschreibung von mir, da ich ja „Deutsch" studiert hätte, wie mein Vater es gerne nannte. Klar, mein Bücher-Lese-Studium hatte mir ein gutes Gefühl für Sprache gegeben, aber mit den Kommata und der einen oder anderen Kleinigkeiten tat ich mir zuweilen immer noch schwer.

Mein Artikel über Helen Weber und ihr Praktikum war mit den von mir eingebauten, kleinen Spitzen über die neue Freiheit, die sie dort gegenüber ihrer bisherigen Beschäftigung in der Werkstatt genoss, veröffentlicht worden. Er hatte in der Online-Ausgabe sogar gute Zugriffszahlen erreicht. Auch das war gut für mich, denn mittlerweile wurde immer mehr auf diese Daten geschaut. Als ob es bei gutem Journalismus nur darauf ankam, von wie vielen Menschen die Beiträge gelesen wurden! Trotzdem, ich schöpfte aus den guten Zahlen Mut und machte mich gleich ans nächste Werk. Zwei Tage später präsentierte ich meinem Kollegen nun also den Bericht über das Werkstattsystem und meinen dazugehörigen Kommentar.

„Oh je, Katrin, das geht so nicht", begann er seiner ersten Reaktion nach dem Überfliegen beider Beiträge freien Lauf zu lassen. „Das würde ich an deiner Stelle nicht so machen und wenn, dann muss das über den Tisch des Chefredakteurs laufen. Das hat erhebliche Brisanz, die nicht in die bisherige Berichterstattung über die Werkstatt und über anerkannte soziale Einrichtungen in der

Stadt passt. Das hier von dir aufgemachte Fass will hier, glaube ich, niemand ernsthaft anpacken. Und ich schon gar nicht", beschloss er seine für mich niederschmetternde Reaktion. Sie brachte mich zum Stammeln: „Aber wir sind doch eine freie und kritische Zeitung. Und, äh, das ist wirklich nicht in Ordnung, was da in den Werkstätten für behinderte Menschen läuft", verteidigte ich beide Beiträge.

„Schau mal Katrin, allein die Überschrift: ‚Würden Sie für einen Euro pro Stunde arbeiten?' und das im Zusammenhang mit unserer Lindentalwerkstatt, an die wir auch Aufträge vergeben – schwierig, schwierig. Und dann noch der Satz: ‚Genau das ist in den Werkstätten für behinderte Menschen und in der Werkstatt in unserer Stadt Alltag'! Das ist engagierter Journalismus und zeichnet dich aus, aber das geht ganz und gar nicht, soviel ist klar. Du kannst gerne den Chef fragen, aber ich mach' dir da ehrlich gesagt wenig Hoffnung. Der Spiegel oder andere können so vielleicht berichten, aber in unserer kleinen Welt, da kennt man sich – und der Chef kennt einige aus dem Bereich der Werkstatt."

Nach dieser Reaktion brabbelte ich nur noch, dass ich es nochmal überarbeiten würde und anschließend Klaus Körner, den Chefredakteur, selbst fragen würde.

„Versuch's ruhig, das ist das Recht und der Elan der Jugend. Meine langjährige Erfahrung hat mich leider etwas anderes gelehrt. Meine Hörner wurden damals leider auch schnell auf Normalmaß gestutzt. So sehr ich das heute zuweilen verfluche, aber das ist leider die Realität. Unter uns gesagt, ich finde auch, dass in diesen Werkstätten nicht alles Gold ist, was da anscheinend glänzt. Aber darum sollen sich mal andere kümmern. Da hat die große Politik viel Schuld dran. Die Verantwortlichen hier vor Ort haben doch erst mal andere Sorgen nach dem Brand."

Diese Einschätzungen meines Kollegen musste ich erst einmal sacken lassen. Völlig entmutigt, aber immer noch mit einem Funken Hoffnung versehen, machte ich mich an die mühsame Arbeit der Änderung und Entschärfung meines Artikels. Unser Chefredakteur hatte mir bei diesem Thema doch bisher eher Flügel verliehen, als mir diese zu stutzen. Die Hoffnung starb also auch hier zuletzt. Aus meiner bisherigen Überschrift des Kommentars „Würden Sie für einen Euro in der Stunde arbeiten?“, machte ich „Ein Thema, über das bisher wenig bekannt ist“, und versuchte, meine Emotionen, die ich mit eingebracht hatte, gegen einen nüchternen Kommentar mit Für und Wider auszutauschen.

Die zwei Stunden konzentrierte Arbeit für diese Umformulierungen hätte ich mir sparen können. In Sack und Asche ging ich beim Chefredakteur unter und war abgeblitzt. Wahrscheinlich hatte ihn mein Kollege bereits vorgewarnt, dass da etwas Brisantes von „der jungen Wilde“‘ kommen würde, wie mich manche in der Redaktion inzwischen nannten. Dieser Spitzname hatte wohl mit meinem Fahrrad-Fahrstil zu tun. Aber auch damit, dass ich nach meinen ersten Erfolgen begonnen hatte, selbstsicherer aufzutreten. In zwei Minuten war ich wieder raus aus dem Büro des Chefredakteurs. Er hatte nicht einmal in seiner sonst üblichen Art versucht, mich auf etwas anderes zu lenken. „Frei heraus, das geht gar nicht. Den Sachen können wir so nicht auf den Grund gehen, Frau Grund. Das käme derzeit in der Stadt und bei unseren Kunden überhaupt nicht gut an.“ Mit diesen Worten war die Sache aber so was von erledigt – für ihn und damit auch für mich.

Zum Glück fand dieses kurze und unerfreuliche Intermezzo im Büro des Chefredakteurs kurz vor meinem Dienstschluss statt. Ich unterdrückte die aufsteigenden Tränen gerade so und rettete mich auf die Frauentoilette, um mich dort erst mal richtig auszuheulen. Da wir in der Redaktion weniger Frauen und im Sommer sowieso recht dünn besetzt waren, kam glücklicherweise niemand rein. Nach ein paar Minuten verließ ich, nicht mehr ganz so derangiert, die Toilettenräume und das Redaktionsgebäude recht schnell, ohne von jemandem gesehen zu werden.

Aus meiner anfänglichen Verunsicherung, die mich, wie schon lange nicht mehr, zum Heulen gebracht hatte, wurde Wut. Eine Wut, die ich von mir bisher so nicht kannte. Fluchend radelte ich mit einem Affenzahn nach Hause. War es das, wovor wir in der Journalistenschule gewarnt worden waren? Dass wir uns nicht zu sehr auf die Geschichten einlassen durften, über die wir berichteten? Dass wir unbedingt eine kritische Distanz zu den Themen und auch zu den Menschen, die mit diesen verbunden sind, bewahren mussten? Das war mir in dieser Situation aber scheißegal! Ich ärgerte mich und brauchte erst einmal eine reinigende Dusche. Dort heulte ich erneut. Nach gut 20 Minuten fühlte ich mich endlich wieder sauber und erfrischter.

Komisch, irgendeine Vorsehung wollte es anscheinend, dass ich später am Abend auf Helen Weber traf. Gegen acht Uhr hatte ich es in meiner überhitzten Bude nicht mehr mit mir selbst und meinem Frust ausgehalten. Daher hatte ich beschlossen, dass ich frische Luft brauchte. Dort, im Park, traf ich auf Helen Weber. Ihr schien es mit der Hitze ähnlich zu ergehen. Sie saß in ihrem Rollstuhl in der Nähe einer Parkbank im Schatten unter einem großen alten Baum und las in einem Buch. Als sie mich in Gedanken versunken vor mich hinlaufen sah, sprach sie mich freudig an und lächelte dabei. „Schön, dass ich Sie hier an meinem Lieblingsplatz treffe. Haben Sie Lust, sich kurz auf die Bank zu setzen, dann rolle ich rüber?"

„Ich weiß ehrlich gesagt nicht, ob ich gerade eine gute Gesellschaft für Sie bin. Mir geht es ziemlich beschissen", antwortete ich frei heraus. Wenn ich schon die Distanz zum Thema und zu den Menschen, über deren Anliegen ich berichtete, nicht halten konnte, dann konnte ich wenigstens ehrlich mit ihnen umgehen. Mein vermeintlich professionelles Getue legte ich daher ab. Sichtlich überrascht rang Helen Weber um eine passende Antwort.

„Mir geht es derzeit einigermaßen gut. Da halte ich etwas Kummer von Ihnen schon aus. Setzen Sie sich ruhig."

Ich setzte mich, wenn auch zögerlich. Das sollte sich noch als richtig gute Entscheidung herausstellen. Vorhin, als ich meine kleine Wohnung verlassen hatte, wollte ich eigentlich nur raus und mein Leid allein in die Natur tragen. Nun saß ich plötzlich bei jemandem, über deren Schicksal ich berichtet und das mich so bewegt hatte. Eben wegen dieses Berichts hatte ich mich in der Redaktion kräftig verrannt und zweifelte an meinem Job.

Schweigend saßen wir gut fünf Minuten nebeneinander. Aus heutiger Sicht betrachtet erstaunlich, dass wir es an diesem Abend schafften, unser Schweigen so lange auszuhalten. Wir redeten beide gerne und längere Situationen des Schweigens wurden uns schnell peinlich. Aber an diesem Abend passte es einfach. Irgendwie schafften wir es, die unklare Situation auf uns wirken zu lassen und auszuhalten. Helen Weber erklärte mir später einmal, sie hätte das Schweigen noch viel länger ertragen, schließlich hätte sie viele Jahre Erfahrungen damit, wie ätzend es sein konnte, wenn ihr gegenüber schnelle Ratschläge bemüht wurden. Am schlimmsten empfand sie Ratschläge in Situationen, in denen es besser gewesen wäre, ruhig zu sein, um die Situation und die Gedanken sich entwickeln lassen zu können.

Unsere schweigsame Zeit war es wahrscheinlich auch, die mich endlich zum Rede, zum sehr offenen Reden, mit Helen Weber brachte. „Auch wenn das jetzt wahrscheinlich richtig blöd ist. Wenn die vermeintlich allmächtige und allwissende Journalistin über ihr eigenes Leid klagt und damit völlig aus ihrer Rolle fällt.

Irgendwie muss es heute Abend wohl raus. Sagen Sie Bescheid, wenn es zu viel oder nicht ok ist für Sie“, begann ich. Helen Weber nickte verständig. Und ich erzählte ihr also von meinem Frust in der Redaktion, über meine beschissene Situation, noch keinen Platz im Leben gefunden zu haben, von meinem gewachsenen Ärger über die Arbeitsbedingungen in der Werkstatt.

Ich habe keine Ahnung, wie lange wir zusammensaßen, wie lange ich auf Helen Weber ein- und mir den Frust von der Seele redete. So offen hatte ich bisher noch mit niemandem über all das, was ich täglich runterschlucken musste, gesprochen. Wahrscheinlich war das mit der Werkstatt wie ein Katalysator, der alles, was mich lange schon plagte, plötzlich so komprimiert zu Tage förderte. Immer wieder wischte ich mir einzelne Tränen ab. Helen Weber nahm dies genau wie meine zum Teil sicher etwas wirren und sprunghaften Ausführungen verständig hin. Als ich merkte, dass es langsam dunkel wurde, realisierte ich auch, dass es jetzt gut war. Ich schwieg.

„Danke, dass Sie so viel Vertrauen zu mir haben. Danke, dass Sie mir alles erzählt haben. Dabei kennen wir uns noch nicht lange. Und auch nicht gut. Ist es ok, wenn wir uns Duzen? Als die Ältere darf ich das doch fragen? Ich fänd' das Du jetzt gut. Im Café Charlie hätte es auch schon gepasst. Ich hab' zu Ihnen, äh zu dir, auch schnell Vertrauen geschöpft.“

Ich hatte noch nie erlebt, dass eine Rollstuhlfahrerin mir das Du angeboten hatte. Ich freute mich über ihr Angebot. Ja, wir verstanden uns gut, und ich hatte mich Helen Weber gegenüber gerade sehr geöffnet. Das bewegte mich. „Aber gern, ich bin die Katrin.“

„Helen mein Name“, scherzte diese und ergänzte: „Du darfst mich also gerne duzen, bloß nicht, wenn du in der Zeitung über mich schreiben solltest“, und spielte damit auf unser Gespräch an, das wir beim ambulanten Dienst bezüglich des selbstverständlichen Duzens von behinderten Menschen gehabt hatten. „Schon komisch, da belehre ich dich, dass du mich in deinen Artikeln nicht duzen sollst und erkläre dir, warum. Und ein paar Tage später biete ich dir das Du an. Das Leben hat doch immer wieder interessante Schlenker parat."

An diesem Abend saßen wir noch gut eine Stunde beisammen und redeten über meine und ihre Situation. Wir sprachen auch über Dies und Das, zum Beispiel einige Konzerte, die demnächst in der Stadt stattfinden würden. Ganz nebenbei erfuhr ich so von Helen Weber über ihre Probleme bei solchen Veranstaltungen. „Ich brauch' Unterstützung beim Rollstuhlschieben. Aber ich find' oft niemanden. Dabei kann ich mit meinem Behindertenausweis ganz oft eine Begleitperson kostenlos mit in die Konzerte nehmen." Ganz spontan bot sie mir an, einmal einen gemeinsamen Konzertbesuch zu versuchen: „Vielleicht klappt es ja mit uns!" Ob sie ahnte, wie gut das für mich passte? Mein Problem war nämlich meine klamme Kasse. Teure Konzertkarten konnte ich mir nicht wirklich leisten. Und so wurden wir uns einig: Wir wollten demnächst zusammen auf ein Konzert gehen, das uns beide reizte.

Inzwischen war es dunkel. Bevor uns die Mücken vollends auffraßen, verabredeten wir uns für Anfang nächster Woche in einer für Helen Weber barrierefrei zugänglichen Kneipe.

„Bevor du dich in der Redaktion vollends verkämpfst, überleg' dir doch mal, ob du nicht ein Buch über die Werkstätten schreiben willst. Du kannst doch gut Schreiben. Wie wär's denn wirklich mit einem Roman darüber. Da könnten wir Betroffenen mal 'ne zentrale Rolle spielen. Es gibt schon so viele Sachbücher und Fachartikel. Die liest eh kaum jemand. Die bewirken schon kaum noch was. Du musst mal die anderen aus der

Enthinderungsgruppe kennenlernen. Wir können dir bei einem Roman helfen. Stoff haben wir genug für dich."

Das musste ich erst einmal sacken lassen. Hatte sie so etwas ähnliches nicht auch schon am Ende unseres Treffens im Café Charlie gesagt? Kritik, wie die des Chefredakteurs, vor allem, wenn ich diese unberechtigt fand, traf mich sehr. Jetzt tat ich mich mit Helen Webers Lob so richtig schwer. Und das eben von ihr war für mich ein großes Lob. „Mensch, danke! Das muss ich jetzt erst mal setzen lassen". Entgegen meiner sonstigen Gewohnheit machte ich mich dieses Mal nicht klein.

„Du würdest mir und vielen mit so was einen großen Dienst erweisen. Ich bin keine Schriftstellerin, Katja Franke von der Enthinderungsgruppe ist nur gut im Schreiben von Presseerklärungen und Flugblättern. Und das Fachgeschreibsel unserer Juristin Claudia Liese ist auch keine leichte Kost. Ihre Ausführungen, die in der Sache richtig und wichtig sind, tut sich niemand freiwillig an", ergänzte sie und verdrehte dabei ein wenig ihre Augen. „Lass' meinen Vorschlag für das Buch einfach einmal setzen. Erhol' dich erst mal vom anstrengenden Tag. Gute Nacht, Katrin", verabschiedete sich Helen Weber und rollte in die andere Richtung davon, dem mittlerweile aufgegangenen Mond entgegen.

In einem Film wäre das unendlich kitschig gewesen. So war es in gewisser Weise symbolisch für diesen komischen Tag mit seinen Aufs und Abs.

(Un)entdeckte Wahrheiten

Der Entdecker Florian Kerner

Florian Kerner war mittlerweile ratlos, was die Brandstiftung in der Werkstatt anging. Sein über Jahre hinweg gewachsener Instinkt sagte ihm, dass da was war. Vielleicht war er gar nicht so weit weg von der Lösung des Falles entfernt. Aber außer diesem Bauchgefühl fehlte es ihm an allen Ecken und Enden an Fakten oder Anknüpfungspunkten. Jede Spur, die er und sein Kollege bisher erahnt und verfolgt hatten, landete im Nichts.

Auch sein Gespräch mit Katja Franke von der Enthinderungsgruppe, die recht schnell nach dem Brand die Presseerklärung an die Zeitung geschickt hatte, führte ihn zu keinen weiteren Erkenntnissen. Bevor er sie befragt hatte, hatte er erst einmal recherchiert. Dabei war er auf einige ähnliche, im Bundesgebiet aktive, Gruppen gestoßen. Die hatten seiner Ansicht nach zum Teil radikal anmutende Forderungen. Ging man ihrer Rhetorik jedoch auf den Grund, blieb es meist bei Presseerklärungen, kleineren Demonstrationen oder gemäßigten öffentlichkeitswirksamen Protestaktionen. Das war's dann auch schon.

Selbst seine Spur zum Europäischen Protesttag zur Gleichstellung von Menschen mit Behinderungen, über den er besonders viele Meldungen gefunden hatte, stellte sich als harmlos heraus. Inzwischen wusste er, dass der Protesttag von der Aktion Mensch koordiniert und sogar gefördert wurde. Früher hatte die Aktion Mensch noch Aktion Sorgenkind geheißen. Aktion Sorgenkind, Wum und Wendelin, der große Preis am Donnerstagabend, all das kannte er noch aus seiner Kindheit aus dem Fernsehen.

„Aber", sinnierte er vor sich hin, „solche Proteste sind bestimmt nicht der Stoff, aus dem eine Brandstiftung hervorgeht." Seine Internetsuche hatte ergeben, dass bei den meisten Protestaktionen behinderter Menschen vor allem auf Aufklärung gesetzt wurde. Öffentlichkeitswirksam schienen ihre Aktionen aber allemal zu sein: Im Jahr 2016 hatten sich behinderte Menschen in Berlin in der Bannmeile des Reichstags eine Nacht lang am Geländer der Spree angekettet. Die Presse berichtete gerade einmal von gut 100 Demonstrant*innen – in der Spitze! – und darüber, dass sich die Gruppe schnell mit seinen Kollegen der Berliner Polizei geeinigt hatte. Selbst ihr als zaghaft beschriebener Versuch, eine der Verantwortlichen hinterher zu belangen, war demnach wohl wieder zu den Akten gelegt worden. Das hatte für ihn nichts, aber auch gar nichts, Gewalttätiges. Auch nicht als 2016 vor allem blinde und sehbehinderte Menschen in Reichstagsnähe in die Spree gesprungen waren. Laut Presse war alles genehmigt und der Schiffsverkehr für die Zeit gestoppt worden. „Die Teilhabe geht baden", lautete damals ein kecker Spruch auf einem Plakat. Im Internet fand er sogar noch einen Bericht darüber. Klar, diese und eine Reihe weiterer Aktionen, hatten offensichtlich viel Resonanz in der Presse ausgelöst. Aber mit einer Brandstiftung hatten alle diese Aktivitäten nach Ansicht von Florian Kerner ganz und gar nichts zu tun. Einige Aktivist*innen predigten zwar Radikalität und forderten solche lauthals ein, aber dabei war es damals geblieben. So schien es heute auch noch zu sein.

Ganz nebenbei hatte er durch seine Recherchen einiges gelernt: Viele Fragen in Sachen Barrierefreiheit schienen bis heute noch immer nicht gesetzlich geregelt. Und das obwohl andere Länder wohl bereits viel weiter waren als Deutschland. Selbst Österreich, Großbritannien und sogar die USA. Aber das musste ihn nicht weiter scheren. Er hatte hier einen Fall aufzuklären.

Dafür hatte er inzwischen Katja Franke näher ins Visier genommen. Diese Katja Franke war in ihrer Wortwahl und ihren Ansichten zuweilen recht grundsätzlich. Aber Brandstifter waren sie und der kleine Trupp, mit dem sie sich umgab, sicher nicht. Bei ihrem Gespräch hatte sie über ihre Aktion zur Barrierefreiheit hier in der Stadt vor geraumer Zeit berichtet. Die Aktion hatte Berichte in der Presse ausgelöst, und sie hätten tatsächlich auch den einen kleineren oder größeren Erfolg verbuchen können, hatte sie ihm geschildert. Und so war auch das für ihn ein weiteres Indiz:

Diese Gruppe wollte ihre Proteste mit friedlichen Mitteln zum Ausdruck bringen.

Es war schlichtweg zum Mäusemelken. Er kam einfach nicht weiter. Und das musste er auch seinem Chef eingestehen. Dieser hatte nach der Berichterstattung und zum Teil offenen Kritik an der Polizei durch die Presse anfänglich richtig Stress gemacht. Inzwischen hatte sich das wieder gelegt. Und zum Glück hatte es keine weiteren Brandstiftungen in den letzten Wochen mehr gegeben. Insgeheim wusste sein Chef wahrscheinlich auch, dass sie bei dieser Faktenlage keine Täter herbeizaubern konnten.

Die Untersuchungen hatten zwischenzeitlich folgendes ergeben: an allen drei Brandstellen wurden Überreste von Benzinkanistern gefunden. Kanister, wie sie gemeinhin verwandt wurden. Also auch das lieferte ihnen keine heiße Spur. Florian Kerner war geneigt, den Fall erst einmal ruhen zu lassen. Dies wollte er seinen Kollegen ebenso empfehlen. Sie alle drückte der Schuh an verschiedenen anderen (Bau-)stellen viel mehr! Aber: Seine innere Stimme sagte ihm dann doch, damit noch ein bisschen zu warten.

Wenigstens lief es mit seiner Frau wieder ein bisschen besser, weshalb er jetzt mehr Zeit zu Hause verbringen musste und wollte. Und so konnte er derzeit nicht mehr so verrückt wie früher seinen Fällen nachjagen. Anfangs hatte er sich stark gegen eine Eheberatung gesträubt. Nach ihren ersten Sitzungen zeigten sich dann doch kleinere Erfolge. Er hatte begonnen, auch seine Bedürfnisse einzubringen. Diese positive Entwicklung wollte er sich zuallerletzt von einer solch' blöden Brandstiftung kaputt machen lassen, nur weil er ewig im Büro hockte.

Die Behindertenwerkstatt war gut versichert. Es gab bereits erste Planungen, die wesentlich besser geeignet schienen, als das alte Gebäude der 70er Jahre wieder neu aufzubauen. Die auf ihn stets etwas künstlich wirkende Geschäftsführerin, mit der er sich anfangs im Café Charlie getroffen hatte, wirkte während ihres letzten Telefonats mit ihm ganz aufgekratzt. ‚Schuld' daran waren wohl vor allem die neuen Perspektiven, die sich nun für die Werkstatt boten. Mittlerweile hatte der Trägerverein der Lindentalwerkstatt über 80.000 Euro an Spenden gesammelt. „Vielleicht haben die ihre Bude selbst angesteckt, um so zu einem Neubau zu kommen", dachte er, ohne seinen Gedanken jedoch allzu ernst zu nehmen.

Die Entdeckung neuer Fähigkeiten und Möglichkeiten

Das erste Treffen in den Räumen der Beratungsstelle der Elterngruppe war in vielerlei Hinsicht interessant. Rund zehn Leute, die ohne den Werkstattbrand sonst zu dieser Zeit in der Wäscherei, der Verpackung, der Druckerei oder in der Kantine beschäftigt gewesen wären, saßen nun zusammen.

Marianne Berger, die Vorsitzende der Elterngruppe, war kurz vorbeigekommen. Sie zeigte ihnen, wo sich Tassen, Teller und Besteck befanden. Die unkomplizierte Frau hatte ihnen angeboten, sich gerne mit Getränken zu versorgen. Anschließend sprach sie ein paar Begrüßungsworte. Das war's dann aber gewesen. Sie rauschte in ihrer üblichen Betriebsamkeit davon.

Katja Franke, die trotz ihres Urlaubs noch einen kurzfristig gemailten Text für ihren Job an der Uni überarbeiten musste, hatte sich erst für kurz nach zwölf angesagt. Sie wollte vorbeischauen, um zu sehen, was lief. Bisher lief aber gar nichts. Alle schienen darauf zu warten, dass irgendjemand ihnen sagte, was zu tun war. So, wie das in der Werkstatt meist der Fall gewesen war.

Anfangs waren Bernd Friedrich und sein Freund Heinrich Klenke mit dem Decken der Tische sowie dem Kaffee und Tee kochen beschäftigt. Nun redeten einige über den Werkstattbrand und darüber, wer das Feuer gelegt haben könnte. Dann kehrte wieder Ruhe ein. Sie wussten nicht so recht, was sie miteinander anfangen sollten. Eine längere Zeit der Stille folgte.

„Was jetzt?“, traute sich Klaus Kriske trotz seiner Sprachbehinderung nach gut drei, aber gefühlten 15 Minuten bedrückter Stimmung zu fragen.

„Tja, warum sind wir eigentlich hier?“, fragte ein anderer, den Bernd Friedrich vom Sehen in der Werkstatt kannte. Irgendjemand hatte ihn eingeladen auch zu kommen.

„Was tun unsere Betreuer, wenn die in ihren Besprechungen sitzen?“, ergriff Heinrich Klenke das Wort: „Die schreiben was auf Kärtchen. Dann kleben sie die an die Wand.“

„Das ist doof. Ich kann nicht so gut schreiben“, machte der Einwurf einer jüngeren Frau diesem Versuch ein Ende.

So schnell wollte sich Heinrich Klenke nicht geschlagen geben. „Dann machen wir halt ‘ne Runde und stellen uns mal kurz vor. Wir kennen uns nicht alle. Ich wenigstens nicht. Und schon gar nicht all eure Namen.“

„Und wenn wir schon dabei sind, dann kann jeder auch gleich sagen, ob er Ideen hat, was wir mit unserer Zeit anfangen“, ergänzte Bernd Friedrich. Er war heilfroh, dass ein Anfang gemacht war. „Ich fang‘ mal an. Ich bin der Bernd Friedrich und will hier nicht nur rumlabern, bis wir uns auf den Geist gehen. Ich will, dass wir uns praktische Sachen überlegen, die wir von hier aus machen können.“ Welche „praktischen Sachen“ das sein konnten, wusste er selbst noch nicht. Also ließ er es damit bewenden.

„Wir könnten was machen, was nicht viel Geld kostet. Wie in den Park gehen, oder Spiele spielen“, traute sich eine Frau als Erste.

„Ich fotografier' gern. Wollen wir eine kleine Zeitung mit vielen Bildern machen? Da schreiben wir rein, was wir hier in der Gruppe tun. Mein Handy hat 'ne Kamera. Und 'nen alten Computer kriege ich bestimmt von meinem Papa. Wir zeigen da unsere Stadt", ergänzte ein junger Teilnehmer, der sowieso ständig mit seinem Handy spielte.

„Ich will mit Kindern was machen" traute sich die junge Frau zu sagen, die davor bekannt hatte, dass sie nicht so gut im Schreiben war.

„Ich will einen Job – draußen – finden." Klaus Kriske sagte es so, dass ihn fast alle verstanden.

In dieser Form ging es eine Weile weiter. Nach der Raucherpause erlahmte die Diskussion dann aber spürbar. Alle warteten. Gut, dass jemand nach zehn Minuten vorschlug, sich in kleine Gruppen aufzuteilen. Diejenigen, die sich für die Zeitung interessierten, trafen sich draußen. In der einen Ecke des Raumes saßen die, die Interesse hatten, einen Job außerhalb der Werkstatt zu finden. Und einige, die sich nicht richtig entscheiden konnten, versammelten sich in der anderen Ecke. Dort schwirrten die Ideen recht unsortiert durcheinander. So traf Katja Franke die Gruppe an, als sie es endlich geschafft hatte, sich von ihrem Schreibtisch loszueisen und den Weg durch die Stadt zurückzulegen. Die Straßenbahn, die mittlerweile weitgehend barrierefrei nutzbar war, hielt zum Glück um die Ecke.

Katja Frankes Ankunft brachte neues Leben in die Gruppe. Während einer zweiten Pause, vehement von den Raucher*innen eingefordert, erfuhr sie von Bernd Friedrich was und wie es bisher gelaufen war. Katja Franke nahm den Faden auf. Sie begrüßte die Gruppe, stellte sich und die Enthinderungsgruppe vor; dann ging es weiter: Mit Unterstützung von Katja Franke begannen sie gemeinsam, ihre ersten Ideen zu sortieren.

Sie pinnte alle beschriebenen Kärtchen an eine Stellwand, natürlich nicht, ohne diese vorzulesen. Sie wusste, dass nicht alle (gut) lesen konnten. Auf die Schnelle malte sie auf die eine oder andere Karte noch ein Bild. Schnell deshalb, um den Betrieb damit nicht zu lange aufzuhalten. Katja Franke wusste zu gut: zu langes Schweigen oder Warten in Gruppen machte müde. Also bemühte sie sich, einen gewissen Spannungsbogen zu halten. Mittlerweile war es Mittag und die Temperatur im Raum merklich angestiegen. Auch deshalb war das mit dem Spannungsbogen und der Balance zwischen schnell und langsam herausfordernd für sie. Niemand sollte sich überfahren fühlen. Aber Katja Franke war erfahren genug, das hinzuschaukeln. Und es kamen doch so einige Ideen zusammen. Zum Schluss sortierte sie alle Kärtchen an der Stellwand nach Themen.

Der nächste Schritt: Zusammen überlegten sie, was sie am Mittwoch, bei ihrem nächsten Treffen, tun könnten. Die erste Wahl fiel auf gut frühstücken. Jeder und jede sollte etwas mitbringen; sie wollten alles teilen. Damit nicht alle Brötchen mitbrachten, legten sie genau fest, wer für welche Leckerei zuständig war. Jeder bekam von Katja Franke einen entsprechenden Zettel als Erinnerung. Für die junge Frau, die nicht gut lesen konnte, malte sie ein Bild roter Tomaten auf deren Blatt.

„Toll! Kaffeekochen hab'n wir heute schon geschafft. Und Brötchen kriegen wir auch geschmiert. Und irgendwann machen wir dann mal 'ne kleine Veranstaltung. Und dann machen wir die Verpflegung!" Bernd Friedrich wurde zunehmend selbstbewusster.

Die zweite Wahl nach dem Frühstück kommenden Mittwoch fiel auf den Park. In den Park zu gehen war immer gut. Dort konnte man andere beobachten. Und man konnte vielleicht auch etwas tun. In diesen lauen Sommernächten war der Park sehr beliebt: viele Menschen, viel Müll, besonders rund um den Spielplatz. Die

Parkreinigung kam nicht mehr hinterher. „Wir sammeln mal ‘n bisschen Müll auf. Da liegt grade so viel rum. Das ist echt doof.“

„Müll aufsammeln, nö!“ Bevor schlechte Stimmung aufkam, warf Katja Franke eine Idee in den Raum: „Wollen sich einige mit Marianne Berger treffen? Vielleicht könnt ihr mit ihr zusammen Ideen für Praktikumsplätze überlegen? Sie kann vielleicht helfen. Die kennt doch alle möglichen Leute.“ Die junge Frau, die unbedingt mit Kindern arbeiten wollte, meldete sich sofort und vehement für so eine Gruppe. Andere folgten.

Alle kamen noch einmal in Fahrt: Die ‚Zeitungsleute‘ wollten schon einmal kräftig fotografieren und ein paar Sätze aufschreiben. Sie entwickelten sogar einen sehr ehrgeizigen Plan für ihre erste eigene Zeitung: In zwei Wochen wollten sie eine erste Ausgabe schaffen. „Das wär‘ super!“ Nur das mit dem Kopieren mussten sie noch regeln: Vielleicht bei der Elterngruppe oder mit Hilfe der Enthinderungsgruppe? Das wäre endlich mal eine Aktion unabhängig von der Werkstatt.

Das allgemeine Treffen in den Räumen der Elterngruppe kam Bernd Friedrich und Klaus Kriske sehr gelegen. In der Pause konnten sie sich austauschen, ohne dass es groß auffiel. Die sprachlichen Grenzen von Klaus Kriske umschifften sie mit Gesten und kurzen Sätzen. Bernd Friedrich wählte einen unauffälligen Einstieg, falls doch jemand lauschte: „Wir brauchen Arbeitsplätze. Für uns. Und für viele andere.“

Klaus Kriske war mutiger und fragte unbefangen, wie es ihm ginge. Bernd Friedrich murmelte „gut“, zeigte dabei aber stolz das Zeichen für ein Schlösschen über seinen Lippen.

„Supi“, kommentierte Klaus Kriske und hob den Daumen. Dass Helen Weber bestimmt auch dichthalten würde, da waren sie sich ohnehin sicher. Sie war schließlich der Kopf der ganzen Aktion. Alle drei waren sich von Anfang an einig gewesen, dass dringend etwas getan werden musste, damit die Werkstatt sie und die anderen nicht wieder in ihre Fänge kriegte.

„Das Ganze hat sich jetzt schon gelohnt“, beschloss Bernd Friedrich ihr kurzes Pausengespräch. „Schau‘ mal heute, wer alles da ist. Und wie wir zusammengekommen sind. Das gab‘s doch noch nie! Was auch immer jetzt draus wird.“

Weitere Entdeckungen

Helen Weber und ich trafen uns wie vereinbart in der Kneipe. Draußen hatten wir noch einen guten Tisch erwischt, der etwas Abseits stand. So konnten wir uns gut und mit etwas Privatsphäre unterhalten.

Zuerst plauderten wir ausgiebig darüber, welches Konzert wir besuchen wollten, um zu testen, ob das mit uns zusammen funktionieren könnte. Ich war unsicher. „Was muss ich als deine Begleitperson denn tun?“ „Na ein bisschen Schiebehilfe. Und du kannst mir helfen, damit ich durch die Menge komme, wenn ich zur Toilette oder zum Getränkeholen muss.“ „Die Getränke kann ich dir holen, das mit der Toilette kann ich für dich leider nicht mit erledigen“, erwischte ich mich dabei, mit ihr schon unbefangener zu scherzen. Wir lachten. Letztendlich entschieden wir uns für eine noch recht unbekannte, lokale Band. Helen Weber hatte gehört, dass sie gut sein sollte. Ein weiterer Vorteil: die Eintrittspreise waren erschwinglich.

Mit ihr zu lachen, das tat mir generell und besonders nach dem letzten Depri-Treffen gut. Zu Lachen hatte ich in letzter Zeit viel zu wenig gehabt, obwohl ich ein humorvoller Mensch war. Schließlich landeten wir aber bei dem Thema, das uns ursprünglich zusammengebracht hatte.

„Wie geht‘s dir im Praktikum? Hast du Chancen, dort einen längerfristigen Job zu bekommen?“, fragte ich und erhielt einen ausführlichen Bericht von Helen Weber. Es laufe bisher recht gut und sie habe schon einiges gelernt. Die Arbeit im Pfortenbereich mache ihr richtig Spaß, da sie dort mit vielen Menschen zu tun habe. Sie mache sich aber auch darüber Gedanken, wie sie einige Dinge mit einer passenden Unterstützung besser machen und damit einen regulären Job ausfüllen könne.

„Von meinem neuen Kollegen Peter Stamm hab' ich mitbekommen, dass er eine Arbeitsassistenz finanziert bekommt. Peter hat 'ne hochgradige Sehbehinderung. Seine Assistenz liest ihm Texte vor oder unterstützt ihn bei Hausbesuchen. Und bei anderen Arbeiten, die er wegen seiner Sehbehinderung eben nicht selbst machen kann, nutzt er sie auch. Schon ziemlich cool! Ich frag' mich, ob für mich irgendwann eine solche Assistenz bewilligt werden kann?"

Arbeitsassistenz. Gut, dass ich davon schon einmal etwas gehört und mir etwas in mein Notizbuch geschrieben hatte. Das lies' mich nicht ganz ahnungslos erscheinen.

„Am besten ist das mit deinem Artikel über mein Praktikum. Ich glaub' der hat richtig geholfen! Jetzt bekomme ich doch 100 Euro jeden Monat Praktikumsgeld. Die Geschäftsführerin will sich wohl nicht lumpen lassen." Helen Webers Worte sprudelten nur so hervor. „Und noch was: Sie will jetzt mit mir einen Antrag stellen. Sonst bekommt die Werkstatt das Geld für meine Unterstützung. Carola Finke will aber das Geld für mich als Unterstützung am Praktikumsplatz einsetzen. So was wie ein persönliches Budget."

Was war das jetzt, ein persönliches Budget? War das dasselbe wie das Budget für Arbeit? Darüber hatte ich schon mehrfach gehört und gelesen während meiner Recherchen.

„Claudia Liese, unsere Juristin aus der Enthinderungsgruppe, ist schon mit an Bord", fuhr Helen Weber euphorisch fort.

„Stopp, Helen, einen Schritt zurück zu deiner Unterstützung im Praktikum. Wenn der ambulante Dienst das Geld bekommen würde, fänd' ich das echt angemessen." Jetzt verfiel ich ins Dozieren. Ich wollte ihr einige Informationen aus meinen Recherchen weitergeben: „Ich hab' rausgefunden, dass die Werkstatt für jeden behinderten Menschen, den sie beschäftigt, also wahrscheinlich auch für dich, um die 1.300 Euro im Monat vom Kostenträger der Eingliederungshilfe bekommt."

„Das wär' ja ein Traum, wenn wir – oder ich – einiges von dem Geld kriegen. Aber erzähl mal, wie geht's dir? Hast du dich wieder etwas gefangen? Letztes Mal warst du ganz schön down?"

Helen Weber hatte letzte Woche viel Verständnis für meine Situation gezeigt. Und dies, obwohl sie eigentlich selbst Verständnis und viel mehr Unterstützung verdient hätte, um aus der Werkstatt langfristig und nicht nur für ein kurzes Praktikum rauszukommen. Jetzt war ich also an der Reihe zu berichten. Es fiel mir nicht schwer, mich wieder zu öffnen.

„Na ja, ganz ehrlich, ich hab's immer noch nicht richtig verkraftet, dass ich nicht darüber berichten darf, wie es wirklich in der Werkstatt zugeht. In der Redaktion halt' ich meinen Kopf schon noch bewusst hoch." Nach einer kurzen Gedankenpause gestand ich ihr und mir ein: „Aber innerlich koche ich noch immer."

„Ehrlich, du hast allen Grund zum Kochen. Und wir können über die Werkstatt gleich weiterkochen. Ich hab' gehört, dass die Betreuer*innen wohl gerade verhindern sollen, dass wir andere Wege gehen. Die tun fast nichts mehr dafür, dass wir auf Außenarbeitsplätze oder ganz normale Arbeit draußen kommen. Warum grade jetzt? Wir haben doch in kurzer Zeit auch was geschafft: Peter Stamm und ich hab'n das mit meinem Praktikum angezettelt. Und einige Eltern haben auch schon was angeschoben. Mensch, da geht doch viel mehr als nichts. Und überall suchen die draußen doch Personal."

Helen Weber musste erst einmal eine Pause einlegen. Ohne darüber nachgedacht zu haben, entfuhr mir, wie schon während unseres Gesprächs beim ambulanten Dienst, dass ich mir gut vorstellen könnte, dass ich in einer solchen Situation in der Werkstatt ausrasten und vielleicht sogar einen Brand legen würde.

Das war nicht gut, dass ich das gesagt hatte! Da war es plötzlich wieder: Helen Weber erbleichte noch viel mehr als letztens und wurde plötzlich sehr nachdenklich.

„Alles ok?"

„Ja, ja", antwortete sie beflissentlich und fragte mich abrupt, ob ich auch andere Themen in der Redaktion bearbeiten würde.

„Ja. So eine Initiative will einen Bürgerentscheid für mehr Radwege. Darüber werde ich berichten. Sie wollten am kommenden Wochenende eine größere Fahrraddemo zum Rathaus durchführen." Mit meinen Gedanken war ich aber immer noch bei der erneuten, recht seltsamen Reaktion von Helen Weber auf meine Brandstiftungsfantasien. Hätte ich ihr vielleicht besser mal versichert, dass ich nichts abfackeln würde, obwohl ich mich so über das Werkstattsystem in Deutschland aufregte?

Trotz dieses verwirrenden Intermezzos wurde es dann doch noch ein recht langer und lauschiger Abend. Wir entdeckten weitere Gemeinsamkeiten, leerten eine leckere Flasche Rotwein und lachten viel. Vielleicht hatte ich in Helen Weber ja wirklich eine Freundin gefunden? Ja, eine Freundin vermisste ich noch sehr. Bisher hatte ich außer ein paar eher lockeren Bekanntschaften hier niemanden.

Es war gar nicht so einfach, neue Leute an einem neuen Ort kennenzulernen. Damals, an der Uni, war mir das zwar auch schon nicht leichtgefallen. Aber da waren viele von uns an einem ähnlichen Punkt im Leben. Und es war viel leichter gewesen, Kontakte zu knüpfen und sich zu verabreden. So hatte ich auch ein paar Typen kennengelernt, aber nach kurzer Zeit war ich froh gewesen, dass ich die wieder loswurde. Hier – in meiner neuen Stadt – gingen meine Redaktionskolleg*innen abends meist nach Hause zu ihren Familien oder hingen mit Kommunalpolitiker*innen oder anderen Größen der Stadt herum. Sie versprachen sich davon vor allem Infos für ihre weiteren Recherchen. Mit meiner Art konnte ich mich da nicht so leicht andocken.

Vieles von dem, was sie machten, wollte ich nicht. Der Alkohol floss zuweilen in rauen Mengen. Zudem musste ‚frau' dabei recht schlagfertig sein und so einiges Runterschlucken, vor allem, wenn die Herren wieder einmal einen intus hatten und so richtig in Fahrt gerieten. Manchmal wurde es dann schon auch mal brenzlig. Einmal konnte ich mich zum Glück aus solch einer Situation herauswinden. Dieses Erlebnis hatte mich vorsichtiger und sehr viel zurückhaltender gemacht, was solche Kontakte anging. Das Betthäschen des Chefredakteurs oder eines Unternehmers wollte ich auf keinen Fall werden. Da pfiff ich lieber auf die Karriere, wenn das die ‚Voraussetzungen' dafür waren und es nicht anders ging. Abschreckende Beispiele hatte ich schon genug in meinem Umfeld gesehen.

Kurz bevor Helen Weber und ich uns verabschiedeten, verabredeten wir uns für den nächsten Abend gegen neun an Helen Webers Lieblingsplatz, am alten Baum, zum Luftholen und auf ein kleines Schwätzchen. Es war immer noch kein Regen in Sicht und trotz des langsam ausklingenden Sommers war es immer noch unerträglich heiß. Eines ahnten wir nicht: Dieses Treffen sollte erst einmal einen Knacks in unsere sich anbahnende Freundschaft bringen.

Enthüllung

Als ich Helen Weber am kommenden Abend traf, war ich es, die aufgekratzt war.

Der Artikel mit dem Radentscheid machte mir richtig Spaß und lenkte mich ab. Zudem war heute eine Pressemeldung eines Elternvereins für Inklusion reingekommen. Sie hatten mittlerweile zwei Praktikumsplätze für behinderte Menschen gefunden. Beide hatten bislang in der Werkstatt gearbeitet. Ihre Pressemitteilung verriet noch mehr: Ein Arbeitgeber konnte sich sogar vorstellen, der behinderten Frau mit entsprechenden Zuschüssen eines Budgets für Arbeit einen festen Job zu geben. Ich hatte aus der Meldung sofort einen Artikel für die morgige Ausgabe gezimmert, der ohne Zackern durchging. In einem Infokasten neben dem Artikel konnte ich zudem noch einige Infos von Claudia Liese zum Budget für Arbeit unterbringen. Was für eine Freude für mich! Vor allem freute ich mich aber für die beiden behinderten Menschen. Endlich bekamen sie eine Chance!

Auch mein vormittägliches kurzes Zusammentreffen mit Polizeikommissar Kerner vor dessen Lieblingscafé war interessant gewesen. Erst hatte er mir ausführlich von deren Mohnkuchen vorgeschwärmt, den er scheinbar sehr liebte und der dort einmalig wäre. Meine Nachfrage, wie es um die Ermittlungen in Sachen Werkstattbrand stünde, hatte er viel knapper beantwortet. Es gab nach wie vor keine weiteren Erkenntnisse.

„Das Thema scheint Sie ja sehr zu interessieren?“. Sein Blick war dabei kritisch, aber das kannte ich ja schon. „Sie verheimlichen mir da doch nichts?“, legte er halb scherzhaft, aber auch halb ernst nach. Mir schoss die Röte ins Gesicht, obwohl es ja nichts zu verheimlichen gab. Zum Glück kriegte ich die Kurve. Schlagfertig antwortete ich mit einer Gegenfrage. „Trauen Sie mir kleinen Volontärin etwa zu, dass ich Kriminalfälle lösen kann, die Sie als erfahrener Fuchs nicht gelöst bekommen?" Das schien ihn zu besänftigen. Wir hatten beide herzlich lachen müssen und uns verabschiedetet.

Natürlich erzählte ich Helen Weber am Abend kurz von dieser Begegnung. Immerhin war ich ob meiner Schlagfertigkeit sehr stolz. Sie nahm meine Worte nur schweigend zur Kenntnis. Warum auch immer, aus irgendeinem inneren Impuls heraus überbrückte ich die Stille und wagte eine Frage: „Sag' mal Helen, ich hoffe, ich trete dir nicht zu nahe. Aber ich muss dich das jetzt einfach fragen: Jedes Mal, wenn ich darüber spreche, dass ich gut verstehen könnte, dass man bei solchen Bedingungen die Werkstatt in Brand stecken könnte, wirst du kreidebleich und wechselst schnell das Thema. Ist da was?"

Das saß! Ich merkte sofort eine eisige Stille. Helen Weber blieb stumm und sagte weiterhin nichts. Jetzt war es an mir, diese Ruhe auszuhalten, so wie Helen Weber das bei mir am Abend meines großen Frusts geschafft hatte. Einfach war das nicht.

Nach ein bis zwei Minuten fing sie leise an zu erzählen: „Ich hoff' so sehr, dass das jetzt nichts kaputt macht. Unser kleines, schönes Pflänzchen einer Freundschaft mit dir, ist mir wirklich wichtig. Normalerweise bin immer ich diejenige, die für alles und jeden Verständnis hat. Manchmal fühl' ich mich wie ein Mülleimer, weil ich mir so viel anhöre. Das belastet mich ja auch. Bei dir ist das nicht so! Bitte glaub' mir. Ich hab' dir gern zugehört, als du down warst. Das hat mich richtig mit dir verbunden. Hoffentlich hält DAS jetzt unsere neue Freundschaft aus."

Es folgte eine weitere Pause, in der ich gespannt die Luft anhielt. Ich hatte keine Ahnung, was kommen könnte. Helen Weber nahm den Faden erneut auf und fuhr mit ihren Schilderungen fort, nun jedoch wesentlich unsicherer: „Das in der Werkstatt, die Ungerechtigkeit, das hat mich fertig gemacht – richtig fertig. Fast jeden Tag hat man einzelne Leute runtergemacht, abschätzig und von oben herunter behandelt. Und dafür kriegen wir für unsere ganze Schaffe dort auch noch 'ne miserable Bezahlung. Und wenn Stress war, dann mussten einige wieder buckeln. Das hat mir echt weh getan. Dauernd gedemütigt werden. Die Betreuer haben immer wieder gesagt, dass ich es draußen nie schaffe und dass ich immer auf Hilfe angewiesen bin. Klar, ich hab' mich aus meiner Kraft aus dem Wohnheim in meine eigene Wohnung befreit. Da hat mir aber jemand geholfen. In der Werkstatt war da niemand. Ich musste irgendwas tun. Ich musste was ändern. Ich wollte nicht daran kaputt gehen."

Ich nickte. Das ermunterte Helen Weber weiterzuerzählen.

„Ich hätt' die Werkstatt ja verlassen können. Aber ganz ohne eine Beschäftigung dazustehen, das ist nichts für mich. Und dann bin ich auf die Enthinderungsgruppe gestoßen. Die war am Anfang komisch für mich. Aber sie haben mir echt geholfen. Ihre Diskussionen, die anderen Menschen mit ganz anderen Behinderungen und Erfahrungen. Und alle kannten Diskriminierungen. Das hat mir mit der Zeit mein Bewusstsein", auch so ein Wort der Gruppe, „echt geschärft. Ich hab' immer öfter mit einigen anderen in der Werkstatt geredet. Da gibt's zwei, denen ging's wie mir. Die waren genauso verzweifelt. Und da wuchs der Plan." Helen Weber holte tief Luft.

„Helen, welcher Plan?"

Und jetzt war sie es, die schluchzte. Die Tränen begannen ihr nur so den Wangen herunterzulaufen. Ich reichte ihr zwei Tempotaschentücher und umarmte sie. Das fühlte sich zumindest für mich passend an. Und ihr schien es auch gut zu tun. Nach einer Weile traute ich mich, meine Frage zu wiederholen: „Helen, was für ein Plan war das?"

„Die Werkstatt in Brand zu stecken", sprudelte es aus ihr heraus. „Ich darf dir das gar nicht erzählen. Jetzt ist's aber raus. Ich muss es einfach jemandem sagen, sonst ersticke ich daran. Mir steckt das schon die ganze Zeit in meiner Kehle. Wie der Rauch von dem Abend. Ich kann noch nicht mal mit den Leuten von der Enthinderungsgruppe darüber sprechen!"

„Oh Gott. Bist du die Brandstifterin?"

„Scheiße, ja! Ich hab' die Bude in Brand gesteckt. Ich hab's einfach nicht mehr ausgehalten. Der Plan war so fest in meinem Kopf. Das musste einfach sein. Und weißt du, das Schlimmste", es folgte eine kurze Pause, „ist, danach ging's mir so richtig gut. Das war fast wie Sex, zumindest für kurze Zeit. Jetzt ist der Druck aber so groß. Ich konnte ja mit niemand Außenstehenden so richtig darüber reden."

„Aber du kannst so einen Brand doch nicht alleine legen?" Mein Entsetzen wuchs.

Schließlich erzählte sie mir, begleitet von immer heftigerem Schluchzen, wie der Plan gewachsen war, wie sie es in der Nacht angestellt hatten. Die Namen der beiden Mittäter – dass es Männer waren, hatte ich aus ihren Erzählungen kombinieren können – erwähnte sie nicht.

„Ich hätt' dir das nie erzählen dürfen. Ausgerechnet ich posaune das raus. Und jetzt belaste ich dich damit auch noch als Mitwisserin. Jetzt hab' ich dich mit reingezogen."

Ich fragte nicht weiter nach, wer ihre Mittäter waren. Das Bisherige war für mich schon genug Wissen zum Verdauen. Jetzt, da Helen Weber fertig zu sein schien, musste ich erst einmal tief durchatmen.

„Helen, dein Geständnis ehrt mich. Unsere Freundschaft ist ja noch ganz frisch." Gleichzeitig überlegte ich krampfhaft, wie ich ihr diplomatisch klar machen konnte, dass mich ihr Geständnis auch furchtbar in die Bredouille brachte.

„Helen, das ist richtiger Mist. Wie soll ich mich denn jetzt verhalten. Du bringst mich da echt in 'ne richtig schwierige Situation", sagte ich ihr offen. Ich wusste, dass ich es ihr damit nicht leichter machte. Sie hatte sich mir anvertraut. Das bedeutete mir etwas. Trotzdem tobten die mir antrainierten Werte meines Vaters wie wild in mir. Er hatte mir förmlich eingebläut, dass Ehrlichkeit am längsten währte, und dass Verbrechen, Verbrechen blieben, egal wie schön man sich diese zurechtzureden versuchte. Das gesamte Fundament meiner über die Jahre gewachsenen ethischen Überzeugungen wankte plötzlich – und zwar ganz gehörig.

Und natürlich war ich auch Journalistin, die ausgerechnet gerade diese Geschichte bearbeitete, oder besser gesagt „diesen Fall", wie es Florian Kerner formulieren würde. Der Kommissar tauchte plötzlich sehr real vor meinem inneren Auge auf. Seinem festnagelnden Blick würde ich mit diesem Wissen, das mir durch Helen Webers Geständnis zuteilgeworden war, niemals standhalten können. Ich würde garantiert genauso bleich wie Helen Weber werden, sollte er mich erneut auf den Brand ansprechen. Oder noch viel schlimmer, knallrot, wie heute bei dem kurzen Zusammentreffen mit ihm. Und da hatte ich noch keinerlei Spur von einer Ahnung gehabt. An all das dachte ich während unseres beklemmenden Schweigens, das nun eingetreten war.

„Scheiße, Scheiße und nochmals riesengroße Scheiße", sprudelte es schließlich aus mir heraus. „Helen, das ist richtiger Mist", wiederholte ich mich.

„Das weiß ich inzwischen auch. Sorry, dass ich dich da jetzt mit reingezogen hab'. Ich hätte einfach meinen Mund halten sollen. Aber jedes Mal, wenn du gesagt hast, dass du die Brandstiftung gut verstehen kannst, hat's mich fast umgehauen. Ich bin eine miserable Schauspielerin. Das weiß ich spätestens jetzt. Dauernd hab' ich befürchtet, dass die beiden anderen etwas verraten. Und jetzt hab' ich es selbst nicht ausgehalten. Und ausgerechnet dich belaste ich damit!" In Helen Webers Stimme lag Verzweiflung.

„Ich verlang' von dir nichts, was du nicht mit deinem Gewissen verantworten kannst. Das ist mir echt wichtig. Uns war immer allen klar, dass wir erwischt werden können. Wir tragen auch die Konsequenzen für unsere Tat und den Schaden, den wir angerichtet haben. Wenn's sein muss. Daran hat sich für mich nichts geändert. Für die anderen auch nicht, glaub' ich. Hoffe ich!" Helen Weber rang sichtlich mit sich, zögerte, fuhr aber doch fort: „Wenn du denkst, dass du uns melden musst, dann tu's. Das ist mir zehnmal lieber, als wenn du dich quälst. So was ist keine gute Grundlage für eine Freundschaft zwischen uns. Du bist mir in den letzten Tagen sehr wichtig geworden."

Mittlerweile war ich aufgestanden. Ich tigerte wie eine Raubkatze im Käfig auf und ab. Die irritierten Blicke einiger Spaziergänger, die vorbeikamen, ignorierte ich komplett. Verschiedene Stimmen in mir stritten um die Wette, was ich nun tun sollte oder musste. Die Stimme meines Vaters und die des Polizeikommissars waren in diesem immer schneller werdenden Gedankenkarussell ziemlich laut. Da war aber auch eine Stimme, welche die freundschaftliche Beziehung mit Helen Weber beschwor. Mir war bewusst, dass jede Freundschaft mit allen Höhen und vor allem Tiefen, die man gemeinsam durchlebte und meisterte, wuchs. Jede*r durfte also Untiefen und Brüche im Leben haben, die nicht dem Ideal, dass wir ständig zeichneten, entsprachen. Wenn man gemeinsam Herausforderungen meisterte, solche Situationen aushielt, ging man oft stärker und verbundener daraus hervor – und die Freundschaft wurde noch bedeutsamer.

Aber mussten diese Tiefen bei mir und Helen Weber so früh kommen – und dann gleich mit einem solchen Hammer? Ich rang mit mir. Ich fluchte vor mich hin. Das Stimmengewirr in meinem Kopf war zu groß und zu durcheinander. Ich konnte auf einmal keinen klaren Gedanken mehr fassen. Mir wurde jedenfalls bewusst, dass ich mehr Zeit brauchte, um all das Für und Wider einer solchen Situation abzuwägen. Was ich genau tun sollte, davon hatte ich schlichtweg keinen Plan.

„Helen, ich brauch' Zeit. Vielleicht sogar einige Zeit, um mir darüber klar zu werden, wie ich, wie wir, damit jetzt umgehen. Wenn ich was entscheide, dann muss das stimmig und in mir gefestigt sein. Ein ewiges Hin und Her, mit ständig wiederkehrendem schlechtem Gewissen entweder dir oder meinem Anspruch an Ehrlichkeit und Aufrichtigkeit gegenüber, kann und will ich weder dir noch mir zumuten. Helen, du bist mir echt ans Herz gewachsen, aber diese Zeit brauche ich."

„Versteh' ich. Keine Ahnung, wie's mir geh'n würde, wenn du mir erzähltest, dass du das Redaktionsgebäude von der Zeitung angezündet hast."

Wir verabredeten, dass ich mir für meine Entscheidung zwar Zeit lassen konnte, sie aber auch möglichst schnell wissen wollte, sobald ich eine Entscheidung getroffen hatte und wusste, wie es weitergehen konnte. Helen Weber wollte die Konsequenzen ihrer Tat auf jeden Fall tragen und ob meiner Entscheidung nicht grollen. Den beiden Mittätern wollte sie erst mal nichts von ihrem Geständnis erzählen – und mir wollte sie deren Namen nicht verraten, um mich nicht noch mehr zu belasten: „Du hast schon genug auf deinen Schultern".

Die inzwischen wieder schluchzende Helen Weber und ich verabschiedeten uns. Unser Abend hatte so aufgekratzt und mit guter Laune begonnen – nun ging er mit diese unerwarteten

Entdeckung, dieser Enthüllung, so zu Ende. Mir war klar, dass dieser Abend für mich noch nicht vorbei war, sofern ich heute Nacht überhaupt schlafen konnte.

Gewissensplagen

Auch Helen Weber hatte eine weitgehend schlaflose Nacht. Dieses Mal lag das aber sicher nicht an der brütenden Hitze, die sich in der Stadt mittlerweile in sämtlichen Ecken festgesetzt hatte. Erst gegen vier war sie eingeschlafen und ziemlich kaputt, als der Wecker um halb acht klingelte. Sofort verfluchte sie sich dafür, sich mir anvertraut und damit diese schwere Last auch auf meine Schultern abgeladen zu haben. Da lastete ein Millionenschaden auf ihrem Gewissen, nur weil sie keinen anderen Weg gefunden hatten, sich und andere aus den Fängen der Werkstatt zu befreien. Die Situation einfach zu akzeptieren, wie es so viele andere taten, war für sie jedoch schlichtweg keine Option gewesen.

Helen Weber ärgerte sich und ihre Gedanken drehten Runden. Ihnen waren keine anderen Wege für Veränderungen eingefallen. Hätten sie einfach mit der Situation weiterleben sollen? Die anderen 320.000 behinderte Menschen, die überall in Deutschland in Werkstätten für behinderte Menschen waren, taten es ja schließlich auch: sie fackelten ihre Werkstätten auch nicht ab. Und viele andere Menschen mussten noch viel Schlimmeres hinnehmen als sie; vielleicht würden sie in ihren Situationen am liebsten eine Bombe hochgehen lassen. Aber sie taten es nicht. Das war auch gut so. Es wäre furchtbar, würden alle so handeln, wie sie das getan hatten.

Ja, Helen Weber hatte Gewissensbisse. Dennoch konnte sie nicht verhehlen, dass sie sich über die Entwicklungen seit dem Werkstattbrand freute. So viel war in Gang gekommen: Sie hatte endlich einen Praktikumsplatz gefunden. Dafür musste sie auch heute wieder fit sein. Ihre Tätigkeiten im ambulanten Dienst forderten ihre volle Aufmerksamkeit. Auch einige andere der bisherigen Werkstattbeschäftigten beschritten neue Wege. Eine Reihe weiterer Türen waren dafür bereits aufgestoßen worden.

Die Tat hatte auf Helen Weber wie ein Mühlstein, der jeden Tag schwerer wurde, gelastet. Dabei war die Polizei bisher nicht auf sie gekommen. Lediglich Katja Franke war von der Polizei befragt worden, wie Helen Weber am Rande erfahren hatte. Katja Franke hatte jeden Verdacht im Keim erstickt. Sie hatte schließlich keine Ahnung, dass Helen Weber und ihre Freunde dahintersteckten.

Helen Weber plagte nach ihrem Geständnis mir gegenüber ein schlechtes Gewissen. Sie überlegte hin und her: Sollte sie sich nicht besser selbst der Polizei stellen und alle Schuld auf sich nehmen? Sie wollte damit den Druck von mir nehmen.

Auch ich hatte wie Helen Weber wach gelegen. Auch mich plagte mein Gewissen. Als Journalistin hatte ich eine besondere Rolle. Und ich verspürte Verantwortung. Wenn ans Tageslicht käme, dass ich der Polizei wichtige Hinweise vorenthielt, könnte mir dies das ganze Leben verpfuschen.

All das war Helen Weber bewusst und plagte sie in ihrem Gedankenwirrwarr besonders. „Das ist doch alles echt beschissen“, sprach sie vor sich hin. Sichtlich angeschlagen trudelte sie an ihrer Praktikumsstelle ein. Sie konnte heilfroh sein, wenn sie einigermaßen gut durch diesen Tag kommen würde. Für die nächste Zeit schwante ihr Übles: Wie schnell würde ich, ihre neue Freundin Katrin Grund, mit mir ins Reine kommen? Mit wem könnte ich darüber sprechen? Und wie würde ich mich nach diesem Bekenntnis von ihr verhalten, verhalten müssen, verhalten können?

Helen Weber vermutete richtig: auch mir fehlte eine Person, mit der ich offen über diese verzwackte Situation sprechen konnte.

Sie wusste, dass ich diese Entscheidung ganz allein mit mir und meinem Gewissen ausmachen musste. Das tat ihr weh.

In der Nacht nach ihrer Enthüllung schlief ich zwar ‚schon' um kurz nach drei ein, aber eine gute Nacht sah wirklich anders aus. Meine Gedanken rasten hin und her. War ich fast so weit, eine Entscheidung zu treffen und mich damit anzufreunden, schwankte das Pendel wieder auf die andere Seite. Schien ein richtiger Weg in Sicht, riefen mich die Gegenargumente zurück: vor und zurück – zurück und vor. So ging es in meinem Kopf hin und her und rauf und runter noch dazu. Nahm ich mir vor, dass Schluss sein und ich jetzt noch keine endgültige Entscheidung treffen musste, hatte ich nur wenige Minuten Ruhe. Schon war ich wieder mittendrin.

Am nervigsten war, dass vor allem mein Vater und der Polizeikommissar so massiv in meinem Kopf gegen die mir wichtig gewordene Helen Weber agierten. Sobald ich an beide Herren dachte, forderte unsere freundschaftliche Beziehung immer mehr ihren Tribut. Eines war klar: ich wollte keine Petze sein. Also versuchte ich mir vorzustellen, wie ich die Sache heute in zehn Jahren wohl betrachten würde. Was wäre dann noch wichtig: Mein reines Gewissen, meine Aufrichtigkeit? Hatte die Freundschaft mit Helen Weber in zehn Jahren überhaupt noch Bestand und Relevanz? Was würde es für meine Journalistinnen-Karriere bedeuten? Wollte ich noch Karriere machen? Und ging das wegen dieser Geschichte überhaupt noch? Fragen über Fragen.

Schließlich redete ich mir ein, dass ich selbst schuld war an meiner Situation. Ich hatte mich einfangen lassen. Ich hatte mich so reingesteigert, als ob es nicht tausende von Dingen und Problemen gab, über die eine junge Journalistin wie ich schreiben könnte. Ausgerechnet auf eine so komplizierte Sache musste ich anspringen.

Wie schon in der Enthüllungsnacht drehten sich meine Gedanken auch in den darauffolgenden Tagen im Kreis. Ich funktionierte. Ich gab alles daran, Polizeikommissar Kerner nicht über den Weg zu laufen, und machte einen riesigen Bogen um das Café Charlie. Dort schien er regelmäßig zu verkehren. Die Größe meines riesigen Bogens war kaum beschreibbar! Mein Schicksal wollte es, dass ich ihm in den nächsten Tagen wirklich nicht begegnete. Ich hörte auch sonst nichts von ihm.

Gut, dass es die Fahrradgeschichte gab. Damit konnte ich mich etwas ablenken, und schrieb auch sonst ein paar gute Artikel, die wie eingereicht angenommen wurden. Aber: Mein Herz hing nicht an diesem Fahrradgeschichten-Erfolg oder den anderen veröffentlichten Artikeln. Das wurde mir zusehends klar. Womit hatte das zu tun? Mit der Last, die ich mit mir herumtrug? Oder lag es daran, dass mich die Themen nicht so fesselten, wie das Werkstattthema? Dabei war ich doch eine passionierte Radfahrerin? Noch ahnte ich nicht: Die Frage, an was mein Herz hing, sollte am Ende entscheidend für meine Gewissensplage und meine Entscheidung sein.

Drei Tage hatte Helen Weber schon nichts mehr von mir, Katrin Grund, gehört. Wir waren uns auch nicht zufällig begegnet. Auch Helen Weber funktionierte in ihrer Praktikumsstelle nur einigermaßen. Als sie vergessen hatte, eine wichtige Nachricht weiterzugeben, hatte sie sich einen kräftigen Anpfiff eingehandelt. Sie versuchte ihn mit einem gewissen Gleichmut hinzunehmen. Klar, das Praktikum war ihr wichtig. Aber sollte sie bald im Knast sitzen, wäre das mit der Arbeit beim ambulanten Dienst sowieso Geschichte, so ihr Gedankengang.

Wie bereits seit Tagen quälte sich Helen Weber auch an diesem Abend. Sie fragte sich, ob sie mir anbieten sollte, sich selbst der Polizei zu stellen. Schließlich war sie dazu bereit. Sie wollte mich schon fast anrufen, um es mir mitzuteilen, legte das Handy aber doch wieder zur Seite. Eine innere Stimme sagte ihr, dass sie mir Zeit lassen musste, ähnlich Früchten, die auch an allen Seiten reifen mussten, wenn sie gut schmecken sollten. Ihre Vorahnung war richtig: Ich brauchte diese ‚Reifezeit' tatsächlich, wenn aus uns wirklich Freundinnen werden sollten.

Am vierten Tag nach Helen Webers Geständnis war ich schließlich so weit. Ich hatte mir wiederholt Plus- und Minuslisten erstellt. Listen waren eben mein Ding. Endlich war ich zu einem klaren Ergebnis gekommen. Ich rief Helen Weber an und erreichte sie auf Anhieb. Es schien, als ob sie direkt neben ihrem Handy gesessen hatte. Später erzählte sie mir, dass dem so gewesen war.

Smalltalk war heute absolut nicht angebracht, das wusste ich. „Kann ich gleich bei dir zuhause vorbeikommen?" Wir hatten uns noch nie in ihrer Wohnung getroffen, also fragte ich sicherheitshalber nach, ob es für sie überhaupt okay war, dass wir uns in ihrer Wohnung trafen. Helen Weber willigte erleichtert, aber unsicher klingend, ein. Was würde sie erwarten? Sie gab mir ihre Adresse. Die Straße kannte ich, sodass es kein Problem war, zu ihr zu finden. Ich wollte DAS jetzt so schnell als möglich hinter mich bringen, DAS, was uns die letzten Tage so gequält hatte. Danach mussten wir einfach schauen, was passierte und wie es weitergehen könnte.

Helen Weber öffnete mir die Tür und ließ mich in ihr kuschelig eingerichtetes Apartment eintreten. Sie hatte nicht viel Platz, aber ausreichende Wendeflächen für ihren Rollstuhl. Auf dem Tisch stand eine Wasserflasche mit zwei Gläsern. Helen Weber bot mir etwas zu trinken an, was ich gerne annahm. Das war nach meiner Fahrradfahrt und der Hitze gut – und gab mir auch etwas Zeit, die bedrückte Stimmung zu überbrücken. Fast zeitgleich fingen wir an zu reden.

„Darf ich zuerst?" überraschte mich Helen Weber. Schließlich war ich es doch gewesen, die verkündet hatte, erst eine Entscheidung treffen zu müssen, wie es überhaupt weitergehen konnte.

„Na gut."

„Ich werde mich der Polizei stellen. Ich will dir das nicht aufbürden. Ich hab's mir vor und zurück überlegt. Eine Freundschaft zu dir ist mir wichtiger, wenn die überhaupt noch geht, nach so 'ner Sache. Ich sitz' lieber im Knast – oder was die auch immer mit mir machen. Ich will dich nicht in diese Sache mit reinziehen. Oder belasten." Ihre Stimme klang entschlossen.

Ich war erst einmal baff. Ein weiterer Schluck Wasser half. „Das würdest du für mich tun?", drängte es mich zu fragen.

„Ja. Mir fällt's nicht leicht, aber es ist das Beste. Ich hab' einige schlaflose Nächte hinter mir deshalb. Aber diese Entscheidung steht!" Helen Weber wirkte noch entschlossener als vorher.

„Helen, mach' das bitte nicht. Hör mir erst mal zu. Ich hab' mich genauso geplagt wie du. Und mühsam hin und her überlegt. Ich will dich nicht anzeigen. Und ich wird' dich nicht anzeigen. Ich werde Schweigen wie ein Grab, und wenn mich dieser Polizeikommissar noch so in die Mangel nimmt." Auch ich hatte eine endgültige Entscheidung getroffen und unterbreitete ihr sie im Brustton der Überzeugung. Wenn ich erst einmal eine Entscheidung getroffen hatte, dann war sie auch fix. Hin und Her, Her und Hin konnte ich überhaupt nicht leiden. Das hatte ich Helen Weber schon früh angedeutet. Nach meinem Geschmack plagten sich viel zu viele Menschen mit Dingen herum, die bereits längst entschieden waren oder hätten entschieden werden müssen. Jetzt war Helen Weber platt. „Ist das dein Ernst?"

„So wahr, wie ich hier sitze. Indianerinnen-Ehrenwort! Und darum gibt es auch ganz und gar keinen Grund, weshalb du dich der Polizei stellen solltest. Wem würde das denn dann nutzen?" Meine rhetorische Frage war genau richtig platziert.

Der Stein, der Helen Weber bei meinen Worten vom Herzen gefallen war, konnte sie zunächst nicht beschreiben. Es musste ein Riesenklumpen gewesen sein. Plötzlich rollten Tränen über ihr Gesicht. Ich stand auf und umarmte sie. Wäre das eine Filmszene gewesen, hätte ich bei so viel Kitsch spätestens jetzt abgeschaltet. Aber auch ich war tief bewegt, wie sich die Dinge entwickelt hatten: Helen Weber wäre tatsächlich bereit gewesen, sich der Polizei zu stellen. Und das vor allem wegen mir. Inzwischen heulten wir beide wie Schlosshunde. Und das tat verdammt gut.

Langsam fassten wir uns wieder. „Lass' uns auf unsere Lösung anstoßen!" Helen Weber zauberte irgendwo aus einem Winkel ihres Schrankes eine Flasche Baileys hervor. Er war entsprechend der Außentemperaturen warm, aber das störte uns in diesem Moment überhaupt nicht. „Ehrlich gesagt, ich habe noch nie einen so guten Baileys getrunken", gestand ich ihr unter Lachen ein. Dann wurde es aber doch wieder ernst zwischen uns. Ich eröffnete ihr, dass mit dieser Entscheidung ein weiterer Beschluss von mir einherging, den ich ihr mitteilen wollte.

„Halt. Ich will erst noch was von dir wissen: Denkst du, dass die mich noch irgendwann wegen der Brandstiftung erwischen?"

„Ich glaub' nicht. Bei unserem letzten Treffen hat mich der Polizeikommissar zwar schon wieder bohrend angeschaut und gefragt, ob ich was weiß. Aber ich glaub', der hat tief im Innersten seines Herzens den Fall schon abgehakt. Da kräht irgendwann kein Hahn mehr danach. Die Versicherung wird zahlen. Alle sind mit den Plänen für den Wiederaufbau der Lindentalwerkstatt beschäftigt. Wie ich gehört habe, soll der noch größer werden als vorher."

„Und was für 'ne weitere Entscheidung hast du getroffen?“ Meine Antwort hatte sie zur Kenntnis genommen, war jetzt aber gespannt, mehr über meinen angekündigten Beschluss zu hören.

„Ich will einen Roman schreiben – und zwar genau über diese Geschichte. So, wie du es mir schon von Anfang an geraten hast.“

„Du willst wirklich ein Buch schreiben?“ In ihrer Stimme lag Verwunderung.

„Ja. Meine Courage, sorry, mein Mut erstaunt mich selbst. Hoffentlich trau' ich mir da nicht zu viel zu und mach' mich am Ende noch zum Affen. Ich hab' auch echt keine Ahnung, ob so ein Roman überhaupt veröffentlicht wird. So viele schreiben Bücher, die nie das Licht der Welt erblicken oder nur von wenigen gelesen werden. Es macht keinen Sinn, dass du ins Gefängnis wanderst und womöglich die anderen beiden auch. Als mir das bewusst geworden ist, ist mir auch klar geworden, wo mein Herz schlägt.“

„Ich hoffe nach wie vor links“, warf Helen Weber ein. Als ich tatsächlich bei mir ertastete, wo es schlägt, brachte uns das beide zum Lachen.

„Okay“, kommentierte ich ihren Einwurf, „es ist noch nicht auf die rechte Seite meines Körpers gewandert. Und es ist noch am richtigen Fleck. Und genau darum geht es mir. Ich hab' doch diesen Bericht über die Fahrradaktionen geschrieben. Klar, solche Dinge sind auch wichtig. Aber als ich angefangen habe, mich mit eurer Situation in der Werkstatt zu beschäftigen, hat sich echt was verändert. Ich war auf einmal mit vollem Herzen dabei. Das war ich – das war echt authentisch. Dies war wahrscheinlich auch der Grund, warum die gute Frau Grund in der Redaktion so auf Grund gelaufen ist“, spielte ich nun selbst mit meinem Namen.

„Mein Herz schlägt wirklich dafür, was gegen die Diskriminierungen in den Werkstätten und die vielen anderen

Diskriminierungen behinderter Menschen zu tun. Ich habe begriffen, dass ihr dabei entscheidend seid. Ihr müsst das Wort selbst führen. Selbstvertretung, ist dies das richtige Wort dafür? Und Partizipation?" Helen Weber bejahte meine beiden Fragen durch Nicken – und ich konnte fortfahren.

„Als Nichtbehinderte hab' ich eure Erfahrungen nie gemacht. Ich kann und darf mich deshalb nicht in den Vordergrund stellen. Aber vielleicht kann ich euch behilflich sein, dass eure Stimmen etwas besser gehört werden. Ein bisschen journalistisches und schriftstellerisches Handwerk hab' ich ja inzwischen drauf." Ich bot Helen Weber an, mich gerne in den Dienst ihrer Sache zu stellen. Ob es auch ‚unsere' Sache werden würde? Für den Anfang unterbreitete ich ihr erst einmal meine Idee, wie wir das mit dem Roman aufziehen könnten.

Helen Weber rollte auf mich zu und umarmte mich erneut. „Darauf trinken wir noch einen", brachte sie schließlich hervor. „Alla gut", antwortete ich und versuchte mich dabei an dem in Baden verbreiteten Ausspruch. Ich hatte ihn öfter im Radio gehört. Dies sorgte ein weiteres Mal für herzliches Lachen und Glucksen bei uns beiden.

Nach weiteren heiteren Minuten griff ich erneut und mit ernster Stimme das Thema Roman auf. Ich wollte diese große Sache nicht ohne diese Hinweise anlaufen lassen: „Helen, du weißt aber, dass ich dafür deine und die Hilfe der anderen brauche. Ich brauch' vor allem eure kritischen Geister, eure Geschichten und eure Erfahrungen. Ich will wirklich ein Buch schreiben, das ganz und gar in eurem Sinne ist. Es soll ein Roman werden. Da muss natürlich Handlung rein, manches Drumherum und vor und zurück. Vielleicht wird's nicht immer die reine Lehre werden; Geschichten müssen sich entwickeln. Eure Juristin und eure Pamphletschreiberin, sorry Pressesprecherin, werden da bestimmt an manchen Stellen ihre Nasen rümpfen." Abschließend machte ich ihr noch klar, dass ich hoffte, sie würden meinen journalistischen Erfahrungen vertrauen, und dass ich keine Ahnung hätte, ob meine – ihre – Idee mit dem Roman überhaupt funktionieren würde. Ließe sich für solche ein Buch jemals ein Verlag finden? Gäbe es Leser*innen? Das war alles Neuland für mich.

„Wir sind dabei, sicher auch die anderen, schätz' ich, hoffe ich. Ich bin auf jeden Fall voll mit dabei! Ich hab' dir den Floh mit dem Roman schließlich ins Ohr gesetzt."

„Damit packe ich dich in den nächsten Wochen und Monaten auf jeden Fall immer wieder bei den Hörnern. Ich hab' da noch was Wichtiges Helen: Sag mir bitte, beim größten Indianerinnen-Ehrenwort hoch fünf, wer die beiden anderen Brandstifter waren! Kannst du das? Ehrlich, ich schweig' wie ein Grab."

Helen Weber überlegte kurz, vielleicht auch ein wenig länger, und bekannte schließlich, dass ein Bernd Friedrich und ein Klaus Kriske die beiden anderen Brandstifter gewesen waren. Bernd Friedrich und Klaus Kriske, zwei wunderbare Menschen, die ich noch kennenlernen sollte. Helen Weber und mir war klar, dass wir beide einweihen mussten. Sie mussten wissen, dass ich zur Mitwisserin ihre gemeinsamen Tat geworden war. Mir war klar, dass ich die gesamte Brandstifter-Bande für den Roman brauchte. Sie mussten mich bei seiner Entwicklung unbedingt begleiten und beraten. Ob die beiden Männer auch da wieder dabei wären? Und wen brauchte es noch? Wir überlegten und beschlossen, Katja Franke hinzuzuziehen, da sie sehr sprachgewandt war und die Begrifflichkeit der Enthinderungsgruppe entscheidend geprägt hatte. Claudia Liese sollte nicht in der Tiefe dabei sein, aber bezüglich ihrer Fachkenntnisse dort einbezogen werden, wo es Sinn machte.

„Aber außer uns verschworenen Vieren – dir, Klaus Kriske, Bernd Friedrich und mir – darf niemand, auch niemand von der Enthinderungsgruppe, erfahren, wer den Brand gelegt hat!“ Ich machte das Zeichen eines Schlösschens vor meinen Lippen und legte nach: „Auch nicht Katja Franke und Claudia Liese.“

„Wie verkaufen wir den beiden, dass in dem Buch behinderte Menschen aus der Werkstatt den Brand legen?“ Helen Weber war verunsichert.

„Hab‘ ich auch schon drüber nachgedacht. Wir können ja sagen, dass dies ein Teil der Dramatik unseres Romans ist. Sozusagen der spannende und nötige Aufhänger. Wir müssen halt betonen, dass unser Roman eine erfundene Geschichte ist, fiktiv eben. In fiktiven Storys gehören solche Dramen dazu. Und wir sagen, dass wir alles anonymisieren werden. Wir wollen ja auch nicht ihre Namen nennen. Das sollte funktionieren.“ Helen Weber konnte mein Argument nachvollziehen, war aber bereits einen Schritt weiter.

„Du musst unbedingt auch die anderen aus der Enthinderungsgruppe kennenlernen. Dann verstehst du uns noch besser. Denen sagen wir einfach, dass du einen Roman schreibst. Sie wissen von deinen Zeitungsberichten und dass du über den Brand und die Werkstatt berichtet hast. Da grollt dir niemand.“ Helen Weber gefiel ihr Plan, bis, ja, bis ihr Claudia Liese einfiel.

Claudia Liese war schlecht auf mich zu sprechen. Aus ihrer Sicht hatte ich in meinem Artikel ihre umfangreichen Infos zum Budget für Arbeit nicht genügend gewürdigt. „Wie wär‘s mit ‘nem Infokasten oder sowas ähnlichem im Roman, mit Infos übers Budget für Arbeit. Vielleicht ein wenig ungewöhnlich, aber machbar“, überlegte ich laut vor mich hin. „Dann wird Claudia Liese bestimmt dein Fan. Außerdem hat sie in deinem letzten

Zeitungsartikel doch schon ihre Bühne gehabt", beendete Helen Weber mein Grübeln kurzzeitig.

Diese Romanidee war eine große Nummer, die mir durchaus Respekt einflößte. „Versprich' mir, du hältst mir die Freundschaft, auch wenn das mit dem Roman ein Flop wird. Vielleicht erscheint er nie. Mir geht's echt um die Sache, eure Sache. Vielleicht sollte der unter eurem und nicht unter meinen Namen erscheinen? Ich will damit schließlich kein Geld verdienen!" Ich schwankte zwischen Verunsicherung und Ehrfurcht ob der Verantwortung, mich ihrer Geschichte schriftstellerisch anzunehmen.

„Oh doch, du bist die Schriftstellerin! Und das soll auch die ganze Welt wissen. Du musst in dem Roman 'ne entscheidende Rolle spielen. Das ist vor allem auch deine Geschichte." Fast könnte man meinen, Helen Weber hätte bereits ein Drehbuch für den Roman im Kopf.

Ich war auch nicht ganz unvorbereitet. Pragmatisch wie ich war, hatte ich während meiner nächtlichen Wachphasen bereits eine meiner berüchtigten To-Do-Listen begonnen und folgende Überschriften gesetzt:

- beim Schreiben bedenken
- noch recherchieren
- motivieren!

„Lass' mich, uns, das Werk erst mal beginnen. Das wird mühsam genug. Wir müssen die Geschichte anonymisieren und umschreiben. Der Polizeikommissar Kerner soll schließlich nicht bei euch an die Tür klopfen. Das wird echt noch eine der größten Herausforderungen", erzählte ich zum Auftakt, um gleich fortzufahren: „Dann brauchen wir einen Verlag, der's in einer ordentlichen Auflage herausgibt. So eine Verlagssuche hat's in sich! Wenn die nicht klappt, suchen wir eben 'nen anderen Weg, um das Buch unters Volk zu bringen." Last but not least ging es auf meiner To-Do-Liste auch um mich. Also beichtete ich Helen Weber, dass ich für so ein Buchprojekt unbedingt meinen inneren Schweinehund überwinden müsse, denn tief in meinem Herzen sei ich eigentlich eher faul. Ausnahme: die letzten aufregenden Tage und Wochen. „Am besten belade ich meine Couch mit lauter Krimskrams. Dann kann ich mich nicht drauf niederlassen, um vor dem Fernseher abzuhängen“, beendete ich meine Zusammenfassung der anstehenden To-Dos lachend. Mein Scherz war ein guter Anlass für einen weiteren Schluck Baileys. Zu Helen Webers Beruhigung fügte ich aber noch schnell an, dass ich bereits in verschiedensten Situationen bewiesen hatte, dass ich auch wie ein Berserker arbeiten konnte. „Schließlich bin ich Sternzeichen Widder und hab‘ Hörner. Wenn ich will und muss, kann ich mehr arbeiten als das Pferd Boxer aus meinem Lieblingsbuch Farm der Tiere.“ Damit war alles gesprochen, wie es so schön hieß.

Helen Weber und ich hatten eine erste und zünftige Krise unserer noch jungen Freundschaft vortrefflich, wenn auch mit sehr viel Qual, gemeistert. Eine Freundschaft, die hoffentlich sehr lange währen würde. Jetzt lag aber erst einmal richtig viel Arbeit vor uns. Mehr Arbeit, als ich mir zu diesem Zeitpunkt bereits ausgemalt hatte, aber auch verbunden mit weit mehr Herzblut, als ich je vermuten konnte.

An die Tasten, fertig, los!

In den nächsten Tagen bekam ich einen Vorgeschmack, was es bedeutete, ein Buch schreiben zu wollen. Ich ergänzte meine bereits begonnene To-Do-Liste um einen zeitlichen Fahrplan. Demnach sollte das Buch in drei Monaten fertig sein; eine Zeitspanne, die überschaubar, aber auch sehr ehrgeizig war. Gleichzeitig wollte ich auf jeden Fall mein Volontariat bei der Zeitung gut zu Ende bringen.

Es galt also, keine Zeit zu verlieren. Helen Weber und ich legten gleich los. Ihre Wohnung verwandelte sich so zu sagen in eine Art – in unsere – Kampagnenzentrale. Hier hatten wir einen barrierefreien Treffpunkt; hier kam Helen Weber mit ihrem Rollstuhl klar und wir hatten die nötige Privatsphäre, die wir für dieses Projekt unbedingt brauchten.

Als erstes stand für Helen Weber an, ihre Freunde zu informieren. Diese mussten wissen, dass sie mir ihr großes Geheimnis preisgegeben hatte. Helen Weber war diese Aufgabe äußerst unangenehm, aber es half ja nichts. Also lud sie Bernd Friedrich und Klaus Kriske für den Nachmittag um fünf zu sich in die Wohnung ein. Zuerst wollte sie mit den beiden allein reden. Wenn das glatt ginge und sie mit dem Buchprojekt einverstanden wären, würde sie mich anrufen. Erst dann wollte ich die gesamte Brandstifter-Bande treffen, um Tuchfühlung aufzunehmen und erste Details für den Roman zu besprechen. „Ich hab' sowas von Muffensausen, Bernd Friedrich und Klaus Kriske zu gestehen, dass ich die Lerche bin, die gesungen hat. Ausgerechnet ich! Ich, die anscheinend so geniale Pläne-Schmiederin. Und ich war vor allem die Wortführerin, dass niemals irgendjemand erfahren darf, was wir getan haben", hatte mir Helen Weber vorher ihre Nervosität gestanden.

„Diesen Gang nach Canossa muss ich selbst auf mich nehmen. Das mit dem Gang nach Canossa hab' ich letzte Woche extra im Internet nachgelesen", fügte Helen Weber erklärend hinzu und ergänzte augenzwinkernd: „Wir sind jetzt ja Literatinnen. Da muss schon 'n bisschen Redegewandtheit und Faktenwissen her."

Schon vor fünf Uhr saß ich wie auf heißen Kohlen in meiner Wohnung. Mir war SEHR bewusst, wie wichtig es war, dass Bernd Friedrich und Klaus Kriske bei dem Buchprojekt mitmachten.

Nicht, dass sie angesichts der neuen Situation noch auf den Gedanken kamen, sich selbst der Polizei zu stellen.

Auch Helen Weber plagte sich mit ähnlichen Gedanken herum. Nach allem, was die drei bisher durchgemacht hatten, hoffte sie darauf, dass dies nicht der Fall sein würde.

Gegen halb sechs wurde ich richtig nervös. Mein Handy hatte noch immer nicht geklingelt. Na ja, fast nicht: Zwischendurch hatte meine Mutter versucht, mich anzurufen. Ich hatte ihren Anruf weggedrückt, da ich die Leitung freihalten wollte. Für Telefonate mit meiner Mutter brauchte ich erfahrungsgemäß Zeit und Ruhe. Zehn vor sechs drang schließlich der erlösende Klingelton meines Handys an meine Ohren. Schnell nahm ich ab. Helen Weber klang recht aufgeräumt und ließ mich wissen, dass ich jetzt vorbeikommen könnte: „Bernd Friedrich und Klaus Kriske sind damit einverstanden. Sie freuen sich darauf, dich kennenzulernen."

„Uff!" Erleichterung! „Ich mach' mich gleich auf die Socken und bring' was zum Trinken mit", raunte ich ins Telefon.

Gut zehn Minuten später kam ich in Helen Webers kleiner Wohnung an. Die Anspannung lag noch in der Luft, die dort während der letzten Stunde geherrscht haben musste. Aber Helen Weber wirkte recht souverän und stellte mich ihren Freunden vor.

„Es freut mich, Sie kennenzulernen, auch wenn die Umstände nicht ganz einfach sind", eröffnete ich das Gespräch. Als Journalistin hatte ich glücklicherweise einige Techniken gelernt, Situationen zu entkrampfen und Gespräche zu führen. Daran konnte ich mich nun festhalten.

Dass meine Techniken gar nicht nötig waren, dafür sorgte Helen Weber: „Ich schlag' vor, dass wir uns duzen. Wir verbringen in den nächsten Monaten wahrscheinlich richtig viel Zeit miteinander. Da braucht's 'ne freundschaftliche und entspannte Atmosphäre", ergriff sie das Wort. Ihr Vorschlag erntete unsere einhellige Zustimmung.

„Okay, aber verstehen Sie mich, äh, versteh mich bitte nicht falsch", brachte Bernd Friedrich sich ein, „ich find's gut, wenn wir uns Duzen. Aber im Buch will ich mit meinem vollen Namen genannt werden."

„Das hat mir Helen auch wiederholt eingebläut. Heute schreibt man viele Bücher aber eher in so 'nem jovialen Duktus, da klingt das mit dem Vornamen und Nachnamen vielleicht etwas gestelzt. Ich hab' aber schon darüber nachgedacht." Gut, dass ich vorbereitet war und ihnen jetzt meine Idee unterbreiten konnte: In dem Roman soll es entscheidend um sie, behinderte Menschen, gehen. Deshalb sollte es die Leserinnen und Leser (würden wir welche finden) meines Erachtens aushalten müssen, dass alle Protagonist*innen fortlaufend mit vollem Namen genannt wurden. „Vielleicht bleibt so auch bei den einen oder anderen, die mit behinderten Menschen zu tun haben, etwas hängen."

„Jo-wi-ah-lär Dukkt-tuss?"

„Katrin, hab' ich ganz vergessen. Du musst leichter sprechen. Viele von uns brauchen 'ne verständliche Sprache. Wir haben nie studiert, Fremdwörter und lange Sätze schrecken uns echt leicht ab, und in Diskussionen werden wir durch so 'ne schwere Sprache so oft abgehängt, dass wir dann nicht so mitdiskutieren können, wie wir's gerne machen wollen", sprang Helen Weber dem fragend dreinblickenden Bernd Friedrich direkt zur Seite. „Hoppla, das war jetzt wahrscheinlich auch ein viel zu langer Satz", kommentierte sie sofort ihre eigenen Erklärungen über verständliche Sprache. Bernd Friedrich und Klaus Kriske quittierten ihre Selbsterkenntnis mit Lachen. Damit waren wir schon mitten in der Diskussion über die ersten zu klärenden Fragen.

Bei der Namensnennung einigten wir uns schnell, dass wir das mit den vollen Namen unseren Leser*innen zumuten wollten. Wahrscheinlich würde uns so manche Literaturkritik dafür auseinandernehmen, aber das hätte auch etwas Gutes und wäre bereits ein Erfolg: Dann wäre unser Buch tatsächlich veröffentlicht worden. Ohne Veröffentlichung kein ins Visier geraten! Das mit den Vor- und Nachnamen würden wir beim Schreiben schon hinbekommen; da mussten wir einfach durch.

Welche Begrifflichkeiten wollten wir verwenden? Eine weitere, spannende Frage: behinderte Menschen oder Menschen mit Behinderungen? Wir diskutierten beide Begriffe. Wie gut, dass wir Klaus Kriske hatten. „Ich werd' behindert. Ich bin für behinderte Menschen." Wie üblich waren seine Sätze kurz und bündig – und sagten doch alles. Für einen kurzen Moment zögerte ich. Mir ging durch den Kopf, dass man mir eingebläut hatte, von ‚Menschen mit Behinderungen' zu schreiben. Aber das mit ‚behinderte Menschen' war wirklich klarer. Es drückte so viel mehr aus, ganz im Sinne der Enthinderungsgruppe: Sie engagierten sich aktiv gegen Diskriminierungen und jegliches behindert werden. Mir dämmerte so einiges. „Macht wirklich Sinn", bestätigte ich Klaus Kriske. „Ah, jetzt versteh' ich! Darum habt ihr euch den Namen Enthinderungsgruppe ausgesucht. Ihr wollt die Gesellschaft enthindern von den vielen Behinderungen." „So ungefähr. Mit dem Thema füllt dir Katja Franke 'nen ganzen Abend." Damit beendete Helen Weber dieses brenzlige Thema. Sie wollte weiterkommen und packte ein weiteres heißes Eisen an.

„Was machen wir mit der verständlichen Sprache?" Damit taten wir uns sichtlich schwerer. Zu meiner Information zeigte mir Helen Weber eine Broschüre in Leichter Sprache: kurze Sätze, Worterklärungen und viele Bilder. Nach kurzer Durchsicht musste ich mir und ihnen eingestehen, dass ich so nicht schreiben konnte.

Bisher hatten mich mein halbfertiges Germanistikstudium, meine anschließende Journalistenausbildung, vor allem aber mein Elternhaus immer darauf getrimmt, mich möglichst gewählt und damit leider auch kompliziert auszudrücken. Wie oft hatte ich schon Fremdwörter genutzt, die ich selbst nicht erklären konnte? Gut, dass mich noch nie jemand nach den Erklärungen für diese Fremdwörter gefragt hatte. Und wie oft tat selbst ich so, als ob ich alles verstand? Auch ich wollte mich nicht bloßstellen (lassen), also schlug ich immer wieder so manches wohlklingende Fremdwort später – fast heimlich – nach. Damit war ich bestimmt nicht allein!

Klar, ich war erst einmal froh, dass die drei so selbstbewusst mit Leichter Sprache umgingen. Selbstkritik war angesagt, Lösungen aber noch weit weg. „Über den Punkt müssen wir noch mal richtig nachdenken. Das ist ein ziemlicher Spagat: mein literarischer Anspruch, der übliche Standard für Romane, und euer Ziel, dass alles für möglichst viele Menschen verständlich ist. Null Ahnung, wie wir das schaffen können!?", fasste ich unsere Diskussion zusammen. Ich versprach, mich weiter schlau zu machen. Recherchieren war mein Ding. Auch die anderen wollten noch einmal darüber nachdenken. Scheinbar gab es schon Romane, die in Leichte Sprache übersetzt worden waren. Unsere gemeinsame Denkaufgabe lautete: Wie können wir mit unseren bescheidenen Ressourcen jemanden finden, die oder der unseren Roman richtig übersetzen und vor allem veröffentlichen kann?

Drei wichtige, erste Fragen waren geklärt. Was für ein rasanter Einstieg in unsere gemeinsame Arbeit. Wir brauchten eine Pause, öffneten eine Flasche Rotwein und Helen Weber stellte Wasser auf den Tisch. Ich hatte für nicht Alkoholtrinker zur Sicherheit Orangensaft mitgebracht; keiner wollte ihn. Erst viel später mischten wir den Saft mit Mineralwasser, denn trotz fortgeschrittener Stunde und geöffnetem Fenster war es in Helen Webers Wohnung noch immer über 27 Grad warm. Der gemütliche Teil war eröffnet. Die bereitgelegten Chips durften dabei nicht fehlen. Endlich konnten wir uns persönlich besser kennenlernen. Wir hatten uns so manche Anekdoten aus unseren Leben zu erzählen, aber schnell wurde klar: Wir alle hatten eine klare Mission und so landeten wir wieder bei unserem Thema.

Ich bat die drei, mir ihre jeweilige Geschichte von der Nacht der Brandstiftung und ihren Hintergründen zu erzählen. Für mich Chicken, wie man im Englischen zu einem Feigling wie mir sagen würde, war das Nervenkitzel pur. Ich hatte noch nie etwas Illegales getan, außer ein paar Mal bei Rot über die Ampel zu gehen. Die Erzählungen der drei prickelten förmlich noch vor Anspannung, der Anspannung, die sie in der Nacht erlebt haben mussten. Wie unermesslich groß musste ihr Ärger gewesen sein, der sie zu dieser Tat getrieben hatte. Ich lauschte ihren Geschichten und machte mir Notizen.

Nach und nach hörte ich mich etwas besser in die Sprache von Klaus Kriske ein. Er begann längere Sätze zu sprechen, als er merkte, dass ich ihm besser folgen konnte. Anfangs übersetzte Helen Weber noch alles für mich, inzwischen fragte ich nur noch hin und wieder nach, wenn ich Wörter oder Satzpassagen nicht verstand. „Sag', wenn du mich nicht verstehst", hatte Klaus Kriske mir an Anfang dieses Treffens aufgegeben. „Ich sag's auch zehnmal oder öfter."

Klaus Kriske war erfahren: Oft nickte man ihm zwar bestätigend zu, dabei hatten seine Gesprächspartner*innen ihn ganz offensichtlich nicht verstanden. Die meisten Leute trauten sich nicht, sich und ihm einzugestehen, dass sie ihn doch nicht verstanden hatten. Mit der Zeit gingen sie ihm sogar aus dem Weg. Das war für ihn besonders schlimm. So hatte er kaum je eine Chance, sich ihnen richtig verständlich zu machen. „Ich bin ein Mensch. Wie alle anderen auch. Ich bin halt schwerer zu verstehen", brachte er es bei einem unserer späteren Treffen einmal auf den Punkt.

Gegen halb elf Uhr begannen die ersten zu gähnen. Kurz nach elf, nach einem spannenden Abend, traten wir, zufrieden mit uns selbst, den Heimweg an. „Du verrätst uns aber wirklich nicht?" Bernd Friedrich wollte sich noch einmal meiner Verschwiegenheit versichern. „Versprochen. Aber nur, wenn du mich nicht verrätst, dass ich euch nicht verraten habe", antwortete ich ihm scherzend. Spätestens nach diesem Abend konnte ich das von ganzem Herzen bejahen. Lachend gingen wir auseinander.

Beschwingt vom ersten Treffen der Buchgruppe, so nannten wir uns später, setzte ich mich zu Hause gleich an meinen Laptop. Ich begann damit, die ersten Zeilen dieses Romans zu schreiben. Als ich die Datei gegen ein Uhr nachts mit zwei Seiten – aller Anfang ist bekanntlich schwer –abspeicherte, nannte ich sie völlig unspektakulär ‚Roman'. Für den Titel des Buches musste ich wohl noch etwas Kreativität tanken. Vielleicht hätte die pragmatische Propagandistin der Enthinderungsgruppe, Katja Franke, eine gute Idee.

Auch bei Helen Weber platzte an diesem Abend endgültig ein Knoten. Der Druck hatte sich über Tage auf ihre Gemütslage ausgewirkt. Endlich hatte sie ihren Freunden ihre Dummheit gestanden. Sollte das weiter so gut laufen mit mir, könnte sich ihre Dummheit zum Glück als Klugheit erweisen. In mir hatte sie eine Freundin gefunden, mit der sie eine Mission teilte. Vom Romanschreiben hatte Helen Weber zwar keine Ahnung, aber vom Lesen. Sie hatte um die hundert gelesen. Einen Roman zu schreiben, das traute sie mir anscheinend zu. Das Stimmungstief, das vor unseren Entscheidungen, wie wir jeweils mit dem Wissen um die Tat umgehen würden, herrschte, war überwunden.

Helen Weber und ich hatten vereinbart, uns so bald als möglich gemeinsam mit Katja Franke zu treffen. Bis dahin verging einige Zeit: Ich musste mich vor allem um meine journalistischen Tätigkeiten als Volontärin kümmern.

Für Helen Weber ging ein kleiner Traum in Erfüllung: Für sie ging es an der Arbeit wieder aufwärts. Peter Stamm hatte ihr zufällig – oder war es mit Absicht? – eine neue Tür geöffnet. Diese neue Tür sollte sich für sie später als großes Tor zu einer richtigen Anstellung beim ambulanten Dienst erweisen.

Der ambulante Dienst, bei dem Helen Weber ihr Praktikum machte, war kein 08/15 Pflegedienst. Von Anfang an hatte man sich dort der veralteten Begriffe Pfleger*innen oder Helfer*innen entledigt und sprach von Assistenz. Dieses Wort erwies sich als viel treffender: Behinderte Menschen waren Kund*innen, die mit Hilfe von Assistenz selbstbestimmt leben können sollten. Und doch hatte der Dienst im vergangenen Jahrzehnt einen großen Wandel durchlaufen. Früher hatte man sich die anfallenden Arbeiten weitgehend basisdemokratisch untereinander aufgeteilt und erledigt. So wusste fast jeder in der Assistenzvermittlung über alles Bescheid. Nur die in ihren Aufgaben spezialisierten Verwaltungsmitarbeiter*innen hatten klar umrissene Zuständigkeiten. Seit der ambulante Dienst gewachsen war, hatte man sich jedoch für spezialisierte Teams der Assistenzvermittlung entschieden – und solche eingeführt.

Peter Stamm arbeitete in einem dieser Teams. Er und seine Koll-eg*innen sorgten dafür, dass immer Assistenzpersonen zur Verfügung standen, falls welche gebraucht wurden. Fielen Assistent*innen wegen Krankheit oder aus anderen Gründen aus, wurde es für die Teams besonders stressig. Schnell musste Ersatz gefunden und dieser mit den Kund*innen abgestimmt werden:

Kund*innen durften nie ohne die benötigte Assistenz bleiben. Das Telefon war der Dreh- und Angelpunkt ihrer Arbeit.

Diesen Sommer war es eine besonders stressige Zeit und Peter Stamm besonders ein- und angespannt. Er musste unbedingt einen wichtigen Bericht fertigstellen, mit dem ihm die Geschäftsführerin schon eine Weile im Nacken saß. Es kam, wie es kommen musste – oder hatte Peter Stamm das auch ‚zufällig' geplant? „Helen, kannst du bitte, bitte heute das Telefon für mich hüten?" Helen Weber war in der dritten Woche ihres Praktikums. Hätte Peter Stamm nicht so nett gefragt und ihr seine Not nicht so eindringlich geschildert, hätte sich Helen Weber das nie zugetraut. Wie gut, dass er ihr – zufällig? absichtlich? – zwei Tage nach dem ersten Treffen der Brandstifter-Bande nach Dienstschluss die Liste der Assistent*innen gezeigt und erklärt hatte. Es galt, diese in einer gewissen Reihenfolge abzutelefonieren, sobald eine Krankmeldung reinkam. Wie gut, dass Helen Weber aufnahmefähig war und ihr Praktikum wieder mit Elan anpacken konnte. Wie gut, dass sich Helen Weber bei seiner Einweisung gewünscht hatte, mit ihm rollenspielmäßig Anrufe bei Assistent*innen zu üben. Nach einigen Wiederholungen war er tatsächlich mit ihr zufrieden gewesen. „Helen, wenn Not am Mann, äh an der Frau, ist, dann schaffst du das jetzt auch!" Heute, an besagtem Tag Mitte der dritten Woche ihres Praktikums, war tatsächlich Not am Mann, und so hütete Helen Weber zum ersten Mal das Telefon des Assistenzdienstes. Zu ihrem Schrecken gab es einen Anruf. Doch sie meisterte diese erste Herausforderung, wenn auch angespannt und nervös.

In den folgenden Wochen wuchs Helen Weber immer mehr in die Assistenzvermittlung hinein. Zunächst durfte sie die Vermittlung ‚unter Aufsicht' ausprobieren; erfahrene Kolleg*innen standen ihr im Fall des Falles mit Rat und Tat zur Seite. Besonders geschickt war sie darin, Assistent*innen dafür zu gewinnen, eine Extra-Schicht zu übernehmen. Gut, dass es bisher nur eine Panne gegeben hatte, bei der sie Peter Stamm abends um Hilfe bitten musste. Er war erfahren und kannte die verschiedenen Assistent*innen und behinderten Kund*innen sehr gut. Zusammen konnten sie das Problem schnell meistern. Mit der Zeit traute sie sich und traute man ihr immer mehr zu. „Was tagsüber funktioniert, klappt doch sicherlich auch nachts." Helen Weber begann, einige der ungeliebten Notdienste zu übernehmen. Hierfür wanderten das Not-Handy und die Assistenzlisten abends mit zu ihr nach Hause. Im Notfall telefonierte sie so lange Assistent*innen ab, bis sie endlich eine Ersatzperson gefunden hatte, mit der die behinderten Kund*innen auch einverstanden waren.

Immer öfter sprach sie von „ihrem ambulanten Dienst" und erklärte anderen, dass „ihr ambulanter Dienst" Dinge so und so mache. Erklärtes Ziel und Notwendigkeit ihres ambulanten Dienstes waren: Niemand, dem Assistenz zugesagt worden war, durfte ohne Assistenz sein. „Ganz anders als damals in meiner Wohngruppe", wurde ihr Standardsatz. Sie erinnerte sich noch sehr gut, dass sie zum Teil ewig auf Unterstützung hatte warten müssen, da wieder einmal eine Betreuungsperson krank gewesen oder der Personalschlüssel nicht ausgeschöpft worden war. „Ganz zu schweigen vom Kostenträger. Die haben nicht viel Geld für unsere Unterstützung gehabt. Das ist hier ganz anders. Die haben hier 'nen hohen Anspruch. Das find' ich echt gut." Allein schon wegen des hohen Anspruchs war sich Helen Weber der Verantwortung in ihrer neuen Tätigkeit sehr bewusst.

Die Türe, die sich für sie mit Beginn ihres Praktikums geöffnet hatte, sprang immer weiter auf. Natürlich hatte Carola Finke, die Geschäftsführerin des ambulanten Dienstes, mitbekommen, was Helen Weber mittlerweile so alles machte. Carola Finke hatte

Personalnot, war kreativ und wollte mutig Neues ausprobieren. Und so lud sie Helen Weber am Ende der vierten Praktikumswoche zu einem Gespräch ein, um ihr eine geringfügige Beschäftigung anzubieten. Korrigierend erweiterte sie ihr Angebot sofort: „Wenn wir das machen, dann können wir ja vielleicht auch über ein Budget für Arbeit nachdenken. Wir haben so ein Budget für Arbeit noch nie gehabt, aber ich hab' schon öfter davon gehört. Es soll uns Arbeitgeber ja nicht viel mehr kosten."

Carola Finke musste in ihrem ambulanten Dienst gut wirtschaften, weshalb ihr schwarze Zahlen wichtig waren. Aber Carola Finke war auch genervt; seit Jahre wuchs ihr Brass auf die Lindentalwerkstatt. Deren Vertreter*innen spielten sich bei Gremientreffen gerne in den Vordergrund. Der Trägerverein der Werkstatt für behinderte Menschen hatte sich erst kürzlich in den Behindertenbeirat der Stadt gedrängt. Statt eine behinderte Person zu delegieren, führte nun deren nichtbehinderter Vorsitzender Clemens Zeil im Behindertenbeirat das große Wort. Fast alle Mitglieder waren inzwischen von ihm genervt. Mit der Selbstvertretung behinderter Menschen hatten weder sein Auftreten noch seine Beiträge etwas zu tun: „Meine Behinderten, die können das nicht!" Unendlich peinlich waren seine Sprüche zuweilen.

Und jetzt auch noch die Geschichte mit der Werkstatt wegen Helen Webers Status als Praktikantin. Da Helen Weber offiziell als Werkstattbeschäftigte galt, drängte die Lindentalwerkstatt inzwischen darauf, für sie einen Praktikumsvertrag machen zu müssen. „Später kann daraus ein Außenarbeitsplatz werden – gut für Sie und gut für Helen Weber. Die Überlassung von Helen Weber kostet Sie als ambulanter Dienst monatlich nur 350 Euro, direkt zahlbar an uns, die Werkstatt." Peter Stamm hatte Carolas kleinen Wutausbruch mitbekommen, nachdem ein Vertreter der Lindentalwerkstatt ihr die Konditionen für Praktikant*innen und

Außenarbeitsplätze unterbreitet hatte. „Kommt nicht in die Tüte, die kriegen von uns keinen Cent. Dann geben wir lieber Helen Weber das Geld direkt. Sie hat erzählt, wie wenig sie von der Werkstatt bekommt und dass die bisher nicht viel für sie getan haben."

Carola Finke war entschlossen, Helen Weber zu halten. „Wie wäre es erst einmal mit 25 Stunden pro Woche? Aber Sie müssen sich selbst um das mit dem Budget für Arbeit kümmern", lautete ihr Angebot und gleichzeitiger Auftrag an sie. Helen Weber war geplättet, überrascht, ekstatisch – und jubilierte innerlich. Wie gut, dass sie mit Claudia Liese eine gewiefte Antragstellerin kannte. Sie würde die Juristin bitten, sich zusammen mit ihr beim zuständigen Kostenträger der Eingliederungshilfe über die mögliche Fördersumme zu erkundigen. Und sie würde sie bitten, mit ihr zusammen ihren Antrag auf ein Budget für Arbeit vorzubereiten. Immerhin ging es um ihre Unterstützung an ihrem neuen Arbeitsplatz. Aber allein konnte sie das nicht schaffen.

Helen Weber erschien an diesem bedeutungsvollen Abend sehr beschwingt zum Treffen mit Katja Franke und mir in der Kneipe. Dort hatten wir zwei uns schon anfangs einmal getroffen. „Ihr glaubt nicht, was heute los war", sprudelte es aus ihr heraus und sie erzählte in aller Ausführlichkeit die Geschehnisse des Tages. Die Tatsache, dass sie mit der Chance auf einen richtigen Arbeitsvertrag auf dem Sprung in einen ganz normalen Arbeitsplatz war, war für uns drei ein Grund zum Feiern. Was für ein Erfolg – und was für ein guter Einstieg ins Treffen mit Katja Franke: Selbst, wenn die Verwaltung des Kostenträgers noch ein paar Winkelzüge parat hätte, die zu Verzögerungen führen dürften, war die geplante Anstellung von Helen Weber ein sehr wichtiges Signal für andere Werkstattbeschäftigte.

Katja Franke kannte mich bereits durch unser Telefonat im Rahmen meiner Recherche zu ihrer Presseerklärung. Sie war es gewesen, die mich damals an Helen Weber vermittelt hatte. Was für ein Glücksgriff für uns beide. Wir plauderten unbefangen drauf los; dank Helen Webers Vermittlung duzten wir uns schnell. Die Kommunikation flutschte so richtig. Alle drei verspürten wir großen Spaß daran, verschiedene Themenbereiche zu erkunden und uns dabei näher kennenzulernen. Natürlich erzählten Helen Weber und ich ihr auch von der Roman-Idee – wir ließen sozusagen einen Testballon steigen. Wie würden wir damit landen?

Wir landeten gut! Bei uns beiden machte sich Erleichterung breit: Katja Franke fand die Idee, dass ich einen Roman über die Situation in der Werkstatt schreiben wollte, klasse. Sie nahm uns die Geschichte, die wir ihr auftischten und die grob hinter dem Roman steckte, ab. Was ein Glück, dass sie keine Ahnung davon hatte, wer die Brandstifter*innen waren!

„Pass' bloß auf, nicht dass ich am Ende noch als Brandstifterin dastehe." Katja Franke meinte diesen Einwurf scherzhaft – Helen Weber und ich bedachten uns mit einem kurzen Augenzwinkern. Davon bekam Katja Franke aber nichts mit, denn sie war bereits in unsere Geschichte eingetaucht und ließ ihrer Kreativität freien Lauf. Wie schade, dass wir unsere Spinnereien, was im Roman so alles passieren könnte, an diesem Abend nicht dokumentierten. Aber gut, dass mir einige Ideen im Gedächtnis blieben.

Für mich endete unser nettes Treffen gegen halb zehn. Ich verabschiedete mich. Meine beiden Gesprächspartnerinnen blieben noch eine Weile sitzen und resümierten unseren Abend. Ich hatte noch Energien übrig und wollte unbedingt am Roman weiterschreiben. Das engagierte Gespräch hatte mir neue Erkenntniswelten geöffnet. Besonders Katja Frankes Schilderungen, beflügelt durch Helen Webers Einwürfe, waren für mich absolut spannend gewesen. Zuhause angekommen, bemühte ich mich, mich an die unterschiedlichen Erkenntniswelten zu erinnern.

Erkenntniswelt 1 der Katja Franke: „Ich bin selbst nur knapp an der Werkstatt für behinderte Menschen vorbeigeschrapt." Katja Franke war in ihrer Jugend an einen völlig uninspirierten Berater des Arbeitsamtes geraten. Dieser hatte für sie als Rollstuhlfahrerin kein anderes Bild vor Augen, als dass sie in einer „beschützenden Werkstatt", so sein heute überholter Sprachgebrauch, richtig aufgehoben sei. „Dort wird Ihre Tochter gut betreut und bekommt später auch mal eine anständige Rente", hatte er Katja Frankes Vater über ihren Kopf hinweg versichert. Mit ihr selbst hatte er nur das Nötigste gesprochen.

„So war das früher doch dauernd. Viel öfter wie heute", bestätigte Helen Weber die Schilderungen von Katja Franke.

Zum Glück hatten sich Katja Franke und ihre Eltern nach ihrem Hauptschulabschluss in der Regelschule ihrer Nachbarschaft für den Besuch einer Wirtschaftsschule entschieden. Dort konnte sie die Mittlere Reife machen. Dank einiger guter Lehrer*innen erlebte die junge Frau endlich, dass ihr Lernen Spaß machte; sie erntete gute Noten und lernte das Schreiben lieben. Der Rest der Geschichte war schneller erzählt, als sie für Katja Franke tatsächlich ablief: Sie machte Fachabitur und öffnete sich damit aus eigener Kraft die Türe für ihren akademischen Abschluss.

Erkenntniswelt 2 der Katja Franke: „Mir ist die menschenrechtlich orientierte und behinderungsübergreifende Ausrichtung der Enthinderungsgruppe als Selbstvertretungsorganisation superwichtig." Das klang mir alles zu abgehoben. „Was meinst du damit genau?" Sofort wies sie mich auf die Unterschiede zwischen ihrer Gruppe und anderen klassischen Selbsthilfegruppen hin. Auch ihr ging es darum, dass sich behinderte Menschen gegenseitig unterstützten, aber das war ihr zu wenig.

„Ich interessiere mich hauptsächlich für die politische Interessenvertretung behinderter Menschen. Wir brauchen endlich strukturelle Veränderungen, damit behinderte Menschen selbstbestimmt leben können. Wenn wir uns nicht selbst für unsere Rechte und Verbesserungen einsetzen, macht das niemand für uns, und schon gar nicht so, wie wir es wollen." Gerade beim Thema Behinderung gäbe es so viele Einzelinteressen verschiedener Akteure, da gingen behinderte Menschen unter, wenn sie sich nicht selbst zu Wort meldeten und sich einmischten.

Erkenntniswelt 3 der Katja Franke: „Als Rollstuhlfahrerin bin ich tagtäglich mit Barrieren konfrontiert. Ich frage dich als Nichtrollstuhlfahrerin jetzt einfach mal ganz praktisch: Wo sollen wir uns das nächste Mal treffen, außer hier in der Kneipe?"

Nicht genau wissend, worauf Katja Frankes abzielte, nannte ich ihr ein paar Lokalitäten. „Geht nicht, da komm' ich mit dem Rollstuhl wegen der Stufen nicht rein", „keine Behindertentoilette" – ihre Antworten erinnerten an eine hängengebliebene Schallplatte und wiederholten sich mehrfach. In der Stadt gäbe es gerade einmal eine Handvoll einigermaßen attraktiver Kneipen, in denen man sich barrierefrei treffen könne. Und McDonald's. „Die sind recht gut. Die haben einen stufenlosen Zugang und barrierefreie Toiletten", warf Helen Weber ein. „Aber gemütlich ist's bei denen nicht grad. Hinter McDonald's steckt eine US-amerikanisch geprägte Kette. Die USA haben schon seit über 30 Jahren ihr sogenanntes Antidiskriminierungsgesetz für behinderte Menschen. Darum sind das iPhone und die Apple-Produkte auch so barrierefrei. Das hat mir übrigens Peter Stamm erzählt. Der ist mit seiner Sehbehinderung förmlich mit seinem iPhone verheiratet. Ständig spricht der mit seiner Siri, so 'ne Sprachassistenz im iPhone."

„Welche Ärztinnen oder Ärzte würdest du mir empfehlen?" Katja Franke stellte mich mit ihrer Frage weiter auf die Probe. Sie war sehr geübt in solchen Diskussionen und dozierte, dass die freie Arztwahl für gehbehinderte Menschen zwar ein nett klingender Anspruch sei, aber aufgrund der meist nicht barrierefreien Arztpraxen eine ferne Hoffnung bliebe. „Ich kann nur dahin, wo ich reinkomme und nicht dort, wo ich mich wohl und gut aufgehoben fühle“, resümierte Katja Franke dieses Thema.

Der Bahn und dem öffentlichen Nahverkehr widmeten wir bestimmt eine halbe Stunde. Dass man sich als Rollstuhlnutzer*in vor jeder Fahrt mit einem Fernzug bei einer Mobilitätszentrale anmelden musste und zuweilen nicht auswählen konnte, welchen Zug man nahm, daran hatte ich noch nie gedacht. „Früh morgens und spät abends steht der Einstiegsservice an vielen Bahnhöfen gar nicht zur Verfügung.“ Was für eine Vorstellung! Ich war ständig mit der Bahn unterwegs. Ich wollte mir solche Restriktionen für mich persönlich nicht ausmalen.

Katja Franke war in Fahrt und holte immer weiter aus, schließlich würden ja nicht nur Rollstuhlfahrer*innen diskriminiert.

<u>Erkenntniswelt 4 der Katja Franke</u>: „Warst du schon mal bei einer Veranstaltung mit Gebärdensprachdolmetscher*innen?“ Ich erinnerte mich, auf Phoenix Nachrichten, die mit Gebärdensprache begleitet wurden, gesehen zu haben. Aber bei entsprechenden Veranstaltungen mit Gebärdensprachdolmetscher*innen war ich noch nie gewesen, musste ich eingestehen.

„Ganz ehrlich, das mit der Gebärdensprache ist auch ‘ne große Schwäche von uns. Wir haben kein Geld für die Sprachdolmetscher*innen. Also können wir nicht dafür werben, dass gehörlose Menschen bei uns mitmachen. Aber, wir arbeiten daran, Lösungen und Geld zu finden“, bekannte Katja Franke diesen Mangel der Enthinderungsgruppe frei heraus. „Das Problem gibt’s aber nicht nur bei uns. Ganz praktisch kann fast kein gehörloser Mensch in unserer Stadt gleichberechtigt an Veranstaltungen teilnehmen." Deshalb sei die Mitarbeit im Behindertenbeirat der Stadt so wichtig. Ein Nahziel sei, wenigstens bei städtischen Veranstaltungen Gebärdensprachdolmetscher*innen einzusetzen.

Mir schwirrte mein Kopf. Was noch? Katja Frankes Rundumschlag fand kein Ende. Weitere Erkenntniswelten folgten: Katja Franke wies mich noch auf die oftmals schlechte Akustik für hörbehinderte Menschen, den Bedarf an Schriftdolmetschungen für diesen Personenkreis, wie auch auf die Leichte Sprache, über die ich bereits mit Helen Weber, Klaus Kriske und Bernd Friedrich gesprochen hatten, hin. Ich spürte, wie wichtig beiden Frauen diese Themen waren. Gleichzeitig überforderten sie mich mit der Fülle ihrer Beispiele maßlos. „Ich kann nicht mehr." Ich erntete für mein Bekenntnis Verständnis von Katja Franke.

„Wir haben einfach zu selten die Chance, über diese Benachteiligungen zu reden. Viel zu wenige interessieren sich überhaupt dafür und können vielleicht etwas verändern. Und wenn sich mal jemand interessiert, so wie du, dann sprudelt es aus mir nur so raus, auch wenn ich damit wahrscheinlich viele erschlage."

Jetzt, zuhause, merkte ich erst, wie sehr mich die gehörten Erkenntnisse der beiden tatsächlich erschlagen hatten. Am wichtigsten war aber: Katja Franke war mehr als bereit gewesen, an dem Buchprojekt mitzuarbeiten. Deshalb hatten Helen Weber und ich sie gleich zum nächsten Treffen der Buchgruppe eingeladen. Dieses hatten wir für den kommenden Sonntagnachmittag angesetzt. Mir blieben also nur noch ein paar wenige Tage. Mein Ehrgeiz war es, bis dahin einen Vorschlag für einen Titel präsentieren zu können. Und ich wollte unserer Buchgruppe auch eine Leseprobe von mindestens zehn Seiten für den Einstieg liefern. Das setzte mich kräftig unter Druck.

An diesem Abend vergrößerte sich meine Datei „Roman" auf vier Seiten. Als ich sie kurz vor Mitternacht speichern wollte, erinnerte ich mich an Katja Frankes Vorschläge für mögliche Buchtitel. Sie hatte mir etwas in Richtung „Feuer und Flamme" oder „Zündeln am System" mit auf den Weg gegeben. „Zündeln am System" klang gar nicht so schlecht. Oder klang das vielleicht zu allgemein? Mit System konnte alles und nichts gemeint sein. Da musste noch etwas dazu! Trotzdem schrieb ich den Arbeitstitel schon einmal auf die erste Seite.

Inzwischen war ich todmüde, aber die Gedanken kreisten noch. Morgen musste ich gegen zehn in der Redaktion sein, vielleicht schaffte ich vorher noch einige Zeilen. Je mehr ich dranblieb, umso leichter ging das mit dem Flow. Der Roman musste in Fluss kommen. Nach wenigen Minuten schlief ich zufrieden ein.

Die Tiefen des Werke(n)s

Obwohl das Buchprojekt sehr inspirierend begonnen hatte, steuerten auch wir mit der Zeit unvermeidlich auf die Tiefen des Werkes und des Werkens zu. Täglich erhielt ich neue Informationen, hörte spannende Geschichten. Wie sollte ich sie alle verarbeiten, ohne die späteren Leser*innen zu überfordern oder zu langweilen? Anfangs war ich überrascht, wie gut die Zusammenarbeit in der Buchgruppe funktionierte. Wir nahmen uns die verschiedenen Textpassagen gemeinsam vor und das Feedback baute ich direkt am Laptop in den sich stetig weiterentwickelnden Roman ein. Kaum vorstellbar, wie das früher gewesen sein musste, als Bücher noch mit Hand oder mit Schreibmaschine geschrieben wurden. Unglaublich, aber wahr: Selbst heute schien es noch Autor*innen zu geben, die noch so arbeiteten. „Respekt und meine Hochachtung an all meine Kolleg*innen, wenn ich euch so bezeichnen darf. Wenn vielleicht auch nicht in der Qualität, aber im Geiste bin ich ganz bei euch", richtete ich meine Worte an die Autor*innen, die ich für ihre Werke bewunderte.

Die ersten Abschnitte des Buches hielt ich bewusst überschaubar. Jede Person erhielt ein eigenes Einführungskapitel. Helen Weber kannte ich inzwischen gut; mit ihr war ich schon in vielerlei Hinsicht auf gleicher Wellenlänge. Mit Bernd Friedrich und Klaus Kriske musste ich mich noch einspielen. Das brauchte seine Zeit. Von ihnen musste ich mehr über ihre Geschichte und über sie als Menschen erspüren, erfragen und verarbeiten. Diese Recherchen gestalteten sich interessant, aber aufwändig. Auch mit Katja Franke kam ich gut zurecht. Sie nahm die Rolle bereitwillig an, die ihr bei der Begleitung des Buchprojekts als kritische Vertreterin der Enthinderungsgruppe zugedacht war.

Die Passagen zur Feuerwehr und Polizei kriegte ich irgendwie hin, auch wenn mir hier noch manches Wissen und Einfühlungsvermögen fehlte. Und mich selbst kannte ich ja, schliff für die Geschichte aber einiges passend zurecht; diese schriftstellerische Freiheit nahm ich mir heraus. Schwieriger wurde es, als sich die Geschichte entwickelte. Um einen besseren Einblick in die Gedankenwelt des Vorsitzenden des Trägervereins, Clemens Zeil, zu gewinnen, musste Bernd Friedrich aktiv werden.

Seinem Freund Heinrich Klenke begegnete er inzwischen bei den Treffen der Werkstattbeschäftigten in den Räumen der Elterngruppe für Inklusion regelmäßig. Jetzt musste Bernd Friedrich nur noch einen Anlass (er)finden, um ein gemeinsames Treffen mit dessen Freundin Frieda Zeil, der Tochter des Vereinsvorsitzenden, zu arrangieren. Das stellte eine größere Herausforderung dar.

Frieda Zeil arbeitete wieder, beziehungsweise war in jener Werkstattgruppe untergekommen, die innerhalb kürzester Zeit nach dem Brand in einer angemieteten Lagerhalle aufgemacht worden war. Ihre Tätigkeiten dort verdienten leider nicht wirklich den Namen Arbeit; sie hatten kaum etwas zu tun. Schließlich klappte es mit einem Treffen; die Mittagspause war die ideale Gelegenheit. Bei Mineralwasser und was zum Knabbern saßen alle drei vor der Lagerhalle. Das Gespräch plätscherte so vor sich hin. „Frieda, wie ist dein Vater so?“, wurde Bernd Friedrich direkter. „Wir hab'n in der Gruppe über ihn gesprochen. Unterstützt der uns? Ein paar von uns wollen draußen, auf dem allgemeinen Arbeitsmarkt, arbeiten.“ Bernd Friedrich hatte endlich seinen Vorwand gefunden, Frieda Zeil über ihren Vater ausfragen zu können, wohlwissend, dass sie in dieser Sache von Clemens Zeil kaum mit Unterstützung rechnen konnten. Dieser kämpfte seit dem Brand unermüdlich für einen Werkstattneubau und war zum Chef-Spendensammler mutiert. Ständig tauchte er irgendwo in den Medien auf.

Frieda Zeil war in vielerlei Hinsicht nicht einer Meinung mit ihrem Vater. Aber sie wagte selten, ihm dies direkt zu sagen. Zurzeit war sie gar nicht gut auf ihn zu sprechen. Was ein Glück für Bernd Friedrich und seine Mission: Er konnte Frieda Zeil nicht stoppen, nachdem sie begonnen hatte, sich offenherzig über ihren Vater auszulassen.

„Der nervt!“ Ständig versuche Clemens Zeil sie und Heinrich Klenke auseinanderzutreiben. Kein gutes Haar ließe er an ihrem Freund. Das brächte sie als Paar aber noch viel mehr zusammen. „Wirklich! Wir wollen zusammenziehen.“ Eine große Baustelle war das für beide, gab sie offen zu. „Der traut mir das nicht zu. Und Heinrich vertraut er nicht.“ Er wünsche sich was Besseres für seine Tochter, hatte er ihr während eines früheren Streits einmal freiheraus entgegen geschrien. Clemens Zeils Reue, ob seiner Worte, kam zu spät: Und somit wussten Frieda Zeil und Heinrich Klenke, wo der Hammer hing.

„Mein Vater ist kein schlechter Mensch. Der nervt halt manchmal. Aber er hat so viel für mich gemacht. Und für die Werkstatt.“

Frieda Zeil verfiel in ihren Rechtfertigungsmodus. Bernd Friedrich musste sich anhören, wie schwer es ihr fiel, sich gegen ihn durchzusetzen und ihn zu kritisieren. Alle würden sagen, er wäre wie so eine Art Heiliger. Das mache es für sie und auch für ihre Mutter schwer, ihm etwas entgegenzusetzen. Ihre Mutter würde schimpfen, dass er früher ständig für den Verein unterwegs gewesen und zum Teil weit über seine Grenzen hinaus gegangen sei.

„Der macht seit zwei Jahren nicht mehr so viel. Der Papa kann die Christa Ehmke nicht gut leiden." Aus Frieda Zeils Erzählungen schloss Bernd Friedrich, dass vor zwei Jahren etwas vorgefallen sein musste zwischen Clemens Zeil und Christa Ehmke. Selbst er erinnerte sich, dass sich in den Anfangszeiten der Geschäftsführerin beide nach außen hin wie ein Herz und eine Seele präsentiert hatten. Mit der Zeit hatte Christa Ehmke jedoch begonnen, das Ruder zu übernehmen und in der Werkstatt ihr Ding zu machen.

„Mein Vater wird langsam komisch. Der ist in seiner Zeit stehengeblieben." Bernd Friedrich konnte Frieda Zeils Schilderung nur bestätigen. Auch ihn nervte es, wenn Clemens Zeil bei allen öffentlichen Auftritten und in den Medien immer von „unseren Behinderten" redete. „Da könnt' ich ...". Es war offensichtlich: Die Werkstatt war schon immer Clemens Zeils Lebenswerk, weshalb es ihn wohl auch gerade im ersten Moment so getroffen hatte, als diese angezündet wurde.

Frieda Zeil bestätigte Bernd Friedrichs Einschätzung, als sie vollends aus dem Familiennähkästchen plauderte: „Hab' ihn noch nie heulen gesehen. Beim Brand hat er aber richtig geheult. Der wollte nichts mehr machen. Unsere Werkstatt, alles kaputt und weg. Komisch, jetzt ist er dauernd wieder in Aktion. Sammelt Spenden und so. Ich weiß nicht warum."

All dies erzählte Frieda Zeil wesentlich offener als Bernd Friedrich das von ihr jemals gedacht hätte. Lag das an Heinrich Klenke? Er war in den letzten Wochen viel selbstbewusster geworden. Lag das an der veränderten Situation? Frieda Zeil gefiel es in der Lagerhalle mit dem vielen Rumsitzen, ohne etwas Sinnstiftendes zu tun zu haben, ganz offensichtlich überhaupt nicht.

„Glaubst du, dein Vater tut was für uns, damit wir aus der Werkstatt rauskommen?" Frieda Zeil dachte kurz über Bernd Friedrichs Frage nach und erzählte etwas mehr aus dem Nähkästchen.

„Früher vielleicht. Jetzt geht's in der Werkstatt doch immer nur ums Geld. Papa hat mal gesagt, dass die da oben", Frieda Zeil meinte damit sicher die Leitungspersonen, „dass die da oben echt richtig viel mehr verdienen. Dauernd schaut der sich abends Zahlen an. Der sagt, ‚wir dürfen unsere Behinderten nicht verlieren' und ‚wir brauchen mehr Behinderte' – und so was. Erzähl's nicht weiter. Sonst bin ich dran. Früher hab'n die uns auch nicht geholfen. Kaum jemand ist raus, arbeitet draußen. Warum jetzt? Im Vertrauen ... Nun aber genug über meinen Alten." Selten, dass Frieda Zeil ihren Vater so bezeichnete.

Frieda Zeil geriet auf Abwege und fragte nun ihrerseits Bernd Friedrich aus: „Was macht ihr in euren komischen Treffen? Die bei der Elterngruppe. Mein Vater findet die Treffen komisch, und die Frau Berger oder wie sie heißt. Er schimpft dauernd über sie."

„Was wolltest du mir im Vertrauen sagen?" Bernd Friedrich nahm den Faden von davor noch einmal auf.

„Ach, bin mal wieder abgekommen. Das findet mein Vater auch doof an mir. Deshalb denkt der auch, dass ich nie draußen arbeiten oder allein wohnen kann. Er sagt, ich bin verträumt und wirr." Frieda Zeil war nur kurz gedanklich auf Abwegen, dann griff sie den Faden doch wieder auf.

„Nicht verraten. Die wollen die Werkstatt neu aufbauen. Die planen schon richtig. Vor 'ner Weile war die Ehmke bei uns. Und zwei vom Vorstand. Die hab'n sich getroffen. Da kriege ich immer spitze Ohren. Die wollen groß bauen. Wir sollen 600 Leute in der Werkstatt werden."

Endlich meldete sich ihr Freund, Heinrich Klenke, auch zu Wort: „Mensch, das sind ja richtig viel mehr. Wir sind doch nur so 530 behinderte Beschäftigte in der Werkstatt. Wisst ihr noch, als die das letzte Mal angebaut haben, da rechts. Da hab'n wir Platz machen müssen. In so 'ner neuen Werkstatt beschäftigen die sicher noch mehr Leute!" Er schlug seine Hände über dem Kopf zusammen.

Frieda Zeils weitere Erzählung über das Treffen ihres Vaters mit Christa Ehmke und anderen Vorstandskollegen, dass sie ja belauscht hatte, ließ genau das vermuten: Sie hatten intensiv besprochen, dass sie aktiv mit den bestehenden Förderschulen in Kontakt sein müssten. Der Weg von einem Sondersystem ins nächste war vorgezeichnet.

Frieda Zeil machte Bernd Friedrich wenig Hoffnung, dass sie durch ihren Vater Unterstützung bekommen würden: „Die werden 'nen Teufel tun und euch helfen. Damit ihr draußen arbeitet, auf richtigen Arbeitsplätzen. Und wenn, vielleicht mal nur für 'ne Weile. Bis wir wieder mehr Platz haben. Und Maschinen. Ist alles kaputt." Das war's dann wohl, was diese Front anging.

„Da leuchten richtig Dollarzeichen", fügte Frieda Zeil am Ende ironisch hinzu. Solch einer Ironie traute man ihr sonst so gar nicht zu. „Ein stilles Wässerchen, die Frieda", kommentierte Heinrich Klenke. Er hatte so etwas schon einmal in einem anderen Zusammenhang schmunzelnd angedeutet, blieb damals aber vage.

Beeindruckend, wie viele gute Informationen mir Bernd Friedrich nach seinem mittäglichen Treffen mit Frieda Zeil liefern konnte. Sie halfen mir sehr bei der Skizzierung der verschiedenen (Roman-)Charaktere und ihrer Interessensgeflechte.

Leider wurde es im weiteren Schreibprozess zunehmend schwieriger, die Romantexte in der Buchgruppe zu besprechen, um einen gemeinsamen Nenner zu finden. Es folgten frustrierende und für mich sehr nervige Abende. Wir diskutierten hin und her und wir rieben uns immer öfter an einzelnen Formulierungen auf. Eine Lösung musste her. Unsere Pragmatikerin Katja Franke half uns aus.

„Wir haben jetzt echt viel diskutiert. Gut, ich bin da nicht ganz unbeteiligt. Katrin, du leidest, richtig?“ Ich musste ihre (fast) rhetorische Frage nicht beantworten, sie tat es selbst. „Du hast schließlich noch einen Job. Und wir haben auch genug zu tun. Das mit dem Roman muss uns Spaß machen, wenn es gut werden soll. Wie wär's damit: Wir lassen dich, Katrin, jetzt laufen.“

Gerade wollte ich Katja Franke unterbrechen und intervenieren, dass dies doch ein Projekt im Sinne der Enthinderungsgruppe sein sollte, als sie fortfuhr. „Katrin, das heißt nicht, dass wir dich allein lassen. Es bedeutet einfach, dass wir dir, und da spreche ich hoffentlich im Namen von uns allen, dass wir dir inzwischen echt vertrauen. Ich bin mir sehr sicher, du schreibst den Roman gut und vor allem in unserem Sinne weiter. Wenn du Fragen hast, sprich' uns einfach an. Es macht jetzt keinen Sinn mehr, wenn wir uns hier an einzelnen Sätzen den Kopf heiß reden. Weißt du, das ist der Grund“, da war es wieder, das Wortspiel mit meinem Namen, „weshalb ich auch nie eine Presseerklärung oder ein Flugblatt mit jemandem anderen schreibe. Ich mach' vorher immer 'nen Vorschlag; einzelne können gerne konkrete Änderungsvorschläge machen. So sollten wir es bei diesem Großprojekt erst recht halten. Sonst sitzen wir noch in zehn Jahren hier am ersten Teil des Buches. Wie wär's jetzt mit 'ner Pause.

Dann können alle über meinen Vorschlag nachdenken“, beendete Katja Franke ihre Ansprache, die wohl schon länger in ihr gegoren hatte. Wir alle stimmten der Pausenidee zu. Während ihrer Ausführungen hatte es bereits viel Kopfnicken gegeben.

Katja Franke war eine geübte Strategin. Und sie hatte von den Schweden gelernt. Sie hatte sich mit der schwedischen Kultur beschäftigt und war dabei auf das anscheinend weitverbreitete Streben der Schwed*innen auf die Erreichung eines Konsenses bei Sitzungen gestoßen. War dies vielleicht der Grund für die relative Friedfertigkeit der Schwed*innen in der jüngsten Geschichte? Besonders spannend fand Katja Franke die Idee der Fika, einer sozialen Institution der Schweden. Fika war so etwas wie eine bewusst angesetzte Kaffeepause. Sie wurde eingelegt, wenn sich in Diskussionen kein gemeinsamer Nenner abzeichnete. Bei einer Fika gab es nicht nur Kaffee und kleine leckere Köstlichkeiten. Nein, Fika-Pausen wurden vor allem für Gespräche am Rande des Geschehens genutzt. Die verschiedenen Akteur*innen loteten Möglichkeiten für einen Konsens aus, aufgetretene Missverständnisse der bisherigen Diskussion wurden aufgeklärt und die einzelnen Mitwirkenden wieder zusammengebracht. So ein Vorgehen war ganz im Sinne von Katja Franke. Und so setzte sie auch für die Buchgruppe auf eine Fika-Pause.

Katja Frankes Plan ging auf: Nach der Pause einigte sich die Gruppe schnell. Ihr Vorschlag fand die Zustimmung aller. Nur ich musste mich noch einmal der Unterstützung aller vergewissern.

„Katja, stimmt, du hast meine Situation echt gut beschrieben. Danke für euer Vertrauen. Das ehrt mich schon. Aber damit lastet noch mehr Gewicht auf meinen Schultern. Sind wir uns einig, dass es weiterhin unser gemeinsames Projekt ist? Ich muss euch mit meinen vielen Fragen und Unsicherheiten weiter traktieren dürfen. Ich sprech‘ euch dann eben einzeln an. Okay?“

Meine Fragen und Bitten wurden mir von den vieren genau so bestätigt, wie ich es mir erhofft hatte. Wir verabredeten, uns nach jedem fertigen Kapitel zu treffen, um uns über das große Ganze auszutauschen. Konkrete Änderungswünsche konnten mir per Mail geschickt oder bei unseren Treffen eingebracht werden.

Jetzt musste ich noch die Enthinderungsgruppe näher kennen lernen. Ich wollte unbedingt ein besseres Gefühl für sie bekommen. Helen Weber preschte voran und lud mich spontan zu ihrem nächsten Treffen ein. Da standen eh die Neuigkeiten in Sachen Alternativen zur Werkstatt auf der Tagesordnung – das passte also gut. Anschließend war eine kleine Pizzaparty geplant. Auch das passte bestens: ein perfekter Rahmen, um sich zwanglos zu unterhalten. Außer mir hatten sie bereits Marianne Berger von der Elterngruppe für Inklusion zu dieser Sitzung eingeladen.

Endlich war der Knoten für mich geplatzt. Guten Mutes konzentrierte ich mich auf das weitere Schreiben des Buches. Das war auch nötig. Ich war meinem Zeitplan schon weit hinterher: Ich hatte ihn auf meiner To-Do-Liste bereits zweimal angepasst. Außerdem nahte das Ende meines Volontariats. Was danach käme: ich wusste es noch nicht. Die Zeitung konnte mich nicht übernehmen, das hatte Chefredakteur Klaus Körner mir unmissverständlich signalisiert. Fast schon schade, fand ich. Ich hatte in der Redaktion nach dem unerfreulichen Intermezzo des abgelehnten Werkstattberichts und meiner anfänglich kaum zu überbietenden Unsicherheit mittlerweile ganz gut Fuß gefasst. Wo es mich nach dem Volontariat hintreiben würde? Fragezeichen!!!

Jetzt musste ich erst einmal richtig in die Tasten hauen, um den Roman fertig zu bekommen. Der grobe rote Faden für den weiteren Verlauf des Buches stand mittlerweile fest. Falls bei mir kein Schreibblock kam, war es noch zu schaffen. Neben dem

Schreiben stand noch eine wichtige Recherche an: Ich wollte mit weiteren Mitgliedern der Enthinderungsgruppe reden.

Mit gesetzten Segeln dem Ziel entgegen

Die nächsten Wochen vergingen so schnell, dass ich kaum hinterherkam. Von älteren Verwandten kannte ich den Spruch, dass mit zunehmendem Alter die Zeit wie im Flug verginge. Falls dieser Satz stimmte, hätte ich in diesen Wochen mindestens 100 Jahre alt sein müssen. Unglaublich, wie ausgefüllt meine Tage waren und wie schnell sie vorbeizogen. Ich war mittlerweile zur Frühaufsteherin geworden, saß meist schon vor sechs am Laptop und haute in die Tasten. Wie gut, dass ich dank meiner Eltern eine Schnellschreiberin war. Sie hatten mich gequält, mein Zwei-Finger-Such-System zugunsten solider Tippkenntnisse inklusive des Blindschreibens einzutauschen. Und so musste ich nicht mehr auf die Tastatur schauen, während ich früh morgens und spät abends wild tippend an meinem Laptop saß.

Von Seite 1 bis Seite 30 quälte ich mich noch beim Schreiben. Sorgsam las ich meinen Text immer und immer wieder durch. Gut, dass die anderen den ersten Seiten so bewundernd zugestimmt hatten. Die Buchgruppe äußerte wenige Änderungswünschen. Das trieb mich besonders an. Ab Seite 31 begann es so richtig zu flutschen. Endlich war ich im Flow und hatte unendlich Spaß am Schreiben. Ich ging mit den Protagonist*innen des Romans gedanklich ins Bett und wachte mit ihren Geschichten wieder hellwach auf. Es gab Tage, da war ich in einem richtigen Schreibrausch. Einmal hatte ich mich zwischendurch sogar in der Redaktion krankgemeldet, um den Tag durcharbeiten zu können. Am Schluss waren es an diesem Tag geschlagene 18 Stunden, die ich fast am Stück für das Buch aufwandte. Aber psst, bitte nicht weitersagen, schließlich bin ich ja die brave Katrin Grund.

Viele spannende Gespräche und ständig neue Informationen, die weit über dieses Buchprojekt hinaus für mich interessant waren, begleiteten den für mich unerwartet positiven Schreibprozess der nächsten Wochen.

Bernd Friedrich und Helen Weber

Bernd Friedrich hatte einen Praktikumsplatz bekommen. Ich wusste leider noch nicht genau wo, da er deshalb beim letzten Mal nicht an der Buchgruppe teilnehmen konnte. Helen Weber arbeitete mittlerweile mit einem Budget für Arbeit in einem regulären sozialversicherungspflichtigen Job. Sie bekam statt der 240 Euro Werkstattentlohnung nun über 1.000 Euro ausbezahlt. Sie war nicht mehr auf Grundsicherung angewiesen und somit befreit vom Sozialamt und dessen Regeln. Als sie ihr erstes richtiges Gehalt ausbezahlt bekommen hatte, stießen wir beide kräftig darauf an. Schön war's, denn jetzt, in der heißen Phase des Buchschreibens, sahen wir uns leider viel zu selten. Hoffentlich würde sich das bald ändern. Als Überbrückung telefonierten wir aber regelmäßig miteinander, manchmal auch viel zu lange. Ich hatte noch so viel zu schreiben.

Die Enthinderungsgruppe

Mein Treffen mit der Enthinderungsgruppe hatte zwischenzeitlich stattgefunden. Ich lernte weitere spannende Menschen kennen. Mit einigen führte ich kleinere Interviews, meist telefonisch. Mit anderen verabredete ich mich per Zoom. ‚Dank' der Corona-Pandemie hatte diese Videokonferenz-Plattform inzwischen richtig Fahrt aufgenommen. Bei Bedarf, und natürlich mit Zustimmung meiner Gesprächspartner*innen, zeichnete ich unsere Gespräche auf. Später hörte ich mir das eine oder andere noch einmal in Ruhe, beziehungsweise schaute es mir, an. Was für ein Schatz an Informationen für das Buchprojekt!

Marianne Berger

Auch mit Marianne Berger befand ich mich inzwischen in einem tieferen und sehr fruchtbaren Dialog. Von der Elterngruppe für Inklusion aus hatten sie einiges in Bewegung gesetzt. Sie hatten einige behinderte Menschen, von denen sie es anfangs selbst nicht für möglich gehalten hatten, in Praktikumsplätzen untergebracht. Die ersten waren auf dem Sprung in reguläre Jobs. „Reguläre Jobs, das muss schon passen. Wir haben gemerkt, dass wir das sehr feinfühlig angehen müssen." Marianne Berger, die Aktiven um sie herum und die Leute der Enthinderungsgruppe und diejenigen, die vermittelt worden waren, hatten auch erste Rückschläge erlitten. Für mich erschienen Rückschläge jedoch normal.

Ich wusste, wie schwer es war, nach einer passenden Beschäftigung zu suchen und sie zu finden. Ich war selbst mitten in der Arbeitssuche, auch wenn mich mein Enthusiasmus, Tag und Nacht am Roman zu schreiben, oft davon abhielt. Immer wieder vernachlässigte ich die Arbeitssuche sträflich. Dabei endete mein Volontariat bald. Könnte ich meinen älter werdenden Vater noch einmal bezirzen, mich vielleicht übergangsweise finanziell zu unterstützen? Noch wusste er nichts von dem Buchprojekt.

Meine Eltern

Derzeit stand ich mit meinem Vater wieder auf etwas besserem Fuße. Er wirkte auf mich milder. Und ich dachte immer öfter darüber nach, wie es wäre, wenn es ihn nicht mehr gäbe. In meinem Bekannten- und Kolleg*innenkreis waren in letzter Zeit einige Eltern zum Teil früh verstorben oder ernsthaft erkrankt.

Nach langem Zögern traute ich mich endlich, ihm von meiner Arbeit an dem Roman zu erzählen. Er reagierte erstaunlich offen, ja sogar freudig-neugierig: „Darf ich mal reinlesen?" Seine Frage war ein eindeutiges Signal an mich. Mir war gehörig flau im Magen, als ich ihm die ersten beiden Romankapitel per Mail schickte. Ich kannte ihn als großen und scharfen Kritiker mir gegenüber. Zur Sicherheit schickte ich ihm auch einen meiner Zeitungsberichte. Thema: eine Konferenz von Klimaforscher*innen, die in unserer Stadt durchgeführt worden war. Zumindest aus meiner Sicht war mir dieser Artikel gut gelungen.

Seine Rückmeldungen ließen auf sich warten. Erst als ich das nächste Mal zum Essen bei meinen Eltern war, ließ er die Katze aus dem Sack. Entgegen meinen Erwartungen gab es fast nur Lob von ihm. Mit seinen wenigen, sehr konstruktiven Vorschlägen, wie ich Sachverhalte noch besser pointieren und das Buch besser strukturieren sollte, konnte ich leben. Selbst meine Mutter, die nicht gern las, hatte in mein Werk reingeschaut. „Prima, mein Mädchen, was du da machst!“. Beide waren offensichtlich stolz auf mich. „Mutig, dass du dich da drangemacht hast und durchhältst.“ Besonders schien sie zu beeindrucken, dass ich gerade so ein Thema aufgegriffen hatte. Sie selbst kannten sich damit nicht aus, fanden es aber anscheinend ganz interessant.

„Vielleicht kriegen wir ja noch 'ne Mutter Teresa in unserer Familie“, spottete mein Vater dann doch noch. Wie in alten Tagen wollte er mich reizen. Er wusste genau, dass das völlig daneben war. Und dass sein Einwurf nichts, aber auch gar nichts, mit diesem Buch zu tun hatte. „Ich kann mein alterndes Väterchen dann ja pflegen. Wie Mutter Teresa das vielleicht getan hätte. Zieh dich schon mal warm an“, schmetterte ich seine Attacke scherzhaft ab. So war sie also, die sichtlich gereifte Tochter. Ich konnte inzwischen in so manchen Situationen gut, zum Teil sogar richtig charmant, kontern. Aber noch längst nicht in allen.

Florian Kerner

Eine verunsichernde Baustelle blieben meine Begegnungen mit Florian Kerner. Zum Glück gab es wenige davon. Das Café Charlie mied ich nach wie vor weitgehend. Ich wollte dem

Polizeikommissar bloß nicht über den Weg laufen. Okay, ich war mit mir im Reinen und fand es nach wir vor richtig, die Brandstifter*innen nicht verpfiffen zu haben. Trotzdem steckte immer noch ein gehöriges Stück Unsicherheit in mir. Und so hütete ich mich, wenn ich ihn doch einmal sah, ihn auch nur im Entferntesten auf den Werkstattbrand anzusprechen. Es blieb bei einem Zuwinken oder einem Hallo. Selbst als wir uns einmal direkt vor ‚seinem' Café trafen, erzählte er mir – wieder und nur – von deren leckerem Mohnkuchen. Vom Werkstattbrand war an diesem Tag keine Rede.

Das änderte sich bei unserem nächsten persönlichen Zusammentreffen. „Sie scheinen sich gar nicht mehr für die Brandstiftung an der Behindertenwerkstatt zu interessieren?" Da war seine Frage. Ich hatte mich innerlich bereits auf sie vorbereitet. „Ich gehe davon aus, dass Sie mich auf dem Laufenden halten, wenn sich da was Neues ergibt. Es liegt mir aber fern, weitere Berichte dazu zu schreiben. Dann wird in den Leserbriefen womöglich wieder über Sie und Ihre Kolleg*innen gemeckert", entgegnete ich kurz angebunden.

„Das ist sehr ehrenhaft. Es gibt also doch noch jemanden da draußen, der Verständnis für uns Polizeibeamte hat: Sie. Zurück zum Brand: Es gibt wirklich nichts Neues. Ich glaube, wir müssen den Fall bald zu den Akten legen. Dort wäre er in guter Gesellschaft. Da liegen so einige Straftaten, die ich während meiner Dienstzeit sicher nicht mehr aufklären kann", antwortete er zu meiner Erleichterung, aber auch zu der von Helen Weber, Bernd Friedrich und Klaus Kriske. Natürlich erzählte ich ihnen bei unserem nächsten Treffen brühwarm von meinem Gespräch mit Florian Kerner. „Mensch Leute, darauf müssen wir anstoßen – und auf uns!" Wir vier erhoben unsere Wassergläser. Obwohl uns klar war, dass wir damit längst noch nicht sicher waren.

Ich, Katrin Grund

Mit gesetzten Segeln ging es für mich dem Ende des Buchprojektes entgegen. Meine Finger flogen immer schneller über die Tasten meines Laptops. Entgegen allen Erwartungen hatte ich einen Heidenspaß am Schreiben entwickelt. Vielleicht steckte in mir doch eine Schriftstellerin und nicht nur eine Nachrichten-Aufbereiterin und Kommentarschreiberin? Mittlerweile durfte ich, wenn auch noch sehr selten, Kommentare verfassen.

Abends schlief ich, wenn auch meist spät, mit einem guten Gefühl ein, etwas Sinnvolles zu tun. Wie wertvoll in diesen Zeiten. Wenn ich mich so umblickte und bewusst wahrnahm, was andere Menschen in ihren Jobs, in ihrem ehrenamtlichen Engagement, beispielsweise bei der Feuerwehr, oder in ihrem Privatleben so alles schlucken mussten, gruselte es mich. Ständig mussten Menschen faule Kompromisse eingehen – oder gingen sie gar von sich aus ein. Wie gut war doch mein eigenes Leben!

Um mich in einige Protagonist*innen meines Buches hineinversetzen zu können, hatte ich mir kürzlich ein Gedankenspiel verordnet: Wie wäre es für mich, müsste ich im System einer Werkstatt oder eines sogenannten Behindertenheimes mit all seinen Regeln und Einschränkungen arbeiten? Niemals könnte ich unter solchen Bedingungen tätig sein. Ich war mir inzwischen sicher, ich würde in diesen Strukturen innerlich kaputt gehen. Also, mein jetziges Leben war gut, auch wenn ich abends platt war und wenig Geld hatte. Seelisch war ich ziemlich gut drauf.

Selbst im Hinblick auf einen zukünftigen Job war ich inzwischen wieder in der Spur und aktiv geworden. Helen Weber und verschiedene andere Leute waren informiert. „Ich stehe kurz vor dem Ende meines Volontariats, werde aber nicht übernommen." Sie wussten, dass ich dringend einen Job finden musste. Am liebsten wollte ich in dieser Stadt bleiben. Nach meinen anfänglichen Schwierigkeiten kannte ich mich jetzt gut aus und fühlte mich hier recht wohl.

Als Journalistin hatte ich inzwischen im wahrsten Sinne des Wortes Hinz und Kunz kennengelernt. Die meisten Leute waren nett zu mir. Außer denjenigen, die uns von der Presse „Fake News" oder „Lügenpresse" entgegenschrien, sobald man mit einer Kamera anrückte oder zu erkennen gab, bei der Lokalzeitung zu arbeiten. Inzwischen konnte ich aber selbst das ganz gut ab. „Niemand zwingt Sie, die Zeitung zu lesen. Wir sind ein freies Land", lautete meine Standardantwort in den zum Glück wenigen brenzligen Situationen, die ich bisher erlebt hatte.

Es hatte sich also herumgesprochen, dass ich einen Job suchte. Zu meiner Überraschung machte mir die Leiterin des langsam aber stetig weiterwachsenden ambulanten Dienstes ein Angebot. „Bei uns soll demnächst eine neue Stelle geschaffen werden. Keine journalistische Tätigkeit, aber gute Schreibkenntnisse sind für diesen Job in jedem Fall sehr hilfreich." Würde ich mich dafür interessieren, sollte ich mich melden. Und genau das tat ich nach kurzem Überlegen – ich bekundete mein Interesse. Ich war gespannt, was sie mir im ambulanten Dienst genau anbieten würden. Sollte mein Vater recht behalten? Als ich in meinem Germanistikstudium nicht klargekommen war, hatte er mich zuweilen mit dem Satz „Du endest noch als Sozialtussi" provoziert. Mich schreckte ein ‚Sozialtussi-Dasein' nach den vielen Erfahrungen der letzten Wochen und Monate nun nicht mehr.

Das Schiff namens Roman war nun voll auf Kurs und segelte dem Ziel mit gutem Rückenwind entgegen. Mir war aber auch bewusst, dass da noch richtig raue See vor mir lag: die inhaltliche und sprachliche Überarbeitung standen an, vor allem aber die Verlagssuche. Wie gut, dass ich, dass wir, schon so weit gekommen waren. Mein familiärer Himmel verdüsterte sich. Meine

Mutter war mit Krebs ins Krankenhaus gekommen. Ich besuchte sie einige Male dort. Unser Verhältnis wurde – mit aller Vorsicht – wieder enger. Eines war klar: Sie würde nach der mittlerweile erfolgten Operation zu Hause erst einmal eine Weile Hilfe benötigen. Meine Aufgabe?! Mit dieser Belastung im Nacken ging ich dem Ende meines Volontariats entgegen. Für mich stand der letzte Tag in der Redaktion an.

Hätte mir anfangs und während der leidigen Zeit meiner Berichterstattung über den Werkstattbrand jemand erzählt, dass die Redaktion ein richtig nettes Abschiedsfest für mich organisieren würde, ich hätte viel dagegen gewettet. Heute stießen viele mit mir an und wünschten mir das Beste für mein weiteres Wirken. „Sie finden bestimmt einen Ort, an dem Sie den Sachen viel besser als hier, in unserer bescheidenen Lokalredaktion, ‚auf den Grund' gehen können. Und dann nervt Sie hoffentlich auch niemand mehr mit diesem blöden Spruch, den ich mir auch leider jetzt nicht verkneifen konnte", verabschiedete mich Chefredakteur Klaus Körner. Vor versammelter Mann- und Frauschaft bedankte er sich für mein Wirken.

Carola Finke und der ambulante Dienst

Mit Carola Finke vom ambulanten Dienst war ich übereingekommen, mit der Einrichtung der neuen – meiner! – Stelle noch ein bisschen zu warten. Mittlerweile war klar, dass ich ein paar Wochen bei meiner Mutter zu Hause sein musste. Das passte mir gut: Der Abschluss des Buches war fällig. Auch wenn inhaltlich fast alles fertig war, gab es noch einiges zu tun und zu feilen. Klar war auch, dass ich beim ambulanten Dienst eine 30 Stunden Stelle bekommen sollte.

Inhaltlich ging es in der Stelle um zweierlei: Einerseits sollte ich mich um die Öffentlichkeitsarbeit des Dienstes und des dazugehörigen Vereins kümmern. Das dürfte ich hinkriegen, da war ich mir recht sicher. Über meinen Tisch waren wahrlich genug schlechte Presseerklärungen gewandert, sodass ich es hoffentlich besser machen würde. Anderseits sollte ich den Aufbau von Assistenzleistungen für behinderte Menschen, die auf dem allgemeinen Arbeitsmarkt arbeiten wollten, vorantreiben. Da war ich mir schon nicht mehr so sicher. Ob und wie würde mir das gelingen? In diesem Bereich war mittlerweile ein kleiner, aber interessanter, Markt entstanden. Zum Beispiel konnten darüber Unterstützungsleistungen am Arbeitsplatz finanziert werden. Mit den gesetzlichen Möglichkeiten, die offenbar zur Verfügung standen, musste ich mich noch vertraut machen. Aber auf diesen Bereich meiner zukünftigen Arbeit war ich besonders scharf. Hoffentlich würde ich Aktivitäten anstoßen können, damit mehr behinderte Menschen außerhalb der Lindentalwerkstatt Fuß fassen konnten.

Ein zusätzliches Plus meines neuen Jobs war die Nähe zu Helen Weber. Wir würden nah beieinander arbeiten. Mittlerweile waren alle bürokratischen Hürden für das von ihr beantragte Budget für Arbeit überwunden. Das machte die Arbeit bei diesem Dienst auch für mich authentischer. Sie redeten nicht nur über die Rechte behinderter Menschen, sondern stellen zusehends auch selbst behinderte Menschen an. Zum Beispiel Tina Kowalski. Auch sie hatte früher in der Werkstatt für behinderte Menschen gearbeitet und machte mittlerweile ein Praktikum beim ambulanten Dienst. Ihre Leidenschaft war Sauberkeit und so versuchte sie sich in dem Dienst als Reinigungskraft. Vielleicht gelang es auch für sie, potenzielle Arbeitsmöglichkeiten außerhalb der Werkstatt zu erschaffen.

Die Bezahlung meines neuen Jobs hätte etwas besser sein können. Nichtsdestotrotz war ich mit dem Angebot sehr zufrieden. Mit der Sicherheit dieser Stelle im Rücken konnte ich in Ruhe die Augen aufhalten, ob ich ergänzend als freie Journalistin den einen oder anderen Job übernehmen könnte. Meine Kontakte zur Lokalzeitung waren nach wie vor gut. Und dann waren da noch eine Reihe anderer Journalist*innen. Ich hatte sie bei verschiedenen Gelegenheiten kennengelernt. Es blieb also abzuwarten, wohin mich mein Weg führen würde, der aufgrund des Buchprojektes in den letzten Monaten sehr spannend geworden war.

Der Roman

Eine Nachricht darf hier nicht unter den Tisch fallen! Sie sorgte bei mir und der Buchgruppe für den letzten Kick, den Roman mit aller gebotenen Geschwindigkeit fertigzustellen. Seit dem Beginn dieses Projektes waren Monate ins Land gezogen. Draußen war es mild und ich per Rad zu einem Termin im Industriegebiet unterwegs. Ohne es beabsichtigt zu haben, kam ich am Grundstück der abgebrannten Lindentalwerkstatt vorbei. Dort, wo vieles für mich angefangen hatte, waren erste Spuren beginnender Bauarbeiten für die neue Werkstatt für behinderte Menschen sichtbar. Ein großes Schild informierte über das Projekt und nannte unter anderem auch so einige Großspender*innen; die Umrisse des Neubaus waren provisorisch abgesteckt – RIESIG; erste große Baumaschinen standen bereit. Welche Hebel hier auch immer so schnell in Bewegung gesetzt worden waren?

Aus einem Artikel in ‚meiner' Lokalzeitung wusste ich bereits, dass die neue Werkstatt tatsächlich Platz für 600 behinderte Menschen bieten sollte. Das Land hatte aus irgendwelchen Quellen über 5 Millionen Euro für den Neubau locker gemacht. Jetzt stand ich vor dem Gelände und konnte die Dimensionen erstmals mit eigenen Augen sehen. „So viel zum ‚Zündeln an den Strukturen'", wie unser Titel für den Roman nun lautete, brummelte ich sarkastisch vor mich hin. Die Strukturen schlugen erbarmungslos und mit viel Geld im Rücken im Sinne der weiteren Aussonderung behinderter Menschen zurück.

Beim nächsten Treffen der Buchgruppe erzählte ich Bernd Friedrich, Helen Weber und Klaus Kriske von meiner Sichtung im Industriegebiet. Jetzt musste es schnell gehen mit den Rückmeldungen zu den letzten Kapiteln. Dann stand nur noch das Nachwort aus. Wir vereinbarten, dass ich diese abschließenden Teile anpacken würde, sobald ich bei meiner Mutter war. Sie sollte kommenden Dienstag aus der Klinik entlassen werden und ich würde zu ihr fahren. Dort würde ich mich anschließend um die Abschlussarbeiten am Buch und danach um die letzten Abstimmungen per Mail oder Telefon mit der Buchgruppe kümmern. Und dann kam wohl das Schwerste: die Suche nach einem Verlag, der das Buch veröffentlichen würde. Mein Vater hatte bereits ein paar Ideen, wie man das angehen könnte. Frei nach dem Motto „irgendwelche Bekannten beziehungsweise Bekannte von Bekannten" sollten gefragt werden.

Ich selbst war in Sachen Verlagswesen ein absolutes Greenhorn, wie auch darin, mich selbst anzupreisen und gut zu verkaufen. Guter Rat war also teuer. Selbst in der Redaktion war ich bei dieser Recherche nicht weitergekommen. Hin und wieder hatte ich versucht, durch indirekte Fragen nach dem Muster „Eine Freundin von mir sucht da einen Verlag ..." herauszufinden, wie man es anstellen müsse, ein Buch von einem Verlag angenommen und veröffentlicht zu bekommen. Fehlanzeige. Ich bekam nichts heraus. Auch meine Nachfragen bei anderen Bekannten förderten leider nicht viel Zielführendes zu Tage. Ihre Allgemeinplätze wie „die muss man offensiv anschreiben" und „man muss die richtigen Leute im Verlag oder entsprechende Agent*innen finden", halfen mir nicht wirklich weiter. „So ein Thema interessiert doch außer den direkt Betroffenen niemand ernsthaft." Diese Mahnung entmutigte mich endgültig und klingelte ständig in meinen Ohren. Aber solche Gedanken wollte ich mir erst machen, wenn die Arbeiten für den Roman abgeschlossen waren. Wie ich mich kannte, würde das fertige Werk mindestens noch dreimal von mir Korrektur gelesen.

Dienstag nahm ich erst einmal für ein paar Wochen Abschied von der Stadt und einigen Menschen, die ich mittlerweile so ins Herz geschlossen hatte. Montagabend wollte ich mich noch einmal mit Helen Weber treffen. Wir wollten nur einen schönen Abend verbringen. Mit der Planung für unseren gemeinsamen Konzertbesuch waren wir auch noch nicht weitergekommen. Dies war damals im Stress, als sie mir ihre Beteiligung an der Brandstiftung gestanden hatte, im Sande verlaufen. Es war an der Zeit, das mit dem Konzert wieder anzugehen, auch wenn noch unklar war, wie lange ich bei meiner Mutter bleiben musste.

Die vor mir liegende Zeit bei meiner Mutter fuchste und erfreute mich gleichermaßen. Einerseits wurde ich aus meinem Alltag herausgerissen und konnte so für mich wichtig gewordene Kontakte weniger pflegen. Andererseits bot mir die Zeit bei meiner Mutter auch den Abstand, einiges abzuschließen, neu Luft zu holen und vor allem meiner Mutter wieder etwas näher zu kommen. Meinen Vater würde ich dabei bestimmt irgendwie ertragen. Vielleicht könnte ich ihn mit der Aufgabe der Verlagssuche beschäftigen. Das würde sein Ego etwas fördern. Ich hatte mich wirklich verändert, stellte ich bei diesen Gedanken fest. Vor knapp zwei Jahren hätte ich das nie so locker gesehen. Damals waren wir beide noch voll auf Krawall gebürstet und wie Hund und Katz, wie meine Mutter zu sagen pflegte.

Katja Franke hatte in unseren Gesprächen öfter das Wort Empowerment erwähnt und dass dieses in der Enthinderungsgruppe eine wichtige Rolle spielte. Beim Empowerment ging es um die Stärkung des Selbstbewusstseins und des Knowhows, seine Interessen selbst besser vertreten zu können. Ein Stück dieses Empowerment-Konzeptes und der damit verbundenen Haltung zeigte inzwischen selbst bei mir Wirkung. Mein Vater und ich begegneten uns spätestens, seit ich ihm von dem geplanten Buch berichtet hatte, auf gleicher Augenhöhe. Ich hatte gelernt, ihm besser Kontra zu geben, sobald er mich bewusst oder unbewusst reizte.

Ich war also auf die kommenden Wochen sehr gespannt: Wie würden ich und der Roman aus der Zeit bei meinen Eltern hervorgehen? Zu diesem Zeitpunkt wusste ich noch nicht, dass die Meinung meines Vaters sich für mich wie Gegenwind anfühlen würde. Trotz (s)einer gewissen Genugtuung, dass ich an dieser Sache so beharrlich drangeblieben war, würde er weiterhin Zweifel äußern: „Wer kauft und liest überhaupt so ein Buch?"

Jetzt, beim Abschiednehmen, freute ich mich aber schon auf mein Wiedersehen mit all den engagierten Menschen, die ich in den letzten Monaten, seit dem Beginn dieser Geschichte, kennengelernt hatte. Ich hatte mich mittlerweile an all ihre Eigenheiten, aber vor allem ihre Liebenswürdigkeiten gewöhnt.

5 Grund zum Feiern

Dass etwas in der Luft liegt, ist allen klar, die sich an diesem Abend im Nebenzimmer des Café Charlie versammeln. Und dass es etwas Positives, also was zum Feiern sein muss, daran gibt es schon deshalb keinen Zweifel, da ich noch nie die ganze Gruppe eingeladen habe. In meiner kurzfristig verschickten Mail stand nur, dass dieses Treffen auf mich ginge und dass es etwas sehr Wichtiges mitzuteilen gäbe. Alle wissen, dass ich, die ehemalige Volontärin der Lokalzeitung, zwar bereits einen neuen Job in Aussicht, diesen aber noch nicht begonnen habe. Alle können erahnen, dass ich wenig Geld haben dürfte. Wenn ich sie also auf meine Kosten zu einem Treffen einlade, muss es schon einen besonderen Grund geben.

Helen Weber ist in Gedanken versunken und denkt an ihr erstes Treffen mit mir vor fast einem Jahr zurück. Der Ort ist derselbe. Auch damals habe ich sie ins Café Charlie zu Kaffee und Kuchen eingeladen. Dieses Treffen war der Start zu etwas Großem: Sie hatte sich getraut, mir, der Journalistin, einiges ihrer Kritik an den Zuständen in der Werkstatt preiszugeben. Erstaunlich: wir hatten uns zuvor nie gesehen. Mutig: sie bot mir damals nicht den geringsten Anlass für die Vermutung, sie habe mit ihren Freunden die Lindentalwerkstatt in Brand gesteckt. All das ist schon eine ganze Weile her. In der Zwischenzeit hat sich so viel für Helen Weber und andere getan. Dass so vieles so gut ausgegangen ist, daran haben viele Anteil.

Während Helen Weber in Gedanken versunken ist, warten alle auf mein Erscheinen. Sie warten auf mich, die zu diesem feierlichen Treffen eingeladen hat – und die sich nun verspätet. Alle scheinen sich sehr darauf zu freuen, mich wiederzusehen. Ich habe mich in der finalen Phase des Buchprojektes sehr rar gemacht und war einige Wochen bei meinen Eltern, um meine Mutter nach ihrer Operation zu unterstützen. Es ist also ein Wiedersehen nach längerer Zeit. Nur Helen Weber und ich waren regelmäßig in telefonischem Kontakt. Sie hat mich stets über alle Veränderungen und Neuigkeiten auf dem Laufenden gehalten.

Als ich das Nebenzimmer des Café Charlie betrete, sind die Enthinderungsgruppe und einige ihrer Verbündeten vollzählig versammelt. Sie ergehen sich in regem Geplauder und Lachen.

Wie ich mich freue, sie alle wiederzusehen! Wie schön, dass sie gekommen sind! Viele von ihnen haben meinem Leben einen neuen Dreh gegeben. Und sie haben letztendlich entscheidend mit zu dem Erfolg beigetragen, den es heute zu feiern gilt – und den ich gleich verkünden darf.

Anwesend sind ...

Helen Weber. „Wie schön, dich zu sehen!“ Ich muss sie als Erste ansprechen. Sie gab mir durch ihre Berichte über die Zustände und den Alltag in der Lindentalwerkstatt viele Einblicke in eine andere Welt. Es waren Einblicke, die vielen Außenstehenden weitgehend verschlossen blieben und bleiben. Einblicke, in ein System, das in vielfältiger Hinsicht ein zweifelhaftes Schattendasein führt. Helen Weber entwickelte damals – vor einem Jahr – so viel Vertrauen zu mir, dass sie mir von der gemeinschaftlichen Brandstiftung mit ihren Freunden berichtete. Ganz ehrlich, ab einem gewissen Punkt hatte ich damals selbst eine Ahnung gehegt.

Helen Weber ist eine lebenslustige Frau, die mittlerweile an der Pforte und im Vermittlungsdienst des ambulanten Dienstes arbeitet. Damit hat sie sich einen Traum erfüllt: ein richtiger Job auf dem allgemeinen Arbeitsmarkt. Helen ist für mich zu einer guten Freundin geworden.

Katja Franke. „Hallo, wunderbar, dass du da bist.“ Sie öffnete mir damals die Tür zur Enthinderungsgruppe. Sie ist die Verfasserin der Presseerklärung, durch die ich überhaupt erst auf die Enthinderungsgruppe aufmerksam geworden bin. Die Enthinderungsgruppe, ein Zusammenschluss von Menschen mit unterschiedlichen Behinderungen. Ich hatte vorher nie etwas von dieser Gruppe oder ähnlichen Gruppen gehört. In einem kurzen Gespräch über die Presseerklärung überließ sie mir damals Helen Webers Telefonnummer. Sie ist für Helen und mich auch unsere Türöffnerin. Das mit unserer Freundschaft ist den geneigten Leser*innen inzwischen ja hinlänglich bekannt und muss nicht weiter erwähnt werden.

Katja Franke ist eine Macherin: Sie hat mit ihrer unschlagbar pragmatischen und psychologisch äußerst strategischen Art entscheidenden Anteil daran, dass heute eine Reihe behinderter Menschen nicht mehr in der zwischenzeitlich fast komplett neu aufgebauten Werkstatt für behinderte Menschen arbeiten (müssen). Einige ehemalige Werkstattbeschäftigte haben inzwischen Anbindungen an unterschiedlichste Unternehmen auf dem allgemeinen Arbeitsmarkt gefunden. Leider: Noch erhalten längst nicht alle von ihnen eine richtige Bezahlung. Aber glauben Sie mir, daran arbeitet Katja Franke zusammen mit der Elterngruppe für Inklusion und vor allem mit tatkräftiger Unterstützung der Juristin der Enthinderungsgruppe noch!

Ach, da hinten versteckt sie sich, die Juristin der Enthinderungsgruppe: **Claudia Liese**. Helen Weber und viele andere haben ihr sehr viel zu verdanken. Gab es vor dem Brand der Lindentalwerkstatt in der Stadt noch kein einziges Budget für Arbeit, so sind es jetzt immerhin schon zehn. Zehn behinderte Menschen haben mit Hilfe dieser Förderung eine Stelle gefunden. Also von 0 auf 10 sozusagen – und das ist ihr Verdienst! Eine Reihe weiterer behinderter Menschen machen inzwischen in verschiedenen Firmen Praktika. Vielleicht werden auch daraus einmal, und hoffentlich bald, richtige Jobs? Rückblick: Die Lindentalwerkstatt hat im Jahr vor dem Brand gerade einmal zwei behinderte Menschen in sozialversicherungspflichtige, ganz normale, Arbeitsplätze auf dem allgemeinen Arbeitsmarkt vermittelt.

Anfangs wurde Claudia Liese in und von der Gruppe oft belächelt. Sie ist die Meisterin einer recht verklausulierten Sprache. Ist sie an einem Thema interessiert, kommt sie schnell ins Referieren. Aber ihre Beharrlichkeit ist wahrscheinlich gerade ihr Schlüssel zum Erfolg. Beharrlich ist es ihr gelungen, in ihrer Zusammenarbeit mit Kostenträgern unkompliziertere Wege einzuschlagen und Lösungen zu erarbeiten. Sie hat echt Grund, stolz auf das zu sein, was sie in ihrer rein ehrenamtlichen Tätigkeit angeschoben und erreicht hat. Wäre das dufte, wenn sie diesen Job bei der neuen Teilhabeberatungsstelle bekommt. Mit all ihren, während des letzten Jahres gewonnenen praktischen Erfahrungen und Erfolgen im Rücken, geht sie bestimmt ab wie die Feuerwehr, vorausgesetzt die Ratsuchenden wollen es und machen mit.

Peter Stamm ist auch da. Wen wundert es, dass er neben Helen Weber sitzt und sie just in diesem Moment in seiner charmantesten Art anstrahlt. Da hatte Benno Kurz, in der Enthinderungsgruppe nennen sie ihn inzwischen „Kuppler" einen guten Riecher! Er vermutete schon früh, dass zwischen den beiden was gehen könnte. Einige Wochen nachdem Helen Weber beim ambulanten Dienst angefangen hatte, hat er sich mit beiden zum Essen in einem Restaurant verabredet. ‚Ganz zufällig' musste er plötzlich früher gehen – Helen Weber und Peter Stamm blieben allein zurück. Spät am Abend hat's zwischen den beiden gefunkt.

Peter Stamm hat durch seine Idee, dass Helen Weber beim ambulanten Dienst ein Praktikum machen könnte, damals so manches ins Rollen gebracht. Zuerst war es schwer, seine Chefin zu überzeugen, mit Helen Weber ein Vorstellungsgespräch zu führen und ihr einen Praktikumsplatz anzubieten. Peter Stamm war von Anfang an der Kümmerer, der Helen Weber zur Seite stand, um die ersten Hindernisse an ihrem Praktikumsplatz einigermaßen gut zu umschiffen. Er half ihr langsam, aber sicher, im ambulanten Dienst Fuß zu fassen. Psst, Helen Weber hat mir im Vertrauen und aufgeregt erzählt, dass sie überlegen, in ein paar Monaten zusammenzuziehen. Was noch fehlt, ist eine barrierefreie Wohnung. Das ist doch mal 'ne Motivation für die Enthinderungsgruppe, sich zukünftig noch intensiver um den barrierefreien Wohnungsbau in der Stadt zu kümmern.

Bernd Friedrich. „Huhu!!" Als er mich winken sieht, grinst er mich an. Holla, er sitzt ja mitten zwischen allen! Das war anfangs anders. Damals bewegte er sich meist schüchtern am Rand des Geschehens. Und jetzt sitzt er mittendrin und flüstert mit Michel Hänlein! Die beiden haben sich im letzten Jahr angefreundet. Sie üben in der Gruppe die inoffizielle Hausmeisterfunktion aus: Gerne und versiert packen die beiden an, wenn Tische aufgestellt, Getränke geholt oder irgendwo Hand angelegt werden muss. Sie sind eine wunderbare Ergänzung für diejenigen in der Enthinderungsgruppe, die aufgrund ihrer motorischen Einschränkungen solche Tätigkeiten nicht oder nur mühsam ausüben können. Einer Teilnehmerin ermöglicht ihre Hilfsbereitschaft beispielsweise, dass sie ohne ihre Assistentin an Treffen teilnehmen kann. Ihre Assistentin bringt sie mittlerweile nur noch zu den Treffen hin und holt sie am Ende wieder ab. Endlich kann die Teilnehmerin in den Gruppentreffen frei reden! Ab und an, wenn es Probleme gibt, schimpft sie schon mal über ihre

Assistenzsituation. Jetzt muss sie sich deshalb nicht mehr komisch fühlen oder sich zurückhalten – ihre Assistentinnen hören ja nicht mit. Und Bernd Friedrich oder Michel Hänlein helfen ihr aus der Jacke. Bei Bedarf reichen sie ihr ein Getränk oder holen ihr Essen, wenn es mal etwas „zum Futtern gibt", wie sie es nennen.

Diese praktischen Hilfestellungen und die Möglichkeit, endlich selbst etwas Konkretes zur Gruppe beitragen zu können, haben Bernd Friedrich sichtbar selbstsicherer gemacht und gutgetan! Der Großteil seiner Selbstsicherheit rührt aber wohl daher, dass er mittlerweile auf einem Außenarbeitsplatz der Werkstatt in einer Autowaschanlage arbeitet. Anfangs hat es ihn gestört, dass er damit immer noch an die Werkstatt gebunden ist. Derzeit ist ihm das egal, so lange sie ihn in Ruhe seine Arbeit machen lassen und er einige Euros mehr als vorher für seine Arbeit bekommt. Er versteht sich gut mit seinem Arbeitgeber. Und mit Claudia Liese arbeitet er seit einigen Wochen schon daran, das mit dem Geld zu ändern. Bernd Friedrich hofft, dass aus dem Außenarbeitsplatz bald ein richtiger Arbeitsplatz wird, einfach so einer wie die seiner Kolleginnen und Kollegen. Der Antrag für ein Budget für Arbeit ist so gut wie fertig. Bernd Friedrich und Claudia Liese wollen nur noch den richtigen Zeitpunkt abwarten, um mit seinem Chef zu reden. Dann wäre er endlich von der Werkstatt frei. Schade, die hat bisher keinen Finger krumm gemacht, um aus seinem Außenarbeitsplatz einen richtigen sozialversicherungspflichtigen Arbeitsplatz zu machen.

Klaus Kriske. Er ist der nächste im Bunde. Schon bei meinem Flash während des Betretens des Raumes und meines Innehaltens, bevor ich wirklich in den Tumult einsteige, halte ich Ausschau nach ihm. Toll, ihn zu sehen; das freut mich besonders. Er hat mich gelehrt, mir Zeit für das Gespräch mit Menschen zu nehmen. Er hat mich gelehrt, einige meiner Unsicherheiten anzugehen und zu überwinden. Klaus Kriske habe ich aufgrund seiner Sprachbehinderung anfangs kaum verstanden; ich war sogar auf eine Übersetzung angewiesen. Mit der Zeit habe ich gelernt, zu sagen, wenn ich ihn nicht verstehe. Und ich habe gelernt, mir mehr Zeit fürs Zuhören zu nehmen. Das macht die Kommunikation mit ihm so viel leichter.

Und Mensch, hat mir Klaus Kriske damals geholfen, als ich mit ihm, Bernd Friedrich und Helen Weber über ihre Brandstiftung gesprochen hatte. Das mit dem Wissen über die Brandstiftung war erst mal heftig für mich. Ich habe mich lange gequält: Melde ich der Polizei die Brandstiftung oder nicht? Klaus Kriskes Geschichte und seine Erfahrungen nahmen mir letztendlich meine letzten Zweifel: Ich musste die vermeintlich gesetzlich geregelte Gerechtigkeit einfach vergessen und außen vorlassen. Bevor er damals zum Feuerzeug griff, hatte er wegen seiner Sprachbehinderung vor allem auch in der Werkstatt für behinderte Menschen schon sehr viele Demütigungen runtergeschluckt. War ich froh, dass ich das noch nie hatte erleben müssen!

Dank Helen Weber kenne ich die neuesten Neuigkeiten: Klaus Kriske hat jetzt einen Job in einem Archiv, im „Rahmen einer Beschäftigung durch einen anderen Leistungsanbieter statt der Werkstatt“, wie es im Fachjargon so kompliziert heißt. Ich freue mich so für ihn. Damit hat auch er den Sprung aus der Werkstatt geschafft! Das mit seinem Lohn ist noch nicht ideal. Noch bekommt er nur 300 Euro für seine 25 Stunden Arbeit. Aber vielleicht schaffen es die Enthinder*innen, wie ich diese zuweilen nenne, auch hier, dass für ihn ein regulärer Job geschaffen wird. Immerhin hat der Gesetzgeber mit dem Modell der Beschäftigung durch einen anderen Leistungsanbieter eine zusätzliche Alternative für die Arbeit außerhalb von Werkstätten geschaffen.

Es gibt noch etwas, das mich für Klaus Kriske freut (Helen Weber hat es mir verraten): Vor kurzem hat er zu Beginn einer Sitzung der Enthinderungsgruppe mit fester Stimme und für alle verständlich verkündet: „Dass ihr es wisst, ich bin schwul." „Und das ist auch gut so, Klaus!" Claudia Liese war schlagfertig und spielte auf den ehemaligen Berliner Regierenden Bürgermeister Klaus Wowereit an. Damit war an diesem Punkt alles gesprochen. Von Helen Weber wusste ich auch, dass Klaus Kriske ihr anschließend erzählte, wie schwer auch das für ihn in der Werkstatt gewesen war. Blöde Witze und Schimpfwörter wie „du bist wohl schwul, eh", „schwule Sau" oder „Wixer", musste er sich anhören. Hätte er sich im Umfeld der Werkstatt getraut, sich zu outen? Wohl kaum. Klaus Kriske hat noch keinen Partner gefunden. Sein Outing war für ihn trotzdem ein ungemein befreiender Schritt.

Marianne Berger. Da sitzt sie ja und hat sich auch heute für uns Zeit genommen. Sie ist zwar kein Mitglied der Enthinderungsgruppe, doch in den letzten Monaten hat sich eine gute Zusammenarbeit mit ihr und ihrer Elterngruppe für Inklusion entwickelt. Gerade bei der Suche nach Praktikums- und Beschäftigungsmöglichkeiten für behinderte Menschen ist sie unschlagbar! Was für ein Glücksfall, dass sie und Katja Franke zusammenwirken und sich dabei gut ergänzen. Dank ihnen ist es unter anderem drei langjährigen Werkstattbeschäftigten nun möglich, kleinere Tätigkeiten in Vereinen zu übernehmen. Sie bekommen dafür in Ergänzung zu ihrer Erwerbsminderungsrente eine Aufwandsentschädigung. Inzwischen haben alle drei die Werkstatt verlassen und fühlen sich mit ihren neuen Aufgaben viel wohler.

Beiden – Marianne Berger und Katja Franke – ist sehr bewusst, dass es beim Engagement behinderter Menschen und dem von Eltern behinderter Kinder zwar eine Menge Schnittstellen, aber auch eine Reihe anderer Ansichten und Interessen gibt. Damit können die Enthinderungsgruppe und die Elterngruppe für Inklusion mittlerweile gut leben. Und wenn mal nicht, fliegen schnell ein paar Argumente hin und her, aber am Ende einigt man sich meist irgendwie. Die Themen Selbstvertretung und Selbstbestimmung behinderter Menschen haben in letzter Zeit ohnehin einen anderen Stellenwert in der Stadt bekommen, als dies vor dem Werkstattbrand der Fall war.

Dass Bernd Friedrich den Job in der Autowaschanlage bekommen hat, verdankt er unter anderem Marianne Bergers Unbefangenheit. Nach dem Brand sprach sie Hinz und Kunz an, ob sie nicht ihre Türen für Leute aus der Lindentalwerkstatt öffnen und ihnen eine Chance geben könnten. Was eine einzige Frau hier erreicht hat! Genial! Und was für ein Ansporn: da muss noch viel mehr möglich sein. Man muss sich der Inklusion auf dem allgemeinen Arbeitsmarkt nur richtig annehmen und kontinuierlich dranbleiben. Eine Stadt ohne Werkstatt ist für mich und einige andere eine echte Vision. Und dann geht auch für Menschen mit höherem Unterstützungsbedarf mehr als bisher.

Ich bin überwältigt, alle zu sehen: So viele Menschen, so viele Geschichten, so viele Neuigkeiten. Und dabei sind ja noch viel mehr Gruppenmitglieder da. Auch zu ihnen gäbe es noch viele Dinge zu sagen. Keine Zeit. Jetzt startet das große Hallo.

„Da ist sie ja", ruft Katja Franke mit kräftiger Stimme, die bei einer Protestaktion auch ohne Megafon durchdringt. Applaus brandet auf, dabei habe ich noch gar nicht die gute Nachricht verbreitet, um die es heute geht. Schmunzelnd frage ich mich, ob die Gruppe so zahm geworden ist, dass es ausreicht, sie zu leckerem Essen und Trinken einzuladen, um Applaus zu ernten. Aber ich weiß, dass auch ich ihnen in den letzten Monaten ans Herz gewachsen bin. Das Wiedersehen nach einigen Wochen tut uns allen gut. Ich habe mich in der heißen und allerletzten Phase des

Schreibens des Romans zurückgezogen. Abends bin ich oft nur noch müde ins Bett gefallen. Anfangs musste ich nebenher noch das Volontariat zu Ende bringen. Aber jetzt steht wenigstens dies als „abgeschlossen“ in meinem Lebenslauf.

Stopp! Ich muss jetzt endlich die Katze aus dem Sack lassen:

„Heute gibt's 'nen Grund zum Feiern! Es geht um unser Buch, für das wir so intensiv zusammengearbeitet haben.“ Ich schalte in meinen Erzählmodus und lasse sie an den Irrungen und Wirrungen der gesamten Buchentstehung teilhaben. Das mit der verständlichen Sprache schaffe ich vor lauter Begeisterung leider nur zum Teil.

„Helen, deine unbedacht gehäußerte, scheinbar fixe Idee, einen Roman über die Situation in der Werkstatt zu schreiben, ist Realität geworden. Der Roman ist fertiggeschrieben. Dank sei euch allen, den Mitgliedern der Enthinderungsgruppe und ihren Verbündeten!“

Applaus.

„Ich hab' ihn wieder und wieder überarbeitet und Korrektur gelesen. Aber selbst das hat mir Spaß gemacht. Kurz vor Ende hab' ich noch mal 'ne kurze Pause von dem Werk gebraucht. Ob das Leuten, die wissenschaftliche Arbeiten schreiben müssen, auch so geht? Ich hab' fast den Punkt verpasst, den Roman zu Ende zu bringen. Ich hab' wegen der Qualität immer wieder gezweifelt: Will überhaupt jemand so 'ne Geschichte lesen?

Helen, danke, dass du hinter mir gestanden bist. Du hast mich immer ermutigt und gesagt: ‚Ich lese den Roman auf jeden Fall. Und ich kenn' ein paar andere, die ihn vielleicht sogar kaufen! Schon dafür lohnt sich deine und unsere Arbeit!'

Katja, du hast mir angeboten, den Roman einem Aktivisten der Behindertenbewegung zum Lesen zu geben. Du kennst den durch verschiedene bundesweite Aktionen. Du liest fast täglich seine Nachrichten im Online-Nachrichtendienst zu Behindertenfragen, den kobinet-nachrichten, richtig?" Katja Franke nickt.

„‚Schau 'n wir mal, wie der das Werk einschätzt', hast du gemeint. Ob ihr's glaubt oder nicht, Katja, dein Tipp war gut. Der Aktivist hat sich schnell zurückgemeldet. Er fand den Roman zum Glück richtig gut. Mensch, war ich erleichtert."

Applaus.

„Und ich hab' mich was getraut: Ich hab' ihn gefragt, ob er uns das Nachwort zum Roman schreibt. Wär's nicht am authentischsten, wenn jemand aus der Selbstvertretungsbewegung behinderter Menschen im Buch das letzte Wort hat?"

Ich mache eine Pause und sehe in gespannte Gesichter. „Und?"

„Er hat's geschrieben! Und der hat echt Ahnung. Der hat die Behindertenbewegung bereits in den 80er Jahren in den USA kennengelernt. In Deutschland hat er viele so Gruppen wie eure mit angeschoben. Die Interessenvertretung Selbstbestimmt Leben in Deutschland, die sagen ISL, zum Beispiel. Der hat sich auch für einige Gesetzesänderungen eingesetzt. Erinnert ihr euch ans Bundesteilhabegesetz? Da ist der sogar mal durch die Spree dafür geschwommen! Seit 'nen paar Jahren ist er für Deutschland ein Sprecher der LIGA Selbstvertretung. Er ist selber seh- und hörbehindert und engagierte sich – äh, will sagen – macht bei so Gremien in Ministerien mit. „Das Beste," um die Bedeutung des nächsten Punktes besonders hervorzuheben lege ich eine Pause ein, „das Beste, er setzt sich für inklusive Alternativen zur Werkstatt für behinderte Menschen ein."

Applaus, Applaus. Ich steuere auf den Höhepunkt zu.

„Ich hab's bis zum bitteren Ende geschafft, mit Spaß zu schreiben. Trotz Stress und einigen Zweifeln. Bis die Verlagssuche gekommen ist. Ich kann euch sagen, ‘ne echte und komplizierte Herausforderung. Ich bin ein absolutes Greenhorn, eine richtige Anfängerin. Bisher hatte ich null Ahnung, wie man ein Buch veröffentlicht. In der Lokalredaktion hab‘ ich mich nicht getraut, zu sagen, dass ich ein Buch über Werkstätten für behinderte Menschen geschrieben hab‘. Der Chefredakteur und ein Kollege waren mir bei meiner Berichterstattung über den Werkstattbrand doch schon so blöd gekommen. Noch mal danke, Helen für deinen Rat. Helen hat mich nämlich ermuntert, mich trotz aller Vorbehalte doch an meinen Vater zu wenden. Und ihr glaubt nicht, was der gesagt hat!?“

„Was?“ Klaus Kriskes Frage ist klar und deutlich zu hören.

„‚Gutes Buch!! Klar überlege ich mal!‘ hat er gesagt.“

Meine Gedanken schweifen kurz ab: Hat er mich nur deshalb bestätigt, weil ich endlich etwas Konkretes geschafft habe? Ist seine väterliche Hilfe im Verlagswesen hilfreich gewesen?

Aber das ist eine andere Geschichte, also weiter zu meiner Ansprache: „Mit seinen Tipps hab‘ ich dann mutig einige Leute angeschrieben. Er kennt da einige um drei Ecken oder hat von Verlagsfritzen gehört. Und dann hab‘ ich gewartet und gewartet. Das hat ganz schön an mir genagt. Erst recht, als die ersten Absagen eingetrudelt sind.“

„Katrin, mach‘ ‘nen Punkt. Sag‘ schon, warum du uns alle eingeladen hast“, funkt Helen Weber dazwischen.

Ja, es ist an der Zeit, dass ich die Katze aus dem Sack lasse. Ich bestelle schon einmal Sekt und Saft für alle – und erzähle den Rest meiner Geschichte.

„Mach‘ ich gleich, sofort. Letzten Freitag“, ich hole noch einmal tief Luft, „da hab‘ ich endlich DEN erlösenden Brief bekommen. Hab‘ ihr’s nicht gespürt? Der Stein, der mir da vom Herzen gefallen ist, hat wahrscheinlich noch am anderen Ende der Welt ein Erdbeben ausgelöst. Ich muss noch ‘n paar Passagen leicht überarbeiten. Und noch die vermaledeiten verschiedenen Vergangenheitsformen, die ich benutzt habe, korrigieren. Lasst uns unsere Gläser darauf erheben, dass die Welt bald von uns lesen kann“, beende ich meine Geschichte. Ich hole das Schreiben des Verlags aus meiner Tasche. „Und hier ist der Stein des Anstoßes für unsere heutige Feier. Ein Prost auf uns alle!“, fordere ich meine Gäste auf, erst einmal anzustoßen.

„Sag schon, was da drinsteht.“ Die wachsende Ungeduld im Raum ist greifbar. Jetzt kann ich es verkünden und vorlesen!

„Sehr geehrte Frau Grund,

nach eingehender Prüfung können wir Ihnen mitteilen, dass unser Verlag Interesse hat, ihren Roman zu veröffentlichen. Wir beglückwünschen Sie zu Ihrem Werk und hoffen auf eine gute Zusammenarbeit. An einigen Stellen müssen Sie noch Überarbeitungen vornehmen, die unsere Lektorin Dorothea König mit Ihnen im Detail besprechen wird.

Wir planen Ihr Buch in einer ersten Auflage mit 10.000 Exemplaren als Taschenbuch und zusätzlich als E-Book zu veröffentlichen. Für eine Veröffentlichung als Hörbuch sind wir ebenfalls offen. Wir können Ihnen für Ihr Werk einen Vorschuss von 3.000 Euro bieten. Über weitere Details können wir im Rahmen der Vertragsgestaltung sprechen. Über Ihr Ansinnen, das Buch auch in Leichte Sprache zu übersetzen und zu veröffentlichen, müssen wir gesondert verhandeln.

Sollte Ihr Plan fortbestehen, ein weiteres Buch zu der von Ihnen gewählten Thematik zu schreiben, sind wir daran sehr interessiert. Wir hoffen, dass sich daraus eine längerfristige Zusammenarbeit ergibt.

Bitte teilen Sie uns baldmöglichst mit, ob Sie mit diesen Bedingungen einverstanden sind. Die weiteren Details können wir gemeinsam besprechen und hoffentlich eine Veröffentlichung vor der Buchmesse in Frankfurt realisieren.

Mit freundlichen Grüßen …“

Der Name der Person, die mit freundlichen Grüßen unterschrieben hat, geht im aufbrausenden Jubel unter.

Ist das ein Hallo, Geklatsche und Gejubel. Bisher war die Buchveröffentlichung lediglich ein Traum, den alle mit mir teilten. Nun sind wir auf dem Sprung in die Realität.

Wie sich diese Realität genau darstellen wird, das lassen wir an diesem Abend weitgehend außen vor. Unsere Freude soll nicht von möglichen schweren Gedanken überlagert werden, ob das Buch wirklich einen Unterschied machen wird. Helen Weber hat immer wieder versucht, mir zu versichern, dass es ein wichtiger Beitrag sein kann, damit sich ganz praktisch etwas am System der Werkstätten für behinderte Menschen ändert. Ziel der Brandstiftung sei gewesen, dass mehr behinderte Menschen statt in der Werkstatt auf dem allgemeinen Arbeitsmarkt Arbeit fänden und eine faire Entlohnung bekämen.

Ob wir dazu mit dem Roman einen ernstzunehmenden Beitrag leisten können? Das wird erst die Zukunft weisen. Inzwischen wurde die Werkstatt unserer Stadt fast komplett wieder aufgebaut. Und dabei ist sie auch noch größer als vorher – unglaublich! Uns allen ist klar, dass für echte Veränderungen konkrete gesetzliche Regelungen nötig sind. Die längst überfälligen Veränderungen des Werkstattsystems dürfen nicht bloß einzelnen Werkstätten mit all ihren Eigeninteressen überlassen werden.

„Das vergangene Jahr haben wir uns gemeinsam engagiert. Und wir haben es mit Spaß bewältigt. Das ist das, was heute zählt. Lasst uns feiern", beendete ich meine Rede.

„Ein Prosit auf unsere neue Schriftstellerin!" schallte es von Katja Franke durch den Raum. Dem kann ich mich nicht entziehen. Und heute will ich es auch nicht!

Nachwort

Katja Franke und Katrin Grund haben mich gebeten, das Nachwort für diesen Roman zu schreiben. Ich übernehme das gerne und fühle mich geehrt, auch deshalb, da ich vor längerer Zeit selbst die Idee für einen solchen Roman hatte. Ehrlich gesagt, vor einigen Monaten habe ich bereits begonnen, die ersten Abschnitte des Werkes aufs Papier zu bringen.

Im Laufe des äußerst kreativen Schreibprozesses für dieses Buch geschah jedoch etwas sehr Seltsames. Etwas, das ich so noch nie erlebt habe und womit ich am Anfang des Schreibprozesses niemals gerechnet hätte: Je mehr die fiktive Figur Katrin Grund in die Geschichte eintauchte, je mehr sie sich dem Thema annahm, je mehr sie ihr Denken veränderte, umso mehr konnte ich mich aus dem Buch zurückziehen. Von Zeile zu Zeile wurde immer offensichtlicher, dass dies nicht nur mein Buch, sondern der Roman von Katrin Grund – und vor allem das Werk der Enthinder*innen – ist. Empowerment ist ein großes Wort, das leider viel zu oft zu leichtfertig genutzt wird. Im Prozess der Entstehung dieses Buches vollzog sich ein deutlicher Empowerment-Prozess: Die Geschichte bewegte sich fast von selbst von mir zu den Akteur*innen des Romans hin, bis diese das Geschehen übernahmen.

Das war und ist vor allem dem Engagement der handelnden Personen und insbesondere Katrin Grund als schnell dazulernender Journalistin geschuldet. Daher gratuliere ich dieser bisher unbekannten Schriftstellerin und ihren Mitstreiter*innen zu diesem Buch. Ich bin mir sicher, dass wir nicht zum letzten Mal etwas von Katrin Grund, Helen Weber, Katja Franke, Claudia Liese, Bernd Friedrich, Klaus Kriske, Marianne Berger und all den Protagonist*innen zu lesen bekommen, die diese Geschichte ausmachen.

Genauso sicher bin ich mir aber auch, dass die Enthinderungsgruppe und ähnliche Selbstvertretungsorganisationen noch so manches erreichen werden. Denn, das Engagement behinderter Menschen selbst ist bei der Entwicklung hin zur Inklusion das Salz in der Suppe. So auch in diesem Roman. Glauben wir also an die Mitglieder der Enthinderungsgruppe und an Katrin Grund. Sie werden noch einiges im Sinne echter Inklusion bewegen.

Ein großes Dankeschön gebührt all denjenigen, die die Entwicklung und Veröffentlichung dieses Buches mit Rat, Tat und dem unermüdlichen Glauben an das Projekt ermöglicht und immer wieder beflügelt haben. Vieles von dem, was hier fiktiv niedergeschrieben wurde, findet in der einen oder anderen Form eine reale Entsprechung. Vorrangig ist dieses Buch also das Werk all jener, die Diskriminierungen und Abwertungen erleben mussten und diese im 21. Jahrhundert leider noch immer häufig erleben müssen.

Wenn Ihnen das Buch beim Lesen gefallen und den einen oder anderen Denkanstoß gegeben hat, dann hat sich jede Sekunde des in die Tasten Hauens und sich Plagens gelohnt. Das Schwitzen von Katrin Grund in ihrer kleinen Wohnung und von mir in diesem heißen Sommer war es dann allemal wert.

Sollte Ihnen das Buch nicht gefallen haben, Sie sich an der einen oder anderen Stelle über einige Darstellungen ärgern, dann hat sich dieses Buch auch gelohnt. Denn manchmal müssen Emotionen ausgelöst werden, damit sich etwas verändert. Emotionslosigkeit im Angesicht von Ungerechtigkeiten ist zuweilen die größte Ungerechtigkeit. Lassen Sie diese Emotionen also raus. Schimpfen Sie, diskutieren Sie mit anderen über dieses Buch – vielleicht entsteht daraus etwas Konstruktives. So geht es mir zuweilen, wenn ich mich so richtig über Diskriminierungen ereifere.

Sich aufzuregen, ist manchmal ein erster Schritt auf einen anderen Abzweig eines Weges, den man sonst nicht eingeschlagen hätte. Sollten Sie sich verletzt fühlen, weil Sie und andere Ihrer Meinung nach gute Arbeit leisten, weil Sie meinen, dass für behinderte Menschen schon genug getan wird, und so weiter und so weiter, dann hilft es vielleicht an folgendes Sprichwort zu denken: „Der Weg zur Hölle ist mit guten Vorsätzen gepflastert." Dieser Satz bringt unsere Herausforderung gut auf den Punkt: Es gilt immer (wieder) zu überdenken, was wir wie und aufgrund welches Interesses tun. Gerade im Lichte unserer Geschichte bezüglich des Umgangs mit behinderten Menschen und des Menschenrechts auf Inklusion tut eine ständige Überprüfung unseres Wirkens Not.

Wer am Stil des Buches, der Rechtschreibung, Kommasetzung oder an eventuell unprofessionellen Formulierungen etwas auszusetzen hat – nur zu. Katrin Grund lernt gerne dazu. Und sie muss noch einiges in ihrem jungen Schriftstellerinnendasein lernen. Auch ich bin kein geborener Schriftsteller. Aber auch hier gilt für mich die Devise: lieber ein paar Fehler machen, die Niemandem schaden, als nichts gegen das zu tun, was anderen schadet. „Von Felern lernt man!", stand so trefflich auf einem Plakat, das einige Jahre in meinem Büro hing.

„Hat es Sie genervt, dass ständig die vollen Namen genannt wurden, obwohl in Büchern häufig mit Vornamen agiert wird?" Das hat anfangs mich und später Katrin Grund auch genervt. Vor allem war es zuweilen recht kompliziert, so zu schreiben. Aber die drei Brandstifter*innen haben basierend auf ihren Erfahrungen hierzu im Laufe des Buches ja einen klaren Standpunkt bezogen. Sie wollen nicht, dass nur mit ihren Vornamen über sie berichtet wird. Dem musste Katrin Grund und ich mich beugen, selbst wenn es unserem Sprachempfinden nach zuweilen recht gestelzt wirkt. Sprache ist gerade auch dazu da, uns in unserem Denken immer wieder neu herauszufordern. Hier halte auch ich es mit Klaus Wowereit, wenn auch in einem übertragenen Sinne: „Und das ist auch gut so!"

Wäre Katrin Grund Stephen King, dann wäre manches wahrscheinlich spannender und sicher auch besser geschrieben worden. Aber dann wäre in diesem Buch wahrscheinlich viel Blut geflossen. Umbringen oder verletzen wollten Katrin Grund, Helen Weber, Klaus Kriske und Bernd Friedrich niemanden. Eine Brandstiftung, bei der zum Glück niemand verletzt wurde, reicht hoffentlich für einen gewissen Spannungsbogen aus. Wer fließendes Blut sehen oder darüber lesen will, für den gibt es viele entsprechende Krimis. Was nicht heißen soll, dass Katrin Grund und ich nicht hin und wieder auch einen Krimi lesen oder anschauen. Stephen King Bücher verschlingen wir beide mit großer Hingebung.

Wird Katrin Grund, mir, den drei Täter*innen oder den Aktiven der Enthinderungsgruppe nun vielleicht der Ruf als Brandstifter*innen oder geistige Brandstifter*innen anhaften? Das halten wir aus. Wir halten es vor allem deshalb aus, da es in diesem Buch nicht darum geht, andere Menschen dazu anzustiften, in Werkstätten oder in irgendwelchen anderen Gebäuden Brände zu legen. Diese Erkenntnis traue ich Ihnen als Leser*innen dieses Buches allemal zu! Vielmehr geht es um die längst überfällige Überwindung mittlerweile überkommener Strukturen in der sogenannten Behindertenhilfe und in unserer Gesellschaft. Und es geht um die Machtlosigkeit, die behinderte Menschen zuweilen erleben, wenn sie mit aussondernden und entmündigenden Strukturen konfrontiert sind.

Letztendlich geht es aber um diese Kernfrage: Was wäre alles möglich, wenn wir die bisherigen Strukturen überwinden und ernsthaft – ohne Wenn und Aber, ohne all die Eigeninteressen – zielgerichtet auf eine echte Inklusion hinarbeiten würden?

Diese Frage zu beantworten und das Problem der Diskriminierungen und Aussonderung anzupacken, dafür sind die Politik, die Verwaltungen, letztendlich aber auch wir alle zuständig. Feuerzeuge und Benzinkanister sind dafür nur fiktive Krücken und nur als Hilfsmittel für Gedankenspiele geeignet. Im Roman lautete die Denkaufgabe „Wie wäre es und was könnte anders sein, wenn es keine Werkstatt für behinderte Menschen mehr gäbe." Die Enthinder*innen und Katrin Grund haben dieses heiße Eisen angepackt. Lassen wir es nicht abkühlen.

Ich möchte nicht versäumen anzumerken, dass es viele Katrin Grunds geben sollte und braucht. Viele Menschen mit verschiedenen Namen und aus ganz unterschiedlichen Bereichen sollten mutig den wahren Zuständen in der sogenannten Behindertenhilfe und anderen diskriminierenden Bereichen dieser Gesellschaft so richtig „auf den Grund" gehen. Vieles von dem in diesem Buch Geschilderte gibt es leider tatsächlich in der einen oder anderen Form. Zum Teil ist die Realität sogar noch viel schlimmer, wie ich aus eigener Erfahrung und aus Erzählungen vieler Menschen bestätigen kann. Wir brauchen in der Realität dringend engagierte und gute Journalist*innen und Schriftsteller*innen mit und ohne Behinderungen, die diese Missstände und Ungerechtigkeiten aufgreifen und der Sache „auf den Grund" gehen. Menschen, die vor allem aus dem menschenrechtlich orientierten Blickwinkel der direkt Betroffenen und nicht mit dem „Wohlfahrtsblick", dem „Mitleidsblick" oder dem „Kostenträger- oder Leistungsanbieterblick" mit all seinen Eigeninteressen „auf den Grund" gehen.

Die Sichtweise derjenigen, die solche diskriminierenden Situationen tagtäglich erleben müssen, die zum Teil ein ganzes Leben lang dadurch erst richtig behindert werden, findet gerade in Deutschland noch viel zu wenig Beachtung. Und am wenigsten Beachtung findet sie im großen Business der sogenannten Behindertenhilfe. Dabei sollte genau ein solcher Blickwinkel, wie ihn Katrin Grund mit vielen Mühen im Laufe ihrer Geschichte entwickelt hat, größere Verbreitung finden.

Es braucht eine konsequente Orientierung an den Erfahrungen und den Wünschen der Betroffenen. Diese Orientierung sollte in der Praxis die entscheidende Leitlinie sein, Angebote, die nicht dem Anspruch der Inklusion, echter selbstbestimmter Personenzentrierung und der Achtung der Menschenrechte entsprechen, zu entlarven. Und vor allem zu verändern. Dort, wo behinderte oder nichtbehinderte Menschen Menschenrechtsverletzungen erleben müssen, darf es kein Business as usual mehr geben. Wir brauchen in Werkstätten für behinderte Menschen konsequente Übergangspläne in eine inklusive Arbeitswelt. Aber auch in sogenannten besonderen Wohnformen, die in der Regel nach wie vor nichts anderes als aussondernde Heime sind, bedarf es solcher Übergangspläne. Dort ist es meist gar nicht so heimelig, wie es nach außen hin gerne vermittelt wird.

Die Enthinderungsgruppe, die in diesem Buch eine wichtige Rolle spielt, gibt es mit einem solchen Namen und einer solchen Ausrichtung so meines Wissens (noch) nicht. Aber ähnliche Initiativen gab und gibt es. Behinderte Menschen haben im letzten Jahrhundert ihre eigene Behindertenrechtsbewegung begründet. Sie verfügen mittlerweile über eine bewegte und bewegende Geschichte mit so manchen Erfolgen – und noch vielen Herausforderungen. Die angestrebten Ziele wurden leider fast nie zu 100 Prozent erreicht. Es gibt immer noch sehr viel auf dem Weg zu echter Inklusion zu tun. Und doch: Die Bewegung hat bereits wichtige Meilensteine erreicht, die vielen kaum bekannt sind.

Die Aufnahme des Satzes „Niemand darf wegen seiner Behinderung benachteiligt werden" in Artikel 3 des Grundgesetzes am 15. November 1994 markiert einen solchen Meilenstein. Eine Gesetzesänderung, für die sich viele behinderte Menschen und Organisationen im Rahmen der Verfassungsänderung nach der Wiedervereinigung engagiert haben.

Es folgten Gleichstellungsgesetze für behinderte Menschen auf Landes-, Bundes- und europäischer Ebene. Auch das für viele diskriminierte Menschen wichtige Allgemeine Gleichbehandlungsgesetz (AGG) wurde hart erstritten und 2006 auf Bundesebene verabschiedet. Die Antidiskriminierungsstelle des Bundes ist genauso wie die Behindertenbeauftragten auf kommunaler, Landes- und Bundesebene eine wichtige Anlaufstelle.

In diesem Buch klang es immer wieder an, das Übereinkommen über die Rechte von Menschen mit Behinderungen der Vereinten Nationen, die UN-Behindertenrechtskonvention. Diese wurde von der Generalversammlung der Vereinten Nationen am 13. Dezember 2006 verabschiedet. Seit 26. März 2009 sind die darin formulierten und zum Teil sehr weitreichenden Menschenrechte behinderter Menschen in Deutschland geltendes Recht.

Auch wenn diese verbrieften Menschenrechte nur langsam und stückweise durch die Änderung von Gesetzen, der Verwaltungspraxis und zuweilen auch durch Gerichtsverfahren erstritten werden müssen, ist diese Menschenrechtskonvention für die Behindertenbewegung und letztendlich für uns alle enorm wichtig. Bei den Verhandlungen für dieses Menschenrechtsabkommen in New York wurden behinderte Menschen auf gleicher Augenhöhe einbezogen. Vieles konnte in guten, aber zum Teil auch aufwändigen, Konsensfindungen erreicht werden. Hierzulande gestaltet sich die Umsetzung der Konvention viel schwieriger. Noch immer ist Partizipation für viele Verantwortliche ein Fremdwort und die

Behindertenpolitik alles andere als menschenrechtsorientiert ausgerichtet. Damit aber genug der Gesetzeswindungen und Abgründe in der Behindertenpolitik. Sollten Sie in Zukunft von

- der Krüppelbewegung,
- der Behindertenbewegung,
- der Behindertenrechtsbewegung,
- der Selbstvertretungsbewegung behinderter Menschen,
- der Bewegung behinderter Frauen
- oder zukünftig vielleicht auch von einer Befreiungsbewegung behinderter Menschen

hören, dann haben Sie hoffentlich eine Ahnung davon und ein Verständnis dafür, dass hier behinderte Menschen zugange sind, um für ihre und damit auch unser aller Rechte zu kämpfen.

Die Bezeichnungen der Organisationen, die sich dieser Bewegung zugehörig fühlen, sind vielfältig:

- Zentren für selbstbestimmtes Leben behinderter Menschen mit ihrer Dachorganisation, der Interessenvertretung Selbstbestimmt Leben in Deutschland (ISL),
- die LIGA Selbstvertretung und ihre Mitgliedsorganisationen,
- das Weibernetz als politische Interessenvertretung behinderter Frauen,
- Mensch zuerst als Selbstvertretungsorganisation von und für Menschen mit Lernschwierigkeiten,
- Organisationen von Psychiatrieerfahrenen, wie die Kellerkinder, die gegen Diskriminierungen und für inklusive Angebote für diesen Personenkreis kämpfen
- sowie viele andere Organisationen auf kommunaler, Landes- und Bundesebene.

Das sind nur einige Stränge dieser Bewegung. Und natürlich gibt es eine breite Selbsthilfebewegung. Hier lohnt es sich jedoch, genauer hinzuschauen, wer das Sagen hat und was genau die jeweilige Zielrichtung der einzelnen Organisation ist. Ja, es ist sehr wichtig, sich gegenseitig zu stärken und über behinderungsspezifische und auch medizinische Themen auszutauschen – sich also selbst zu helfen. Die Veränderung und Überwindung diskriminierender Strukturen und von Ausgrenzung ist jedoch genauso nötig. Genau das ist in diesem Buch die vorrangige Zielrichtung der Enthinderungsgruppe.

Auf das Konzept des Empowerments möchte ich an dieser Stelle auch hinweisen. Dabei stehen das Ziel der gegenseitigen Unterstützung, selbstbewusster zu werden und selbstbestimmter zu leben, sowie das Engagement gegen Diskriminierungen im Mittelpunkt. Besonders wichtig ist in diesem Zusammenhang, dass der Empowerment-Prozess von behinderten Menschen selbst gesteuert und bestimmt wird. Eben diese Ausrichtung zeichnet die Enthinderungsgruppe und auch die Selbstvertretungsorganisationen behinderter Menschen aus. Bevor Sie also Spenden überweisen, lohnt es sich, genauer hinzuschauen, wer das Sagen in den einzelnen Organisationen hat. Sind es Organisationen für und meist auch über behinderte Menschen? Oder sind es Selbstvertretungsorganisationen behinderter Menschen, die von ihnen selbst geleitet, verwaltet und vor allem auch nach außen vertreten werden? Und: Setzen sich die Akteur*innen der jeweiligen Organisationen für echte Inklusion ein?

Würden Sie eine Frauenorganisation, die von Männern dominiert und von diesen nach außen vertreten wird, mit einer dicken Spende unterstützen? Wahrscheinlich nicht! Bei den leider immer noch sehr zarten Pflänzchen kritischer Behindertenorganisationen und -gruppen kommt aus dem großen Spendensäckel und den vielen Projektförderungen kaum ein nennenswertes Tröpfchen an. Meist wird das Geld von den großen, gut verästelten

Mammutbäumen der Wohlfahrtslobby abgefangen. Dabei werden behinderte Menschen in der Regel in diesen Organisationen nicht beschäftigt oder haben meist nur wenig zu Sagen und zu bestimmen. Hier gleicht die Entwicklung einer Schnecke und herrscht, wie im Sommer, in dem sich diese Geschichte abspielte, erschreckende Dürre. Eben diese finanzielle Dürre bei den Selbstvertretungsorganisationen und das damit verbundene ungleiche Machtverhältnis haben unter anderem dazu beigetragen, dass in Deutschland eine seit Jahrzehnten nötige Veränderung hin zur Inklusion in vielen Bereichen erfolgreich verhindert wurde.

Genug angerissen, genug geschrieben: der Propagandist in mir könnte noch so viel schreiben. Die Romanautorin sowie der Propagandist hoffen, dass es keiner Brände bedarf, um den nötigen Strukturwandel zu echter Inklusion zu erreichen.

Wenn Sie dieses Buch lesen konnten, wurde ein Schritt geschafft, der für Katrin Grund und damit auch für mich nicht einfach war: Wir haben dieses Buch nicht nur geschrieben, sondern es konnte auch veröffentlicht werden. Behandeln Sie es daher gut. Geben Sie es an Menschen in Ihrem Umfeld weiter. Dass dieser Roman den Weg zu vielen Leser*innen findet, ist wichtiger, als damit viel Geld zu verdienen. Obwohl, Katrin Grund könnte ein paar Kröten gut gebrauchen – und spendet diese dann wahrscheinlich ohnehin der Enthinderungsgruppe. Genau so durfte ich sie kennenlernen.

Also setzen wir uns ein, für eine inklusive Gesellschaft für uns alle. Mein Dank gebührt all denen, die Katrin Grund, der Enthinderungsgruppe und mir auf dem steinigen Weg geholfen haben, sodass Sie dieses Buch jetzt gedruckt in Händen oder Füßen halten können, es am PC lesen können oder vorgelesen bekommen. Jede*r so, wie er oder sie es kann oder mag!

P.S.: An der Hörbuch-Fassung und einer Zusammenfassung in Leichter Sprache sind die Enthinderer*innen dran!

Und fast hätte ich es vergessen und es mir damit wahrscheinlich mit Claudia Liese vertan: einige Infos zum Budget für Arbeit gibt's auf www.budgetfuerarbeit.de.

Und allen, denen das nicht reicht, können sich tagesaktuell unter www.kobinet-nachrichten.org über Nachrichten zur Behindertenpolitik informieren.

Verzeichnis der zentralen Akteur*innen dieses Romans

- **Marianne Berger:** Vorsitzende der Elterninitiative für Inklusion
- **Christa Ehmke:** Geschäftsführerin der Lindentalwerkstatt
- **Carola Finke:** Geschäftsführerin des ambulanten Dienstes
- **Katja Franke:** Pressesprecherin der Enthinderungsgruppe
- **Bernd Friedrich;** Mitglied der Enthinderungsgruppe; er war an der Brandstiftung beteiligt
- **Katrin Grund:** Journalistin, die über den Brand berichtet
- **Florian Kerner:** Polizeikommissar
- **Heinrich Klenke:** arbeitet in der Lindentalwerkstatt und ist der Freund von Bernd Friedrich
- **Klaus Körner:** Chefredakteur der Lokalzeitung
- **Klaus Kriske:** Mitglied der Enthinderungsgruppe und wirkte an der Brandstiftung mit
- **Claudia Liese:** Juristin und macht in der Enthinderungsgruppe mit
- **Peter Stamm:** arbeitet im ambulanten Dienst und ist Mitglied der Enthinderungsgruppe
- **Heinrich Stindel:** Brandmeister der Feuerwehr
- **Helen Weber:** Mitglied der Enthinderungsgruppe und eine der drei Brandstifter*innen
- **Clemens Zeil:** Vorsitzende des Trägervereins der Lindentalwerkstatt
- **Frieda Zeil:** Tochter des Vorsitzenden des Trägervereins der Lindentalwerkstatt und die Freundin von Heinrich Klenke
- **Horst Zinke:** Vorsitzender des Werkstattrats

Impressum

Kontakt: ottmar.miles-paul@bifos.de

Umschlaggestaltung: Olivia Vieweg (www.olivia-vieweg.de)

Umschlagabbildung: pixabay.com

Icon ‚Flamme': *Good Ware* über www.flaticon.com

Beratung und Layout: Susanne Göbel

Druck: epubli – ein Service der neopubli GmbH, Berlin

ISBN 978-3-7575-7938-8
9 783757 579388 00004
www.epubli.com